Os quatro ventos

A odisséia de um xamã na floresta amazônica

Dados Internacionais de Catalogação na Publicação (CIP)
(Câmara Brasileira do Livro, SP, Brasil

Villoldo, Alberto
 Os quatro ventos : a odisséia de um xamã na flo-
resta amazônica / Alberto Villoldo e Erik Jendresen ; |
tradução Ruth R. Rejtman |. — São Paulo : Ágora,
1997.

 Título original: The four winds.
 ISBN 85-7183-517-9

 1. Alucinógenos e experiência religiosa — Peru
2. Ayahusca — Peru 3. Índios Quíchua — Religião
4. Índios Quíchua — Uso de drogas 5. Peru —
Descrição e viagens 6. Villoldo, Alberto 7. Xamanismo
— Peru I. Jendresen, Erik. II. Título.

96-5347   CDD-299.883

Índices para catálogo sistemático:

1. Índios quíchuas : Peru : Cerimônias religiosas
 299.883
2. Peru : Índios quíchuas : Ritos e cerimônias
 299.883

Os quatro ventos

A odisséia de um xamã na floresta amazônica

Alberto Villoldo e
Erik Jendresen

ÁGORA

Do original em língua inglesa
The four winds: A Shaman's Odyssey into the Amazon.
Copyrigth © 1990 by Alberto Villoldo e Erik Jendresen
publicado por acordo com Harper Collins Publishers Inc.

Tradução:
Ruth R. Rejtman

Capa:
BVDA — Brasil Verde

Proibida a reprodução total ou parcial
deste livro, por qualquer meio e sistema,
sem o prévio consentimento da Editora.

EDITORA AFILIADA

Todos os direitos reservados pela
Editora Ágora Ltda.
Rua Itapicuru, 613 - cj. 82
05006-000 - São Paulo, SP
Telefone: (011) 871-4569

Para Candi
Amante, irmã, mulher, amiga.

SUMÁRIO

Apresentação à edição brasileira
9

Prefácio
11

Prefácio à edição brasileira
13

Mapa do Peru
14

Prólogo
15

Sul
17

Oeste
153

Norte
211

Leste
241

APRESENTAÇÃO À EDIÇÃO BRASILEIRA

"Aquele que viaja para terras longínquas freqüentemente estará se deparando com coisas muito distantes daquilo que acreditava ser verdade. Ao regressar, quando falar a respeito disto em casa, será muitas vezes acusado de não estar sendo verdadeiro. Porque as pessoas endurecidas não acreditarão naquilo que não vêem ou sentem distintamente. A inexperiência, creio eu, muito pouco crédito dará à minha canção."

A Viagem ao Oriente
Herman Hesse

Este livro é uma daquelas leituras que deve ser feita com uma perspectiva mais ampla. Semelhante àqueles momentos da vida quando olhamos para um ponto, mas ao mesmo tempo mantemos nossa referência ou nosso pensamento em algo além daquilo que está diante dos nossos olhos.

Ele foi escrito por um homem que sempre caminhou, buscou, escarafunchou a vida, os conhecimentos ancestrais, as diferentes culturas e características humanas de uma perspectiva multidiversificada.

Desfruto de uma amizade de quase vinte anos com Alberto Villoldo, desde os tempos que morávamos na Califórnia. Ao longo desses anos, tive a enorme satisfação de fazer parte de algumas de suas jornadas a terras e povos longínquos, assim como investigações em áreas pouco exploradas do conhecimento humano, além de participar de cursos e documentários por ele executados.

Para uma leitura prazerosa e profunda deste livro, tenha em mente que sua história é a de um homem que vem dedicando toda sua vida à incessante e inesgotável busca daquilo que tem sido objeto do maior anseio da condição humana: compreender os mistérios.

Edmundo Barbosa

Psicólogo, diretor e fundador de Gaia e de ReVida — Grupo de Apoio psicoterápico para pacientes de câncer.

PREFÁCIO

Em 1973 embarquei numa viagem sem fim. Ela teve início como uma busca romântica para experimentar os efeitos de uma poção legendária. Foi inspirada por um idealismo juvenil e pela sedução de um Ph.D., balançando como uma cenoura diante do meu nariz. Viajei ao Peru, para a região amazônica, e encontrei o que estava buscando. Essa foi a parte mais fácil.

Após dezesseis anos, três livros e toda uma existência, sinto-me compelido a relatar a história dessa jornada, a história do que aconteceu nesses anos.

Todas as tradições místicas, desde a cabala judaica até os upanixades dos hindus, reconhecem a existência de coisas que podem ser conhecidas, mas não contadas. Há certos tipos de experiências sensoriais que parecem desafiar a possibilidade de uma descrição. Freqüentemente, nossas experiências mais vívidas e importantes são justamente aquelas que nos deixam confusos na hora de narrá-las; é mais simples abandonar o esforço do que relatá-las precariamente. Essa é a natureza das minhas aventuras, e dois anos atrás enfrentei um dilema: precisava relatar minha história, divulgar o que sabia, porém estava confuso quanto ao modo de fazê-lo.

Há muitos anos, um adivinho meio cego disse-me que existem dois tipos de pessoas no mundo: as que sonham e as que "são sonhadas". Eu precisava de alguém para sonhar comigo, alguém em quem eu pudesse confiar, que acreditasse em coisas que poderiam ser conhecidas mas não ditas — e, ainda assim, que estivesse ansioso para escrever a respeito delas.

Erik Jendresen e eu nos encontramos em 1979. Em 1982 ele se mudou para o México para escrever, e embora um estivesse mais ou menos a par da vida do outro, não tornamos a nos ver até a primavera de 1987. Nesse meio tempo eu havia continuado meu trabalho no Peru, e Erik havia escrito textos para teatro e cinema.

Em abril de 1987 fomos juntos ao Brasil e passamos três semanas conversando, lendo e passeando pelas praias do Rio de Janeiro. *Os quatro ventos* é o resultado de nossa amizade e colaboração. É a minha história nas palavras dele, e é verdadeira.

Alberto Villoldo
Palo Alto, Califórnia

PREFÁCIO À EDIÇÃO BRASILEIRA

A Roda da Medicina é a jornada mais importante que homens e mulheres de poder podem empreender. Minha própria jornada, através de seus quatro passos para a sabedoria, me ensinou a me desfazer de meu passado, de meu pesar, de meu sofrimento e de minha limitada percepção do mundo do espírito. Ela me mostrou como viver como um guerreiro luminoso e irrepreensível, eliminando a cadência de melodrama de minha própria existência.

Mais importante do que isso, ela me proporcionou o gosto de águas tão límpidas e refrescantes, que pela primeira vez consegui saciar minha sede de saber. Trouxe-me paz e o dom de rir com os lobos na noite e de sentir a pulsação do relâmpago na alma. E ensinou-me a rir e a amar a vida com integridade e compaixão.

Antonio Morales, o velho índio que me guiou na Roda da Medicina, desde então, já passou para o mundo do espírito. Seus ensinamentos estão mais vivos agora do que quando ele andava por suas amadas montanhas nos Andes.

Dedico esta edição de nosso livro a ele e a todas as pessoas que têm a coragem de trilhar caminhos com os quais os outros ousam apenas sonhar.

Alberto Villoldo, PhD, 1997

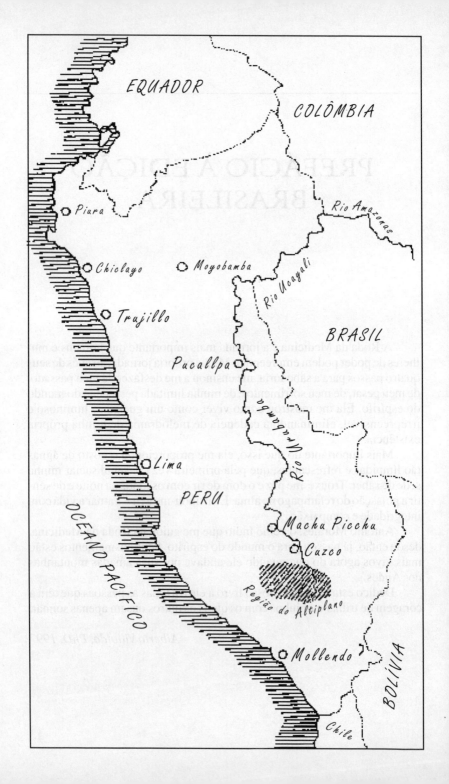

PRÓLOGO

Estou me movendo. E respirando.

Movo-me através das muitas camadas sobrepostas de folhas molhadas, de vinhas suspensas, de vermelhos, amarelos e verdes banhados de prata pela luz da lua. Minha cabeça pende, próxima ao chão. Mais, mais depressa... eu arquejo. O solo cede ligeiramente sob as pegadas das minhas... mãos e pés? Eles se movem em cadência com o pulsar do meu peito. Meu hálito é quente e úmido; o coração bate acelerado e posso sentir meu próprio cheiro, além do molhado emaranhado da selva.

Há uma clareira, e lá estou eu, sentado de pernas cruzadas, o corpo nu, suado, brilhando ao luar. A cabeça jogada para trás e o pescoço tenso, exposto. Os braços pendem frouxos para os lados e as mãos encostam no chão, com as palmas voltadas para cima.

Eu me observo, a partir da extremidade da floresta. Totalmente imóvel, não fosse pela respiração. Atrás de mim, a selva se agita, inquieta.

Caminho com a agilidade de uma sombra, seguindo o contorno da clareira, para cercar minha presa.

Silenciosamente, e cada vez mais perto.

Agora respiramos juntos. Minha cabeça tomba para a frente e o queixo encosta no peito. Levanto a cabeça, abro os olhos e fixo atentamente os olhos amarelos do felino, os meus olhos, olhos de um animal. Uma parada brusca na respiração, e eu estendo os braços para tocar a cara de um jaguar.

28 de outubro de 1975

É o terceiro dia que estou de volta à selva. Três dias esperando, enquanto Ramón prepara o *ayahuasca*. A noite passada foi de lua cheia, e coloquei

15

a fétida bebida no tronco sagrado de uma árvore localizada perto do lago, atrás de uma cabana coberta de sapé.

Esta noite tomarei o *ayahuasca* e Ramón me guiará pelo ritual — em que irei me defrontar com a morte. Desta vez, estou preparado. Antônio cuidou disso, e Ramón provavelmente sabe que fiz meu trabalho, que completei minha tarefa do Sul desde a última vez — será que já faz dois anos? Sim, faz. Desde que o médico americano, aquele gringo psicólogo, apareceu no meio da floresta amazônica querendo provar a "vinha dos mortos".

A selva me domina. O ar está carregado, com mais peso do que seria a densidade normal dos trópicos. Rico em oxigênio, perfumado, úmido, repleto de energia. O poder da selva. Tornei-me mais sensível a esse tipo de coisa...

Certamente, exerce sua força sobre minha perspectiva do universo. Éden. O jardim da Terra. Imagino a Amazônia como uma região insondável, um abismo do qual foram excluídas as almas humanas do planeta. Com vida própria, consciente, maior do que a soma de suas partes.

Na noite passada, sob o luar, vaguei ao acaso afastando-me de Ramón e, numa pequena clareira, ao lado de um templo em ruínas coberto de vegetação, sentei-me para meditar a respeito dessa força.

Não sei se "saí do meu corpo" e... *transformei-me* no jaguar que me ameaçou. Entretanto, meu pragmatismo foi sacudido por minhas proezas, e é a partir de uma região ainda intacta que posso qualificar essas experiências.

Seguramente, encontrei-me com algumas partes de mim mesmo ontem à noite, e meu coração pulsa mais acelerado só pelo fato de eu estar escrevendo isto.

Esta tarde jejuei como preparação para a noite. Abri caminho até a curva do rio e, no meu pequeno remanso coberto de areia, relembrei tudo o que me havia trazido até aqui, e cujo marco de meio caminho andado ao longo da Roda Medicinal é hoje. Quando reflito sobre os acontecimentos dos dois últimos anos, percebo que não tenho o poder de imaginação para prever o que se encontra além do "trabalho do Oeste", desta noite.

Poderá ser ainda mais extraordinário do que o que já aconteceu antes?

SUL

1

*Nenhuma mente humana está totalmente envolvida
com o presente; as recordações e as expectativas preenchem
quase todos os nossos momentos.*

Samuel Johnson

Saí da Califórnia em fevereiro de 1973. Era inverno em São Francisco quando embarquei no avião a jato, e pleno verão quando me livrei do cinto da poltrona em Lima, Peru. Menciono este fato, porque ele serviu para lembrar-me de que eu havia realizado um percurso, tanto através do tempo como do espaço.

Quando retrocedo ao dia da partida e aos eventos que me levaram a tomar aquela decisão, sei que cada um deles poderia ter explicado a razão deste relato. É fácil atribuir significado a coisas passadas, nas quais enxergamos o destino predeterminado na história.

Neste caso, esta história poderia simplesmente começar com minha aventura entre os índios huichol, na região norte do México, ou com o meu trabalho com dona Pachita, famosa cirurgiã e curadora na cidade do México ou, ainda, com minhas pesquisas sobre práticas espíritas no Brasil.

Se eu voltasse um pouco mais no tempo, poderia mencionar a influência de dona Rosa, cartomante negra e zarolha, que vivia nos subúrbios de San Juan, Porto Rico, que me alertou sobre minha preocupação com a morte e os estranhos reinos da consciência. Fico até inclinado a começar pela minha babá, uma afro-americana, já na terceira geração de cubanos, que praticava rituais misteriosos e fantásticos para invocar espíritos no seu pequeno quarto dos fundos, em nossa casa em San Juan.

Ou, indo mais longe ainda, poderia descrever minhas sensações diante da morte e de experiências ocorridas fora do corpo, durante uma transfusão de sangue quando eu tinha dois anos e meio de idade. Eu poderia ter atribuído minha predisposição para estudar a relação mente/corpo, como influência herdada de meu avô, que, tendo sido chefe do departamento de cirurgia num hospital em Nova York, na virada do século, retornou a Cuba, sua terra natal, para construir um hospital em Havana.

Mas aqui não se trata de uma autobiografia e documentei muito mais a esse respeito em outros textos. Vou iniciar dizendo apenas que cheguei a um ponto crítico em relação aos meus estudos e à minha carreira profissional no Instituto de Psicologia Humanística. Depois de me dedicar três anos à ciência comportamental, estudando teoria, psicologia clínica, sistemas teóricos e neuroanatomia, de fazer um ano de terapia clínica num centro comunitário de saúde, e após realizar breves incursões entre os índios latinos e da América do Norte para pesquisar seus métodos de cura, eu estava por demais ansioso por conhecer algo diferente.

Queria algo diferente das anti-sépticas teorias da psicologia ocidental — diferente das atrofiadas tradições curadoras praticadas nas reservas indígenas da América do Norte, onde lendas e velhos mitos sobrevivem nas vestes de um folclore fora de moda.

Da mesma maneira que muitos dos meus colegas, eu não tinha sido afetado pelo tradicional modelo psicológico ocidental. Em minha pueril arrogância, achava correto encarar a psicologia prática como um processo semelhante a uma colcha de retalhos, na qual o terapeuta procura compreender os problemas do paciente, dissecando e racionalizando suas condições, uma a uma, e estabelecendo uma inevitável ligação com seus pais inadequados ou com uma traumática experiência na infância. Ironicamente, o próprio processo substancia e até reforça a patologia. As neuroses são cultivadas para serem colhidas durante a terapia.

Muitas e muitas vezes, conduzindo um paciente pela mão, levei-o a divagar pelos meandros de seu emaranhado consciente e subconsciente, até que ele se deparasse com a planície reveladora de sua mente inconsciente.

Vi psicólogos contemporâneos como paleontólogos, de óculos e desalinhados, tentando resolver em terapia os medos, preocupações, características comportamentais e outros sintomas como se fossem fragmentos ósseos pregados na superfície da psique. Lutavam para coletar esses fósseis e, pedaço a pedaço, reconstruir dentro deles o esqueleto do animal. Enquanto isso, em algum lugar no campo da inconsciência, a criatura em sua plenitude acabava com tudo.

E, nos laboratórios, neurologistas fatiavam, tingiam e tentavam mapear os caminhos neurais do cérebro humano, na esperança de descobrir sua mente e a natureza da consciência.

Foi nessa cultura que recebi meu treinamento. Eu sabia como trabalhar a mente de fora para dentro, mas ansiava estar do lado de dentro, olhando para fora. Era cínico, presunçoso, impaciente com esse sistema, e criticava a complacência com a qual tantos profissionais inseriam um Ph.D. no final do seus nomes nos diplomas que penduravam na parede.

Mas eu não estava sozinho. De forma alguma, minha teoria e ideologia eram únicas. Ao contrário, questões relativas à natureza da consciência e definição da mente há milênios vêm sendo levantadas com elegante simplicidade. São perguntas que me permaneceram sem solução. Eu não entraria nessas elaborações, não fosse pelo tipo de aventura que estava para acontecer. Delineio minha disposição apenas como ponto de referência, uma avaliação intelectual.

Em minha insatisfação, retrocedi no tempo e na tradição e, desviando minha atenção da psicologia clínica e neurológica do homem atual, passei a focalizar a mitologia e o folclore clínico do homem primitivo. Afinal de contas, saúde física e mental são requisitos de igual importância, tanto para o índio no alto Amazonas quanto para o banqueiro em Upper East Side, de Nova York.

Minha tese de doutoramento foi baseada no estudo das técnicas tradicionais de cura nas Américas, e tive a felicidade de sortear como professor, na minha banca examinadora, um dos maiores pesquisadores do mundo no que se refere a estados de consciência. O dr. Stanley Krippner foi precursor do estudo de fenômenos paranormais. Como diretor do laboratório do sonho, no Centro Médico Maimonides, ajudou a tirar dos porões e trazer para os laboratórios a pesquisa sobre os sonhos, em todas as partes do país.

Vindos de São Francisco, os exemplos mais acessíveis de cultura primitiva estão nas reservas americanas indígenas a sudoeste dos Estados Unidos. Depois de estudar durante alguns meses a tradição dos índios navajos, tornou-se claro para mim que o deslocamento e aculturação das tribos resultou no deslocamento de sua tradição. Minha tentativa de estudar as práticas curadoras dos índios que habitavam as planícies foi como tentar estudar os hábitos alimentares de uma cultura, examinando, num museu, amostras de cestos de vime dos nativos.

Depois disso, passei alguns meses na Cidade do México e tive a oportunidade de estabelecer um relacionamento mais próximo com curadores urbanos, que dispensavam as ervas medicinais e praticavam diversas técnicas esotéricas de cura, incluindo operações mediúnicas. Presenciei muitos truques de prestidigitadores e algumas curas espontâneas. O assunto era meio controvertido, mas eu dera um passo à frente na direção certa.

Como acontece com freqüência, o instante crítico, o momento decisivo que iria mudar o foco dos meus estudos e o rumo de minha vida, surgiu quando eu menos esperava, numa sala nos fundos do prédio da Universidade da Califórnia.

Brian Woodruff era um velho amigo, primeiranista de medicina na Universidade da Califórnia, em São Francisco. Na ocasião em que eu estava preenchendo um requerimento para freqüentar um curso de especialização, na ala de pacientes internados numa clínica de saúde mental no norte da cidade, e Brian se apressava em concluir os requisitos de primeiro ano, ele me telefonou sugerindo um jantar, tarde da noite, na cidade. Eu deveria encontrá-lo na faculdade, na sala 601. Já passava das 22 horas quando cheguei atabalhoado ao pátio do estacionamento e, pegando a direção sul, rumei para São Francisco no meio da neblina.

A porta dupla, que dava entrada ao laboratório de anatomia da Escola de Medicina da Universidade da Califórnia, apresentava o tom acinzentado dos monumentos históricos. O ruído de sua fechadura ricocheteou sobre o piso frio de linóleo quando entrei.

A sala tinha o tamanho de um pequeno armazém, e luzes fluorescentes emprestavam um brilho cinza-azulado ao ambiente. Havia quatro fileiras de mesas forradas de baquelita, sobre as quais se podiam distinguir vultos embrulhados em lençóis pretos emborrachados. O cheiro forte de formol irritou minhas narinas. Brian colocou uma imaculada serra de aço inoxidável ao lado de um saco de frango assado Kentucky e de uma garrafa vazia de cerveja, e empurrou o banco para a cabeceira de sua mesa.

— Venha até aqui, cara! Pegue um banco e sente-se antes que o frango esfrie.

O cadáver era de uma mulher jovem. O lençol de borracha tinha sido dobrado para trás, expondo seu peito, pescoço e cabeça. Sua pele parecia de couro de cabra e a cútis era cinza, com matizes verde-oliva.

— Esta é Jennifer — disse Brian. — Estivemos juntos durante todo o semestre. — Ele levantou a serra cirúrgica. — Ela me ensinou coisas sobre o corpo humano que eu nunca pensei que existissem. Jamais a esquecerei.

— Brian...

— Hoje ela vai perder a cabeça por mim, e eu queria que você estivesse aqui.

— Obrigado.

Seus olhos fitaram os meus com a mais natural das expressões.

— Atualmente, não se consegue ver uma decapitação sem um empréstimo estudantil de muitas centenas de dólares e o valor equivalente a pelo menos um ano da faculdade de medicina. Pensei que estaria interessado.

— Por quê?

— Pela psicologia.

— Hum... hum... Quando as pessoas perdem a cabeça elas vêm me procurar — falei.

Ele me olhou por um segundo, tentando perceber o tom de minha voz.

— Você não precisa fazer isto se não quiser — ele disse. — Só pensei que... bem, se não se sente à vontade...

— Estou bem, sim — respondi.

— Se preferir...

Olhei para o saco que continha o frango. — É que tenho evitado comer frituras — eu disse. Não estava preparado para admitir que me sentia estranhamente nauseado, e, ao mesmo tempo, irresistivelmente fascinado pelo corpo que jazia sobre a mesa. Ele me estendeu uma cerveja.

— Comemos depois? — perguntou.

— Sim, se conseguirmos.

— Incrível, não? Apenas um andar abaixo existe um laboratório onde estão sendo conduzidas pesquisas avançadíssimas sobre diferentes combinações de DNA. Neurologistas associam-se a bioquímicos e gurus computadorizados para simular vias neurais de funções simples do cérebro. E aqui estamos nós, cortando pessoas mortas, exatamente como fez Leonardo da Vinci há quinhentos anos. — Ele olhou em volta da sala para todas as figuras enroladas em tecido preto.

— Começamos pelas costas, porque leva certo tempo até nos acostumarmos com o que estamos fazendo, e é mais fácil se não temos que olhar o rosto — como se eles pudessem nos ver também e fazer-nos sentir culpados por violá-los com um escalpelo.

Ele se inclinou e segurou o queixo do cadáver com a palma da mão em concha. A cabeça dela tombou ligeiramente para trás.

Com um gesto preciso, colocou o lado dentado da serra na extremidade da cartilagem, entre as vértebras expostas do pescoço da jovem. Eu não podia tirar os olhos da cena. Quando a cabeça se soltou do corpo, ele a segurou entre as mãos.

— Você não imagina as idéias criativas sobre o que fazer com certas partes do corpo dos mortos que surgem na cabeça dos estudantes de anatomia. — Colocou a cabeça da moça sobre a mesa, enxugou as mãos no avental, estendeu-me uma perna de frango que tirou do saco, e pegou uma para si.

— Tudo pela ciência — ele disse.

— Está supercrocante — eu disse.

Enquanto comíamos, observei-o chupar os ossos até ficarem limpos. Falamos sobre nossos planos futuros: ele estava comprometido com um curso de quatro anos. A disciplina era rigorosa — ou passava ou era expulso. Eu estudava por minha conta e não recebia qualquer orientação. No meio da conversa ele retirou da gaveta uma espécie de broca dental, bem larga, enfiou-a numa tomada elétrica, escolheu um furador e uma lâmina em forma de disco com uns cinco centímetros de diâmetro.

— Eles deixam o melhor para o fim — comentou ele, e o dispositivo emitiu um zunido. — Segure-a para mim, por favor.

Peguei a cabeça em minhas mãos, posicionando-a de frente para Brian. Ele aproximou a lâmina giratória da testa. Quando terminou, depois de a cabeça ter dado um giro de 360 graus, ele desligou a pequena serra elétrica.

O barulho da lâmina permaneceu em meus ouvidos. Havia um cheiro esquisito no ar, e uma leve camada de pó de osso cobria o rosto da jovem e aderia a seus cílios. Brian inclinou-se sobre a cabeça e, delicadamente, soprou a poeira.

— Imagine só — disse ele. — Nenhum ser humano jamais viu o cérebro de Jennifer. Nós dois somos os primeiros. Que rufem os tambores, maestro!

Ele retirou o encéfalo de dentro da caixa craniana. Eu já vira um cérebro humano. Já vira muitos deles imersos em frascos de formalina nos laboratórios. Mas aquele momento foi uma experiência única para mim. Aristóteles achava que o cérebro esfriava o sangue, e que o ato de pensar era uma função do coração. René Descartes descreveu o cérebro como a bomba que estimulava o sistema nervoso. O cérebro já foi comparado a um relógio, a uma rede de distribuição telefônica, a um computador, embora seu maquinismo seja muitíssimas vezes mais complexo do que todos eles juntos. O teórico Lyall Watson escreveu que: "Se o cérebro fosse tão simples a ponto de conseguirmos entendê-lo, seríamos tão simples que não o conseguiríamos". E a origem de todas essas teorias e especulações estava bem ali à minha frente, naquela massa de tecido cinzento, polpudo, com formato de noz.

Brian olhou para mim e fez com a cabeça um sinal afirmativo em direção a Jennifer. Mais uma vez segurei as faces dela com as mãos e Brian desprendeu o cérebro da cabeça. Segurou-o por alguns instantes avaliando seu peso e, depois, entregou-o a mim. Era pesado.

Brian interrompeu o silêncio.

— Mal posso acreditar — disse ele.

Sorri de volta para ele, depositei aquela coisa na mesa, sentei-me no banco e cruzei os braços. Era fácil fazer a distinção entre Jennifer e os 55 kg de carne estendidos em cima da mesa de dissecação. Não precisei fazer grande esforço de imaginação para aceitar que aquele corpo tinha deixado de funcionar quando o coração parou de bombear oxigênio e ricos nutrientes sanguíneos através dos tecidos, e que o cérebro havia comandado todos os sistemas que mantinham vivo o organismo.

Mas o corpo não define a pessoa. Jennifer vivera por quarenta anos. Quinze mil e quinhentos dias de consciência. Vinte e um milhões de minutos do ser Jennifer. Um bilhão e trezentos milhões de segundos de experiências unicamente dela e de nenhum outro ser vivente, porque ninguém mais além de Jennifer ocupou seu espaço e enxergou através de sua óptica. Na ocasião de sua morte, cada um daqueles momentos, a totalidade daquilo que tinha significado ser Jennifer, passou a viver como lembranças. Assim como Brian e eu estávamos vendo seu cérebro, com certeza ela havia visto coisas que ninguém nunca vira. Ela experimentara emoção, intuição e lampejos de criatividade. Sentira alegria e tristeza como só Jennifer poderia senti-las. Era difícil acreditar que tudo o que tinha sido Jennifer estava perdido porque aquele negócio, diante de mim, tinha deixado de funcionar.

Jennifer tinha sido consciente. O que aconteceu à sua consciência? Para onde ela foi? Eu resistia à idéia de que simplesmente havia deixado de existir, e que tudo que Jennifer tinha sido estava perdido para sempre.

— E agora, o que fazemos?

Brian voltou a meter o nariz dentro do saco de frango assado. Fez uma careta e escolheu uma forma cilíndrica empoeirada. — Neurologia — disse ele. — Cérebros são dissecados nas aulas de neurologia. Depois de fatiados e tingidos estuda-se sua estrutura. — Deu uma olhada nos três pedaços da cabeça de Jennifer. — Ainda há algo a ser feito em seu rosto, mas isso fica para depois. — Enfiou a forma cilíndrica na boca, tirou da tomada a serra elétrica e removeu o furador do dispositivo.

— Você não deveria ter um parceiro? — perguntei.

Ele fez um gesto que sim, enrolou o fio em volta do dispositivo e entregou-o a mim. — E tenho. Só é permitido um cadáver por dupla. Eu não estava aqui no dia da escolha de nosso companheiro de corte, por isso fiquei com Stephanie. Isso vai dentro da gaveta.

Abri a gaveta e guardei a serra. — Onde está ela?

— A salvo, na cama. Encolhida entre lençóis. Ela queria pular esta parte.

Tirei da gaveta um exemplar do *International Journal of Social Psychiatry* e o ergui à minha frente.

— É isso aí — ele se referiu à revista. — Ela quer fazer sua residência em psiquiatria. Seria de se esperar que ela estivesse com vontade de participar desta sessão. Mas Stephanie prefere medicar pacientes com distúrbios de personalidade a curá-los. E ela tem... problemas com o corpo humano.

Eu ri para ele. Havia um certo tom sinistro em meu riso. — Muito mordaz — disse eu. — Então você está apaixonado. E desde quando isso vem acontecendo?

— Há três meses. Ela vai mudar de especialidade, dedicar-se a um relacionamento monogâmico e vamos viver felizes para sempre.

Apontou com o escalpelo a revista que estava em minhas mãos. — Ela acha que alguém deveria ir ao Amazonas e descobrir um povo que prepara a "vinha dos mortos".

— O quê?

— Página 256. — Ele abriu um amplo sorriso. — Teria de ser um psiquiatra, alguém que falasse espanhol. Você, naturalmente, é apenas psicólogo...

A literatura sobre o *ayahuasca*, também conhecida como "a grande medicina", "a vinha visionária" e "a corda dos mortos", era escassa e confusa. Toda a pesquisa feita em relação ao seu uso tinha sido conduzida pela antropóloga Marlene Dobkin de Rios, autora do artigo que levei para ler em casa naquela noite. Os estudos da dra. Dobkin tinham sido realizados nos arrabaldes da cidade de Iquitos, na selva, e se restringiam ao emprego da *ayahuasca* utilizada no tratamento e cura da população, e aos rituais religiosos e de magias. A fonte de informação do *yagé,* um caldo feito com a mítica casca da *ayahuasca,* deve-se ao *ayahuascero,* o xamã da selva ou curador, a quem os métodos de sua preparação e a condução dos rituais foram transmitidos por gerações passadas.

O primeiro registro ocidental do uso de *ayahuasca* foi feito por um botânico inglês, Richard Spruce, em 1851. Spruce identificou a vinha como sendo *Banisteriopsis caapi,* uma trepadeira, espécie de cipó, que se serviam das árvores da selva como apoio. Conseqüentemente, muitos exploradores e comerciantes do alto Amazonas, no início do século, referiam-se ao *yagé* como a poção feita do córtex da vinha, juntamente com folhas de certas plantas selecionadas na floresta.

Li o relato das especificações e recorrência de visões e imagens arquetípicas partilhadas por algumas pessoas que estavam sob a influência do *yagé.* Li também a respeito de experiências telepáticas e o uso da vinha com objetivos psiquiátricos, um tipo de psicoterapia da selva liderada pelo *ayahuascero.* Referiam-se à planta como "vinha ou corda dos mortos", porque ela supostamente "levaria as pessoas até os portais da morte, e as trazia de volta". Com base na riqueza da mitologia e na representação das vinhas ilusórias nas cerâmicas e nas pinturas de pedras e cavernas, o uso da planta e o ritual para fins visionários parecia estar enraizado na pré-história da América do Sul.

Era por esse tipo de aventura que eu ansiava. Iria ao Peru, não para testar os efeitos psíquicos de uma obscura vinha das selvas, mas para estudar as tradições psicológicas e os estados alterados de consciência dos homens e mulheres curadores, os xamãs da Amazônia. Peru: único país das Américas no qual o número de índios superava o de brancos.

As duas semanas que se seguiram ao meu jantar com Brian foram dedicadas à busca de referências sobre a vinha e revisão de tudo o que eu sabia a respeito do xamanismo. Uma das fontes mais conclusivas que encontrei foi o peremptório, embora prosaico, *Le chamanisme et les techniques archaigues de l'extase* (O xamanismo e as técnicas arcaicas do êxtase), de Mircea Eliade. A obra de Eliade descreve o xamanismo como um fenômeno religioso que ocorre na Ásia, Oceania, Américas e que existiu entre os antigos povos indo-europeus. Por toda essa vasta área, a vida mágico-religiosa da sociedade era centrada no xamã, "ao mesmo tempo ilusionista e curador, fazedor de milagres, padre, místico e poeta". Para Eliade, o xamanismo era a "técnica do êxtase".

Dediquei-me atentamente à leitura de textos e revistas sobre antropologia e etnologia. Após duas semanas eu sabia pouco mais do que quando começara. O xamanismo era uma tradição encontrada praticamente em todas as sociedades primitivas, em cada rincão escondido no fim do mundo. Geralmente, o xamã era "uma pessoa de conhecimento", um "homem ou mulher de visão", um mediador entre as forças naturais e sobrenaturais da natureza. Como o xamã atribuía a essas forças a responsabilidade pela saúde e doença, tornava-se também um curador. E, apesar de ignorar a medicina moderna, diziam que ele era capaz de diagnosticar intuitivamente uma doença e, por meio de rituais, efetuar uma mudança positiva na saúde do paciente.

Diz a lenda que o xamã adquiria suas extraordinárias habilidades por meio de árduos estudos e poderosos exercícios ritualísticos, além de viajar a outros reinos da consciência.

A idéia de uma criatura primitiva navegando pelos domínios da consciência inflamou minha imaginação. Seria possível presenciar os caminhos não conscientes da mente humana? Será que poderíamos confiar nas imagens e visões vagamente recordadas de nossos sonhos como único contato com o inconsciente? Ou existiria um meio de se chegar ao inconsciente pela consciência?

Na ocasião em que meu cheque chegou do departamento de empréstimos a estudantes, eu já estava de malas prontas havia dois dias. Tinha em mãos um passaporte novinho e uma reserva no próximo vôo para Miami, com conexão para Lima. Essa foi a última vez, por muitos anos, em que estive totalmente pronto para qualquer coisa.

Telefonei a Brian, convidei ele e Stephanie para jantar, e passei meus últimos momentos de descontração apreciando um prato de massa, legumes, salada fresca e uma garrafa de Cabernet Sauvignon 1968.

Peguei também um diário, um pequeno volume encadernado em couro, com 250 páginas em branco.

— Posso ficar com seu carro? — Brian serviu-se novamente de um prato cheio de salada.

— Meu carro?

— É, seu carro. No caso de você resolver não voltar.

Stephanie franziu a testa, mas seus olhos sorriam. — Brian! Ele deu de ombros. — Tudo pode acontecer. Ele vai se meter no Amazonas, e estamos falando de um Porsche 1964, Stephanie. Conversível. Precisa de alguns reparos, assentos novos, mas eu poderia cuidar disso.

— É perigoso? — ela perguntou, casualmente. Stephanie era uma pessoa informal. Alta, compleição atlética, nariz reto e queixo firme, cabelos avermelhados e olhos azuis. Sem se preocupar em ser bonita, demonstrava firmeza e determinação. A escola de medicina fazia com que algumas pessoas ficassem assim.

— Não sei — respondi. — Nunca estive lá.

— Provavelmente, você será capturado pelos índios Oogly Boogly e assimilado por sua tribo — acrescentou Brian. — Tudo que acharão será um diário borrado, em cujas páginas finais foi rabiscado a lápis: "Treze de fevereiro — a caminho da foz do rio".

Sorri ao ver o presente que Brian me dera, uma autêntica faca Bowie, com uma lâmina de aço medindo uns 20 centímetros e protegida por um estojo de couro preto.

— Ou — continuou Stephanie —, você vai se refugiar num estado alterado de consciência, ocasionado por alguma bebida misteriosa, e nunca mais voltará à realidade.

— Você não liga muito para essas coisas, liga? — indaguei.

Ela sorriu por trás do copo de vinho. — Terapia por meio de drogas psicodélicas foi motivo de pesquisa sobre a morte nas décadas de 50 e 60. Albert Hofman, Grof, Leary, Metzner...

— O LSD não foi totalmente pesquisado — retruquei. — Seu uso foi vetado por decreto federal. Não estou interessado em LSD e não estou falando de pesquisas clínicas com drogas psicodélicas.

Em 1943, o dr. Albert Hofman sintetizou o ácido lisérgico, a dietilamine, um elemento duzentas vezes mais forte que a mescalina, o mais poderoso psicotrópico conhecido até então. Seguiu-se, como resultado, uma década de pesquisas clínicas, sem precedentes, na experimentação social. Na época em que a droga foi legalmente banida, estimava-se que entre um e dois milhões de americanos haviam se submetido a experiências que levavam a alterações comportamentais ou, pelo menos, que provocavam alterações psíquicas. Muitas das pesquisas das décadas de 50, 60 e início da de 70 foram financiadas pelo governo. Fui procurado pela Unidade Militar de Produtos Químicos e pelos Serviços Técnicos — um ramo da CIA — juntamente com meu supervisor de tese, para nos unirmos a um grupo de uns cem pesquisadores que lidavam com drogas que ocasionavam alterações mentais, para trabalhar para o Serviço de Produtos Bélicos, órgão do governo. O programa deles incluía tanto experiências com animais como com seres humanos. Havia muito dinheiro envolvido, e um bom número de universitários concordou em participar. As oportunidades de realizar pesquisas para o governo eram ilimitadas. Nós, entretanto, as rejeitamos.

Observei Stephanie bebericar seu vinho e debruçar-se sobre a mesa entre nós dois. — Somos neófitos, Stephanie, quer envergando um avental branco de laboratório, administrando drogas a camundongos ou a carpas japonesas, quer entrevistando falsos esquizofrênicos. — Ergui a garrafa de *cabernet* e enchi o copo dela. — Não estou interessado nisso. Não tem a menor importância.

— Não tem a menor importância?

Assenti com um movimento de cabeça. Eu sabia que o que estava para vir iria provocá-la. — Claude Lévi-Strauss, o antropólogo, disse que o homem teria de aprender o funcionamento da menor partícula antes que ele pudesse compreender o Universo.

— Estou interessado em pessoas que vêm explorando estados extraordinários de consciência há centenas, ou talvez milhares de anos. Não são discípulos, são mestres, e se eles conseguem penetrar em outras zonas de percepção, ter acesso a transcendentes estados de consciência e perpetrar curas, então eles sabem de coisas que eu não sei.

Os olhos dela se estreitaram. — E você espera embrenhar-se floresta adentro e encontrar um curandeiro disposto a partilhar seus mitos e rituais com você, não é isso?

— É, é isso — retorqui.

— Um brinde a isso — disse Brian, erguendo seu copo.

Ergui também meu copo, enquanto Stephanie sorria e levantava o seu. Os cristais tilintaram ao se chocar no centro da mesa. O som do copo dela me pareceu ecoar por tempo mais longo que os nossos, mas talvez tenha sido fruto de minha imaginação.

Depois que eles se foram, lavei os pratos, retirei da mochila meu diário e abri-o na primeira página.

Emerson disse que aqueles que escrevem para si mesmos, escrevem para um público eterno, e minhas primeiras linhas foram necessariamente melodramáticas.

7 de fevereiro de 1973

Se o inconsciente se comunica conosco em sonhos, por meio de símbolos que nos falam numa linguagem específica, por que não podemos aprender seu vocabulário e responder a eles? Será que poderíamos nos comunicar conscientemente com o inconsciente, penetrá-lo e até alterá-lo?

Existiriam estados de consciência nos quais poderíamos desinibir nossas latentes capacidades de cura?

Vamos começar pelos estados de consciência.

A única maneira de estudar a consciência é vivenciar diretamente seus estados.

2

*...toda a ignorância desliza para o conhecimento
e arrasta-se penosamente de volta à ignorância.*

e. e. cummings

Só se pode voar até Cuzco pela manhã. A capital do velho império inca estende-se pelo vale andino a uma altura de onze mil pés acima do nível do mar. As decolagens realizadas à tarde pousam num campo sem visibilidade.

O capitão resmungou alguma coisa, e o som chegou distorcido pelos alto-falantes. A luz vermelha do sinal "Apertem os Cintos" começou a piscar, e o arcaico DC-8, dando uma guinada à esquerda, atravessou uma estreita garganta no meio das montanhas e desceu no vale de Cuzco, a mais antiga e ainda despovoada cidade do continente.

Fazia pouco mais de oito horas que o avião aterrissara em Lima. A noite estava escura e úmida. Meus sentidos tinham ficado entorpecidos em função do vôo noturno, e neutralizados pelas luzes fluorescentes e pelo ar-condicionado da cabine. Eu estava impressionado, como sempre fico, pelo cheiro de uma cidade estrangeira. Lima recendia a óleo diesel, torresmo rançoso, fumaça de escapamentos, mau cheiro das fábricas e um odor de maresia levemente perceptível.

Um oficial da alfândega, cabelos esticados com brilhantina, examinou-me de alto a baixo, carimbou meu passaporte e concedeu-me noventa dias de permanência em seu país. Fiz uma trouxa com minhas mochilas, coloquei-as num canto sobre uma estrutura de concreto, e aguardei meu vôo de conexão para Cuzco.

10 de fevereiro de 1973

Percebo que desvio os olhos, que me nego a enxergar a feiúra dessa cidade que terei que encarar quando o dia amanhecer. É meu lado romântico.

Lima. Mais uma capital de terceiro mundo.

Quatrocentos anos atrás, conquistadores espanhóis arrasaram uma floresta de pinheiros que se estendia até o mar, convertendo a cidade de Lima num deserto. Outrora o centro colonial da América do Sul, hoje vencida pelo século XX. As indústrias foram estatizadas, a república é governada por uma junta militar, e um terço dos seus quinze milhões de habitantes que vieram para cá vivem na miséria dos "pueblos jovenes", nos subúrbios da cidade, procurando algum trabalho que lhes permita comprar um pedaço de pão, farinha de milho e feijão.

Não quero ver isso.

É claro que eu vi. Embora tivesse retornado a Lima diversas vezes na última década, conhecido seus museus, hotéis coloniais e outros lugares pitorescos, sempre me lembrarei dessa cidade como a vi na manhã em que cheguei, ainda lá em cima, no ar, quando o sol surgia no horizonte como uma esfera cor de laranja, seus raios filtrados pela "garúa", a névoa costeira que se confunde com a neblina e borrifa a capital do Peru com gotículas coloridas.

Cuzco foi de tirar o fôlego, literalmente falando. Por causa da elevada altitude, o ar era frio, luminoso, refrescante e difícil de respirar. Protegi meus olhos contra o sol e observei os nítidos contrastes de luz e sombra, modelando a encosta das montanhas e os telhados espanhóis. Chamei um táxi e desci ao centro da cidade.

Diz a lenda que Manco Capac, "filho do Sol", foi o primeiro inca. Nascido nas águas do Lago Titicaca, tornou-se o chefe soberano dos índios. Ao atingir a maioridade, reuniu seus irmãos e pôs-se a caminho "rumo à montanha sobre a qual nasce o Sol". Carregava consigo um bastão dourado. Quando chegou a esse vale, que era rodeado por quatro grandes picos montanhosos cobertos por neves eternas, fincou o bastão na Terra e desapareceu. Esse lugar sagrado era Cuzco, "o cordão umbilical da Terra", e aqui foi fundada sua capital, por volta do ano 1200 d.C.

Seus sucessores conquistaram a maior parte do Peru e Bolívia. O nono inca, Pachacuti, expandiu seus territórios até o norte do Equador e sul da Argentina. Na época em que os espanhóis chegaram, o império inca era o maior reino que o hemisfério oeste jamais conhecera.

E Cuzco tornou-se o trono desse império, a cidade mais desenvolvida das Américas, uma extraordinária metrópole construída no formato de um jaguar, onde os rios Sapphi e Tullumayo se desviavam, para correr próximo às ruas pavimentadas que cruzavam a cidade de lado a lado. Lugar de majestosos templos e fortalezas, exibia obras de engenharia e arquitetura, sem paralelo na história da América pré-colombiana, que tinham sido edificadas nos planaltos localizados entre as escarpas desse remoto vale andino. O capitão Francisco Pizarro marchou sobre Cuzco em 1533. Nessa época, os europeus haviam "descoberto" seu Novo Mundo, e uma epidemia de varíola e gripe começou a disseminar-se com mais rapidez que as ávidas conquistas. Pizarro designou um jovem nobre, chamado Manco, para assumir o cargo de governador fantoche. Manco porém fugiu da capital, para organizar um exército de cem mil homens e levantar o cerco contra os espanhóis em Cuzco. A última grande batalha dos conquistadores espanhóis do Peru foi travada em Sacsayhuaman, na "cabeça" da cidade com formato de jaguar, onde cavaleiros encouraçados, que brandiam suas espadas de aço e manipulavam com habilidade armas de fogo, subjugaram o inimigo que se defendia com tacos, galhos, estilingues e flechas. Finalmente o império, com seus milhares de objetos e uma riqueza incalculável, caiu nas mãos de uma pequena companhia de soldados espanhóis. Manco refugiou-se nos Andes, num santuário escondido denominado Vilcapampa, onde ninguém poderia alcançá-lo.

11 de fevereiro

Passei o dia vagando pelas ruas de Cuzco. Agora estou sentado à minha escrivaninha, de frente para a janela aberta do meu quarto de hotel — um lugarzinho charmoso, dentro de um pátio cercado de colunas, chafariz e uma capela. Típico estilo colonial latino-americano.

Posso ouvir o som da música, que vem de uma festa distante, trazido pelo vento frio. Há magia nesta cidade que reflete o pendão histórico da América Latina. Como a Praça das Armas e suas bandeiras esvoaçantes. Magnífica.

Esse foi o coração da cidade Inca. Hoje é uma característica praça espanhola, circundada por arcadas coloniais. Possui uma catedral e as igrejas de Jesus Maria, El Triunfo e La Compañia. Todas alicerçadas sobre grandes blocos de pedra retirados dos templos incas e dos palácios destruídos pelos espanhóis, para abrigar os locais de culto cristão.

Uma parede inca, que pertencia ao palácio do poderoso Pachacutec, compõe um recinto do Café Roma. Comi lá.

A estrutura da igreja de Santo Domingo é hoje a Corinacha, o "pátio dourado", um templo inca cujas paredes de arquitetura impecável foram um dia cobertas de ouro. Espantoso.

É engraçado como os Estados Unidos parecem estar a mil anos-luz de distância deste país. Pensar nos transforma. Quando permitimos. Se não tiver um roteiro programado, se puder permanecer aqui em vez de ir ao próximo lugar, você será conduzido a...

Um outro tempo. A vida aqui se movimenta num ritmo diferente, e pode ser degustada.

Ficamos enclausurados e protegidos. Não do mundo, pois a terra se manifesta, e a natureza viceja por todos os lados, desde as casas brancas de adobe, cobertas de telhas vermelhas, com seus mal-iluminados luzeiros, até as frutas e vegetais ainda mesclados com a sujeira do campo, os pedregulhos, a vista da cordilheira que circunda o lugar. E os platôs situados nos contrafortes e picos agasalhados com neves eternas.

A natureza mostra-se sutilmente nos chapéus que homens e mulheres usam para proteger os olhos da luz de um sol implacável que se abate sobre eles, e atinge diretamente a cidade, sem passar pelos filtros poluidores da civilização. Fantástico, realmente. Muito real. Mais que uma estrutura de concreto, aço e asfalto que encerra um condomínio, a cidade é essencialmente um pedaço de terra desabitada. Ela vive na natureza, mas ainda não a substituiu.

Encontro-me aqui porque os Andes são os Himalayas da América do Sul, e Cuzco é seu Katmandu — o centro para onde convergem os viajantes. Daqui posso dirigir-me à selva, mas prefiro colher mais informações. Posso ir a Iquitos, onde Marlene Dobkin de Rios realizou suas pesquisas, mas não irei. No México descobri que existe um submundo de curandeiros, uma rede de diz-que-diz-que, portanto, amanhã darei um pulo até o mercado e farei algumas perguntas. Amanhã.

O mercado se situava ao longo de um muro inca, espremido entre duas das 360 igrejas de Cuzco. Os mercados da América Latina se parecem uns com os outros, desde o mexicano até o chileno. Caminhos cobertos de cascalhos nos conduzem a um labirinto, sombreado por guarda-sóis ou tecidos esticados sobre estacas, onde as mais vibrantes cores da natureza são arrumadas em forma de pirâmides ou transbordam de velhos caixotes de madeira, lisos e lustrosos pelos muitos anos de uso. Em tons vermelhos, lado a lado, estão: tomates, maçãs, nacos rosados de carne de boi e de porco, fatias de melancia, pimentões e pimentas. Entre os amarelos destacam-se: mamões, abóboras, limões, *grapefruits* trazidos das planícies, bananas, pimentões e pimentas. Entre os alaranjados estão: abóboras, mangas, cenouras e pimentas. E ainda os tons arroxeados da berinjela e vagem, junto com frutas-pão e romãs manchadas de amarelo-escuro, como a pele do leopardo. E não faltam os cinzas dos peixes salgados e dos grãos. Sementes de *canihua* e *quinoa*, milho, trigo e cevada estão arrumados em pequenos montículos sobre sacos de aniagem ou esteiras, diretamente no chão. Enroscando-se em nossos pés, cachorros e galinhas misturam-se aos artigos e utensílios domésticos de madeira ou alumínio, bolsas de náilon, sacolas de compras com alças de plástico, potes de cerâmica e reproduções desbotadas de artefatos incas em argila.

Os vendedores, orgulhosos e cheios de entusiasmo, cantam, gritam, exaltam as qualidades de seus produtos e atraem a atenção dos compradores para a doçura e suculência de suas frutas, frescor dos legumes e para as carnes tenras e aves novas. — Olhe aqui, freguesa, o que eu trouxe para você! Veja as cores, sinta a textura, aspire o aroma e prove seu sabor! Quantos vai levar? — O prato de metal enferrujado da balança sobe aos solavancos, e o ponteiro agita-se frenético. — Meio quilo! E somente por dois sóis!

Comprei uma sacola pintada com as cores do arco-íris e tratei de ir embora, driblando a pequena multidão de donas de casa, cozinheiras, índios famintos e crianças de olhos arregalados. Sentado ao balcão de linóleo de um barzinho, comi um pão doce recheado de banana e tomei um suco de manga com mamão.

No fim do mercado, uma mulher velha, de pele grossa e cheia de rugas, estava sentada em cima de um capacho, com as pernas dobradas para o lado, perto da calçada. Era uma herborista, uma farmacêutica indígena. Ajeitados em pequenas pilhas em frente a ela havia tiras de cascas de árvore, plantas marinhas secas, folhas murchas, pequenas porções de enxofre, quinino e outros tipos de pós e grãos. Garrafas de óleo, pele ressecada de cobra, frascos com órgãos de animais e pacotinhos de papel enrolado. Seus olhos pareciam duas crateras, e o olhar astucioso fazia parte daquele tipo de comércio.

— *Tutacama ninacha?*

Não entendi o que ela disse, mas sorrindo perguntei: — *Perdon, señora?*

— *Tutacama? Munacquicho fortunacquata?*

Quíchua. A linguagem dos índios. Eu ouvira no mercado aquele ritmo entrecortado e gutural, mas a maioria dos vendedores falava espanhol. A mulher procurou entre as dobras de sua saia e colocou três folhas na palma da mão. Até as palmas de suas mãos eram enrugadas.

— *Fortunacquata?*

— Ela pergunta se você quer que ela leia sua sorte.

Espanhol. A voz vinha por trás do meu ombro direito. Virei-me, e olhei para baixo. Um rapaz jovem, entre dezoito e vinte anos, vestindo uma camisa branca e calças marinho, carregava uma pilha de livros embaixo do braço. Tinha o rosto achatado dos índios e um nariz que começava na linha da testa e descia curvo, dividindo sua cara em duas metades. Ele sorriu para mim. — Ela não fala espanhol, apenas quíchua. Quer tirar sua sorte?

— Quero, sim, obrigado.

Ele sorriu e fez um sinal positivo à mulher. Ela soprou as folhas para que caíssem sobre o capacho. Observou-me por uma fração de segundo e, em seguida, balbuciou alguma coisa em quíchua.

34

— Hmmm. — O rapaz tocou seu nariz com o dedo indicador. — Você está num dilema — ele traduziu. — Anda atrás de algo que salvará sua vida.

Ela assentiu, e continuando a olhar as folhas, saiu-se com o desfecho final.

Ele contraiu de leve os músculos da face. — Você morre se não encontrar o que procura, e se encontrar, será morto.

Gostei daquilo.

— Está mesmo procurando alguma coisa? — ele perguntou.

— Estou procurando um curador, um bom curandeiro — respondi.

— Está doente?

— Não. Mas queria encontrar um. Que fosse realmente bom. Acha que ela conhece alguém?

— Ela dirá que é um deles.

— Mas se ela fosse um dos bons, não estaria vendendo medicamentos no mercado.

— É verdade — retrucou ele —, só que existem alguns curandeiros... Mas se não está doente... Você é turista?

— Não. Sou de uma universidade nos Estados Unidos. — Retirei alguns sóis do bolso e estendi-os à mulher, com um sorriso e um sinal de agradecimento.

— Universidade! Você é estudante?

— Bem, atualmente sou professor. Psicologia.

Ele balançou a cabeça para a frente e para trás, como se só agora tivesse entendido. — Nós também possuímos uma universidade. Eu sou estudante. Você deveria conhecer o professor Morales!

A Universidade Nacional de San Antonio Abad del Cuzco encontrava-se encurralada sobre uma montanha, no extremo da cidade. Era um inexpressivo conjunto de prédios de dois andares, de concreto desgastado, e cuja ventilação por meio de gelosias lhe dera um aspecto moderno em 1940. A universidade fora fundada em 1692. Meu jovem amigo se esquecera de mencionar que a escola estava em greve, e por isso o lugar parecia meio deserto, embora fosse segunda-feira.

O departamento de filosofia situava-se no final de um lúgubre corredor acinzentado. Um cartão rosa colado à porta avisava que a aula do professor Morales seria na *cafeteria*.

Nunca soube por que a *cafeteria* estava aberta e funcionava durante a greve. Anotei esse fato como um dos mistérios da América Latina, onde as coisas poucas vezes são o que parecem ser, e raramente como deveriam ser.

35

Os alunos do professor Morales já estavam saindo, em fila, quando finalmente consegui achar a *cafeteria* no subsolo do prédio principal. O homem que eu procurava estava de pé, perto de uma mesa no centro da sala. Com as mãos enterradas nos bolsos da calça, e a cabeça abaixada, ele as sentia, enquanto escutava um jovem estudante.

Era um homem pequeno, medindo no máximo 1m60, com uma compleição forte, mas praticamente escondida dentro de um terno listrado que saiu de moda em 1945, e perdeu a forma logo em seguida. O cabelo grisalho e liso estava dividido ao meio e escovado para trás, mas suas sobrancelhas eram escuras e quase chegavam a cobrir os olhos.

Tirou uma das mãos do bolso e apoiou-a sobre o ombro do rapaz, como para incutir-lhe segurança, disse alguma coisa, e o jovem rosto iluminou-se. Antes de sair, o estudante curvou levemente a cabeça, meio desajeitado, e foi reunir-se a uma garota que o esperava.

— Professor Morales?

— Sim, sou eu.

Apresentei-me. Suas sobrancelhas arquearam-se, à medida que eu apresentava minhas credenciais, nada extraordinárias para os padrões americanos, mas ele passou os olhos por toda a sala, pensando no que aquela universidade teria para oferecer-me.

Mencionei minhas experiências com os curadores mexicanos, meu desejo de estudar o uso da *ayahuasca* e explorar as primitivas tradições curadoras dos xamãs peruanos. Precisava de conselhos, eu disse.

— Não passo de um professor de filosofia — suspirou ele. — Você deveria ir a Lima. Lá existe um museu de antropologia.

Não era isso que eu queria. — Já ouvi falar nesse museu — menti. — Mas sou terapeuta, e desejo encontrar um *ayahuascero* para experienciar seus métodos de tratamento, imediatamente. Quero escrever um livro sobre esse assunto.

— Escrever um livro?

— Para minha tese de doutoramento.

Seus olhos se desviaram do meu rosto, fixaram-se em minha camisa, na sacola a tiracolo que eu trazia no ombro, em minhas calças e botas de alpinismo. Depois fitou algum ponto no centro de minha testa. Os olhos dele me lembravam alguém, mas não pude me recordar quem.

— Por que veio me procurar?

— Disseram-me que o senhor tem conhecimentos.

Suas faces se iluminaram num amplo sorriso. — E onde foi que ouviu falar essas coisas?

— No mercado.

— No mercado? Lá eu só sou conhecido pela minha habilidade em pechinchar com os vendedores. — Ele franziu os sobrolhos. Havia um tom de suspeita em sua voz. — Você fala quíchua?

— Não, senhor. Tentei comunicar-me com uma vendedora de ervas, e um rapaz intercedeu a meu favor. Foi ele que mencionou seu nome e disse que o senhor sabia algo sobre os curandeiros.

— Provavelmente, um dos meus alunos — disse ele, compreensivo.

— Foi muita gentileza da parte dele, ajudar um viajante estrangeiro.

Arregaçou o punho da camisa, que se projetava para fora da manga do casaco, e olhou as horas em seu velho relógio Timex. — Gostaria de tomar um café?

3

Experiência é o nome que todos nós atribuímos aos nossos erros.

Oscar Wilde

— Então. — O professor Morales levantou a tampa do açucareiro e enfiou a colher dentro da mistura áspera de açúcar mascavo. — Você está a fim de passar por uma experiência ou de servir à experiência?

— Como?

— Com o *ayahuasca*.

— Desculpe, não entendi.

— Eu explico. — Ele segurou a colher cheia de açúcar bem em cima da superfície meio oleosa do seu café. — Você recebeu o sacramento?

— O sacramento, professor?

— Sim, a eucaristia. O pão e o vinho consagrados na fé católica. O corpo e o sangue de Cristo. Já os provou?

— Já.

— Você é católico?

— Não. — Olhei a colher que boiava, imóvel.

— Mas se ajoelhou no altar, não ajoelhou?

— Sim.

Ele assentiu. — Você recebeu a hóstia na língua, ela grudou no seu céu da boca e tinha gosto de papelão, o vinho era doce e barato.

Eu ri. — Foi assim mesmo.

— Você fez tudo isso, mas não se considera católico. Passou pela experiência da sagrada comunhão, mas não comungou. — Lentamente, ele afundou a colher, o líquido foi sendo absorvido e pouco a pouco o açúcar tornou-se saturado. — Passar pela experiência é uma coisa, servi-la é outra.

— Ele deu batidinhas com a colher na xícara e o xarope grosso de açúcar se desfez no café. — O ritual não serviu para você, porque você não o serviu. É uma questão de intenção.

Sorri ao ouvir isso e disse: — Minhas intenções são as mais honestas possíveis.

— Você pretende estudar o emprego da *ayahuasca* com os xamãs peruanos.

— Bem... Sim, pretendo.

— Então *essa* é sua intenção. E qual o seu objetivo?

Inspirei profundamente e soltei o ar. O professor esticou o braço sobre a mesa. Os punhos de sua camisa branca estavam ligeiramente encardidos. Ele tocou meu braço com sua mão afetuosa e bronzeada. — Minha... semântica está deixando-o impaciente.

— De maneira alguma — menti.

— Você é latino, não é?

— Nasci em Cuba.

Ele balançou a cabeça e mexeu o café. Observei seus supercílios, a protuberância do nariz, as maçãs do rosto, o cabelo. Índio. O chefe do departamento de filosofia da Universidade Nacional de San Antônio Abad era índio. Índio quíchua. Seus ancestrais, índios autênticos, não tinham sido violentados pelos conquistadores, mas os espanhóis deixaram neles suas marcas.

Nesse momento, tive a súbita convicção de que ele tinha enormes conhecimentos, que sua sabedoria era profunda e sua excentricidade genuína. Por algum motivo, mera associação de idéias, pensei no mágico Merlin. Foi quando ele, buscando algo no paletó, retirou do bolso um pequeno ninho. Emitiu uma espécie de som, como "hmmm", e fez aparecer dois dados de marfim, alguns grãos de milho, um pequeno Olho de Deus mexicano: uma cruz feita com dois galhos perfeitamente entrelaçados com fios brancos e vermelhos, formando um olho no centro em forma de diamante. Pompons verdes balançavam-se nas extremidades dos galhos. Colocou essa cruz no centro da mesa, pôs de volta no bolso o resto das coisas e tomou um gole de café.

— O *ayahuasca* já foi estudado e jornais escolares publicaram matérias a respeito.

— Sim, eu sei. Li o que a antropóloga Marlene Dobkin de Rios escreveu — acrescentei.

— E você é psicólogo. Tomou conhecimento desses assuntos e agora está curioso para saber quais os efeitos dessa planta nativa sobre a psique e sobre o inconsciente.

Ele piscou, seus olhos se desviaram de mim e se fixaram em algum ponto acima do meu ombro direito. Virei a cabeça para acompanhar seu olhar. Havia uma mesa vazia num canto perto da porta da *cafeteria*. Quando desvirei a cabeça, ele estava sorrindo para mim. Seus olhos eram mais jovens que o rosto; a íris castanha e as pupilas negras como carvão destacavam-se nitidamente sobre o fundo impecavelmente branco.

— Você deseja provar o *yagé,* e se sente atraído pela fascinação da morte. — Deu mais um gole no café.

— Então é verdade? — perguntei.

Ele ergueu as sobrancelhas, num gesto de quem está esperando outra pergunta.

— O *ayahuasca* nos conduz ao encontro com a morte? — interroguei.

— Sim, é o que alegam. Em quíchua *aya* significa "morte". *Huasca* é "corda" ou "vinha". A "vinha da morte". É um dos medicamentos sagrados dos xamãs da selva amazônica, e é lá que poderá encontrá-lo. Mas se isso acontecer, se trabalhar com um *ayahuascero...* — Ele levantou a cabeça e esboçou um sorriso. — Digamos que você sobreviva, relate suas experiências e especule sobre os efeitos da planta. Quem terá interesse em ler?

— Professores na minha universidade e psicólogos.

— E isso basta para que defenda uma tese de doutorado?

— Sim, isso e mais o meu trabalho junto aos curandeiros mexicanos.

— Fico surpreso em saber que cientistas americanos tenham interesses em experiências tão subjetivas.

— A psicologia é uma ciência em desenvolvimento. Ainda não é totalmente reconhecida *como* ciência, e creio que sou capaz de me referir com objetividade sobre os fatos que ocorrerem.

Suas sobrancelhas arquearam-se: — Será que alguém pode ser objetivo ao tratar de *suas* próprias experiências?

— Talvez não, mas posso documentar os efeitos psicológicos que eu sentir, do mesmo modo que documentei os efeitos físicos das curas tradicionais que presenciei.

— Sem dúvida. Mas o que é mais importante, a causa da cura e a causa de uma experiência psicológica, ou o efeito — o resultado final?

Refleti alguns segundos e cuidadosamente organizei minhas idéias. — Ambos são igualmente importantes, contudo, é preciso julgar os efeitos antes de investigar a causa — argumentei.

— É a resposta de um ocidental. Pura lógica. Você se encontra na fronteira de um território em que causa e efeito não podem ser separados. Se pretende penetrar esses domínios, é essencial que compreenda essa relação. — Curvou o corpo para a frente. — A *sua* causa tem de ser clara, pois é ela que determinará o efeito. Sua experiência será influenciada pelo que você acrescentar a ela, pelo modo como lidar com... o ritual *ayahuasca,* por exemplo. O reino dos xamãs exige que nossas intenções sejam impecáveis. É um desafio e tanto.

— O senhor conhece bem esses assuntos.

Ele deu de ombros. — Ensino filosofia. Sou o único índio que há por aqui. — Abanou a mão num gesto gracioso que incluiu a universidade inteira. — Sendo índio e velho conhecedor dessas questões, tenho de ser sábio. — Ele riu de suas próprias palavras e disse: — Existem tradições

40

muito antigas em meu país, com uma cultura muito rica. Fui criado em meio a seus mitos e estudei suas lendas. Os xamãs são os mestres dos mitos e freqüentemente os responsáveis por suas lendas. São homens e mulheres de conhecimento, médicos e psicólogos... — Ele assentiu. — Sim... são os contadores de história da comunidade. Conhecem as forças da natureza e usam-na para manter a saúde e o bem-estar de seu povo. — Esvaziou a xícara, recolocou-a no pires e empurrou-a para o lado. — Eles são os cuidadores da Terra. Um conceito muito curioso quando compreendido. Mas de modo geral, bastante estranho.

— Como devo proceder? — indaguei.

— Siga seus instintos. Foram eles que o trouxeram até aqui.

— Certo, mas onde encontrarei um xamã que esteja disposto a trabalhar comigo?

— Nos vilarejos do planalto, no platô do alto deserto. Lá você achará curadores e talvez um ou dois feiticeiros com estilo próprio. Como você não fala quíchua, terá que contratar os serviços de um tradutor. Entretanto, você está interessado em *ayahuasca,* a medicina da selva. Tem aí um pedaço de papel?

Fiz que sim, e rapidamente vasculhei meus bolsos. Achei algumas moedas e a chave do quarto do hotel. Tentei a mochila, pendurada em meu ombro. Até que enfim, estava obtendo algo concreto. Puxei para fora meu diário.

— É costume — disse o professor, olhando a capa novinha e sem marcas de dedos do meu diário — um xamã partilhar seus conhecimentos com todo aquele que estiver buscando o conhecimento, sempre que ele se apresentar com impecáveis intenções e pureza de objetivos. É assim que distinguimos um *hatun laika* — um mestre xamã — de um simples curandeiro. Se você quer conhecer o outro mundo, o mundo do xamã, e deseja viajar através da Roda da Medicina, então tem de encontrar um *hatun laika*. Agora, prepare-se para aproximar-se dele como discípulo e neófito, e não como psicólogo. — Ele tirou uma velha caneta tinteiro do bolso interno do paletó.

— Se quiser simplesmente provar a *ayahuasca* e estudar seus efeitos, tudo o que precisa é encontrar um perito no método de prepará-la, e estudar os rituais que conduzem ao caminho do jaguar. Ouvi falar num homem... Não, não! Não rasgue!

Ele estendeu o braço por cima da mesa e colocou a mão sobre a página que eu estava prestes a arrancar. Sorriu, e ajeitou meu diário aberto a sua frente. Desenroscou a tampa da caneta e escreveu algo no canto superior direito da primeira página.

— O caminho do jaguar? — perguntei.

— Sim, a jornada Oeste. O segundo ponto cardeal na Roda da Medicina. — Soprou suavemente a tinta e fechou o diário. Levantou os olhos e fitou meu olhar de curiosidade.

41

— A Roda da Medicina — repetiu.

Balancei a cabeça.

— A Roda da Medicina é o caminho das quatro direções que conduz ao conhecimento. É também chamada de jornada dos Quatro Ventos. Uma jornada legendária que o principiante empreende para tornar-se uma pessoa de conhecimento. — Pegou o Olho de Deus e suspendeu-o acima da mesa.

— Ah, é isso, então? — indaguei.

— Sim, é isso. A Roda da Medicina é a mandala do xamã inca, apesar de não existir um símbolo que a represente, assim como não há nada por escrito, nem imagens a serem veneradas, profetas humanos ou filho de uma divindade. Nenhuma dessas coisas é necessária. A meta da jornada por meio da Roda da Medicina é despertar nossa visão, possibilitando-nos descobrir e abranger o divino que há em nós e, com isso, restabelecer nossa conexão com a natureza e com o mistério do cosmos, adquirindo capacidade e sabedoria para utilizá-los. — Virou o Olho de Deus, girando sua base entre o indicador e o polegar.

— Os Quatro Ventos são assinalados como os quatro pontos cardeais de uma bússola. — Apontou a base do Olho de Deus. — Começa pelo Sul, pelo caminho da serpente, onde abandonamos as vestes do passado, como a serpente abandona sua pele. A Oeste fica o caminho do jaguar — ele indicou um ponto à esquerda da cruz —, é onde perdemos o medo e enfrentamos a morte. Ao Norte pegamos o caminho do dragão, onde descobrimos a sabedoria dos longínquos antepassados e estabelecemos o elo de ligação com o divino. Finalmente — apontou a extremidade do braço direito da cruz —, o caminho da águia a Leste, que é o vôo rumo ao Sol e a viagem de volta a nossa casa, para exercitarmos a visão no contexto de nossa vida diária e no trabalho. A lenda explica que esta é a jornada mais difícil que o xamã tem de enfrentar.

Recolocou o Olho de Deus no bolso do casaco. — Segundo dizem, poucos conseguem ir além da jornada de iniciação. Xamãs verdadeiros são raros. E raras as pessoas de conhecimento. Muitos dos que trilharam essa estrada pararam no meio do caminho, e ficaram satisfeitos em se tornar curadores e homens de medicina. Converteram-se em mestres do seu próprio rumo. E há aqueles que são seduzidos pelo poder. — Ele cerrou o punho. — Perdem-se durante o trajeto. E a jornada pode durar pelo resto de suas vidas. — Relaxou o punho. — Mas esse é um programa fascinante, não acha? Muito menos complicado que os símbolos da cabala judaica ou que o caminho budista para o nirvana.

Empurrou o diário em minha direção. — Mas você está interessado na *ayahuasca,* que dizem nos ajudar a percorrer o caminho do Oeste. Soube que existe um homem, um *ayahuascero* na selva próxima a Pucallpa. Escrevi em seu diário o nome dele e seu endereço por alto. Você pode tomar um avião daqui até lá.

42

— O senhor conhece esse homem pessoalmente?
— Não. Um dos meus alunos é daquela região e me falou a respeito dele. É uma pessoa respeitada. Várias vezes pensei em ir até lá, porém nunca tive tempo. — Olhou novamente o relógio. — Tenho de deixá-lo agora. Vou dar uma aula nas ruínas de Tambo Machay. Quando retornar a Cuzco, gostaria muito que fosse meu convidado para proferir uma palestra sobre psicoterapia ocidental. Meus alunos teriam muito interesse. — Ele sorriu.
— E eu também.
Passou os olhos à sua volta, apalpou os bolsos e levantou-se. Fiquei rapidamente em pé e estendi minha mão. — Obrigado, professor, pelo seu tempo e por sua paciência. Tive muita sorte em encontrá-lo. Eu *vou* retornar — apressei-me em dizer —, e será uma honra dar uma palestra aos seus alunos.
Mais uma vez a atenção dele voltou-se para algo acima do meu ombro. Eu me virei, e havia algo a ser visto. Dois jovens índios estavam parados na porta da *cafeteria* completamente molhados. Os cabelos pretos e lisos grudavam em suas testas e as roupas estavam encharcadas. Descalços, eles seguravam os sapatos contra o estômago. Com os olhos arregalados, fitavam o professor com ansiedade.
— Por que tiraram os sapatos, rapazes?
— Está chovendo, mestre.
—.Foi o que imaginei — disse calmamente o professor Morales. — Mas por que estão descalços?
Eles olharam para o chão. — Não queríamos molhar os sapatos.
O professor suspirou e colocou a mão no meu ombro. — Sim — falou num inglês bem articulado. — Será uma honra proferir uma palestra para eles.

13 de fevereiro
Sobrevoando a Amazônia

Viver a experiência ou servir à experiência.

Estou sentado junto à janela deste tremelicante avião do tempo do onça, cuja última revisão deve ter sido feita no governo de Eisenhower. No lado de fora, as turboélices rasgam o ar em pedaços e me aproximam cada vez mais de alguma improvisada pista de pouso, que me faz recordar de um vôo semelhante, ocorrido três anos atrás. Oaxaca, México. Índios huichol. Viver a experiência ou servir à experiência?

43

Em 1969, já perto da minha formatura como bacharel em estudos interamericanos, fui aprovado para o curso superior do novo Instituto de Psicologia Humanística. Para equilibrar um pouco minhas despesas naquele último ano de estudos, comecei a lecionar espanhol numa pequena escola particular durante as férias de verão. Quando chegou a notícia de que eu estava apto a ingressar no curso superior, decidi comemorar, organizando uma excursão de estudos por um mês ao México. Não dava para saber quem estava mais ansioso por essa viagem, se os alunos ou seus pais que estariam livres dos filhos durante o verão.

Depois de uma turnê de trinta dias pela cidade do México, Península de Yucatan e civilização dos maias, despachei os estudantes de volta para São Francisco, com suas malas abarrotadas de roupa suja, as cabeças cheias de espanhol coloquial e olhos espantados com sua primeira experiência no Terceiro Mundo. Eu continuei por lá, fui a Tepic, na costa oeste do México, e contratei um piloto, com seu monomotor Cessna, para levar-me à Mesa del Nayar, no estado de Oaxaca.

Fomos obrigados a fazer duas vezes um vôo rasante, sobre a acanhada pista de pouso no meio das montanhas, para espantar os animais domésticos que circulavam livremente pelo terreno: porcos, ovelhas, vacas esqueléticas, todos sob o comando de um menino vestido de branco. O nome dele era Gerardo, e eu aluguei uma de suas mulas para me conduzir montanha acima, até um vilarejo, onde morava o menino.

Permaneci entre os huichols por três semanas. Hospedei-me em sua aldeia, encantei as crianças com mapas do mundo que desenhei na areia, aprendi alguma coisa sobre sua singular cultura e o significado de suas brilhantes e coloridas pinturas sobre tecido de cânhamo, que trouxeram fama a sua tribo. A pintura, realizada numa tela feita de cânhamo tingido e prensada dentro de uma moldura recoberta de cera, era usada para retratar o psicodinamismo de um indivíduo, numa pictografia que representava o "espírito receptor". O artista, uma espécie de psicólogo, pintava com cuidado uma alegoria que contava a história do estado em que a pessoa se encontrava. O ponto crucial da terapia acontecia no instante em que a alma era capturada pela figura. O artista-curador, então, realizava uma sutil alteração no desenho, que conseqüentemente iria modificar as condições de saúde do cliente.

O turismo é hoje a principal fonte de renda da República do México, e as pinturas converteram-se em curiosidades populares e suvenires coloridos. Tecidos e tintas sintéticas substituíram as fibras e as cores naturais, que, apesar de manterem as formas, perderam o significado.

No entanto, ali, naquele remoto vilarejo nas montanhas, sentada num banco à porta de sua casinha de adobe, a avó de Gerardo, dona Juanita, trabalhava o cânhamo com seus dedos manchados e calosos. Ela atribuía grande parte de sua habilidade e percepção ao *hikuli*, o mescal, cacto sagrado das tribos indígenas rurais do México.

44

Se eu tivesse tido tempo e possibilidades de ficar com os huichols por mais algumas semanas, teria acompanhado os membros da aldeia em sua peregrinação anual pelo deserto nordeste para colher mescal nas escarpas da sagrada montanha de Wirikuta. Poderia ter "aprendido a pensar como um huichol", ingerindo o cacto em companhia deles.

Em vez disso, no final da segunda semana, Juanita aconselhou-me que "fosse estar" com o mescal. Apontou para o topo da montanha que ficava a uns três quilômetros e meio de distância. — Vá até lá em cima e medite por duas tardes, sem comer nada, para desanuviar sua mente — sugeriu ela. Passei duas tardes sentado com as pernas cruzadas, no cume tórrido da montanha, tentando pensar em alguma coisa e acabei adormecendo sob o calor do sol mexicano.

Ao voltar, no anoitecer do segundo dia, vi Juanita nos arredores do povoado esperando por mim.

— Você tem o mesmo problema de um cervo — disse ela. — Desce da montanha pelo mesmo caminho que subiu.

Eu ouvira falar sobre os efeitos psicodélicos do mescal, como visões beatíficas, vozes que segredavam sabedoria, experiências perdidas no tempo. Nisso, ela colocou na palma da minha mão cinco brotos de mescal e pediu que, invocando o espírito da planta, eu os mastigasse devagar, imaginando que estivesse comendo a carne da Terra.

Submissamente, voltei a escalar a montanha até o topo, e comecei a comer os brotos de mescal, um após o outro. Tinham gosto de vômito, e seu detestável amargor obrigou-me a debruçar durante uma hora sobre um arbusto de *manzanita*, tremendo e com ânsias.

Depois meu estômago relaxou, os espasmos cessaram e eu me senti muito só. O arbusto de *manzanita* cintilava sob o calor branco do sol, e eu estava sentado sobre um mundo de acentuados contrastes, uma terra da qual eu não fazia parte, da qual estava apartado.

Eu me sentia abandonado, deslocado, um alienígena em terra estranha, desalojado pelas pedras, galhos, sujeira, pela radiosa *manzanita*, pela vista da natureza diante de mim.

Toquei com a mão a terra quente, castanha, que se colava ao suor que escorria dos meus poros. Encostei a mão no rosto, e a sujeira espalhou-se pela face, misturando-se à baba que escorria dos cantos de minha boca.

A brancura dos raios de sol converteu-se num brilho amarelado, depois num radiante tom cor de laranja, à medida que eu esfregava o rosto com lama, suor e saliva.

Despi a camisa e me camuflei com a terra avermelhada, cobrindo o peito, braços e pescoço com uma camada grossa. Senti que estava perdendo as forças. À medida que a lama secava e trincava, eu tinha consciência de que pertencia à terra, e que a ela retornaria. Essa mãe iria cuidar de mim, me embalar e amar, embora eu a tivesse pisado, rejeitado e negligenciado, buscando apenas meu próprio prazer, vivendo só em função dos meus interesses.

O sol estava se pondo, e eu o fitava com as pupilas dilatadas. Absorvia-o pelos olhos e sentia seu brilho impregnando meus tecidos de dentro para fora, enquanto era contido pela casca de lama seca e solidificada. Um cataplasma planetário.

Lembro-me de ter exercido total controle sobre minha respiração. Respirava junto com o sol. Podia fazê-lo se pôr, com meu hálito, e ter consciência disso. O sol estava cada vez mais baixo no horizonte, obedecendo ao ritmo da minha expiração. Recordo de ter-me assombrado com essa descoberta, ao testar o poder da minha respiração controlando o crepúsculo. Uma profunda inspiração, dois pulmões cheios, um longo suspiro e tudo acabado. Adormeci.

Acordei depois da meia-noite e me pus a caminho, montanha abaixo, tomando o cuidado de regressar ao vilarejo por outra estrada. Juanita estava esperando por mim. Olhou-me desconfiada, e eu a abracei, permitindo que me conduzisse até a cama.

Dez horas mais tarde acordei com o mau cheiro do meu corpo, cambaleei diante da claridade da manhã e fui me lavar nas águas frescas do rio que aflui das montanhas. Nas margens ribeirinhas, um alargamento forma uma espécie de represa, na qual flutuei de costas e contemplei o azul do céu. Uma bola de mescal misturada com terra engolida no dia anterior precipitou-se dos meus intestinos numa súbita diarréia. Entrei no rio, tomei um banho, saltei para a borda e me senti purificado. Sentei-me sobre uma saliência e me dei conta de que apesar da quantidade de terra que eu espalhara sobre o corpo, eu ainda era um homem branco que evacuava nas águas que os outros bebiam. Aprendi mais sobre ecologia com aquele único incidente, do que em todos os artigos e livros que li.

Voltei à Califórnia vestido de huichol: calças e camisa branca, e uma faixa trançada colorida em volta da cintura.

Mas eu tinha apenas vinte anos na época, e estava convencido de que aquela intensa experiência me dava o direito de ser um tanto presunçoso e de alardeá-la.

13 de fevereiro
Mais tarde

Descemos para uma altitude de 350 metros. A densidade verde da selva abaixo de nós se assemelhava a um campo da botânica aplicada.

Uma ampla curva à direita e lá estávamos, rodeando a pista — uma cicatriz cinzenta, ou melhor, um rasgão no emaranhado tecido da floresta, no manto verde-escuro da Terra.

Suspeito que o tempo que passei com os huichols, e minha comunhão no topo da montanha, não tinham sido mais que mera experiência.

Talvez tão superficial como minha reação diante dela. Uma espiritualidade fictícia, pois o fato de vestir-me como um huichol não me torna um deles.

Defecar no rio, talvez tenha sido o acontecimento mais genuíno daquela jornada.

Eu não servira à experiência com o mescal (nem sabia como), e ainda assim a experiência serviu a mim, e continua a servir-me, à medida que questiono meu nível de preparo diante daquilo que está a minha espera, em alguma invisível clareira no interior da selva.

O professor Morales insinuou que eu não estava pronto para a floresta, para o "caminho do jaguar do Oeste". Em primeiro lugar, vinha o "Sul", qualquer coisa referente a desprender-se do passado... Interessante como o passado está perto de mim agora. Os huichols... A expectativa. As palavras do professor me haviam estimulado.

Duzentos, cem metros acima da pista e o avião quase roça nas árvores. As chihuahuacos, árvores que fariam uma sequóia parecer pequena, definem o padrão médio da vegetação da selva amazônica. Uma primitiva terra de gigantes.

Uma sufocante onda de calor, impregnada do cheiro da floresta, deu-me as boas-vindas quando aterrissei em Pucallpa. O aeroporto era tudo o que devia ter sido. Pilares vigorosos sustentavam um espesso telhado cinza, de sapé muito velho, que abrigava aviões exaustos. Uma esgarçada tela contra mosquitos, algumas paredes de metal enferrujado, um letreiro vermelho-escuro com propaganda de Coca-Cola, bancos quebrados e mosquitos por toda a parte. Na extremidade da pista, havia um ônibus com teto improvisado de madeira e duas pick-ups danificadas.

A caminhada de cinqüenta metros que dei do avião até a porta que ficava ao lado do letreiro de Coca-Cola foi o bastante para tirar-me o fôlego, e minha camisa de algodão grudava desagradavelmente nas costas. Uma gota de suor desprendeu-se do meu peito e eu a senti escorrer em direção à barriga, enquanto ficava de frente para um velho ventilador Westinghouse, que estava apoiado contra o balcão do bar.

Aguardei enquanto uma índia baixinha enchia sua sacola de náilon com garrafas de soda molhadas, e estendia alguns *soles* para o garçom, um nativo gordo, de cara simpática. Terminada a transação, ela ergueu do chão um pacote recoberto de aniagem, equilibrou-o sobre a cabeça, e segurando a sacola pelas alças encaminhou-se em direção à saída. Segui-a com os olhos por uns momentos, me dei conta de que ela estava com os seios de fora, e imaginei uma foto na capa da *National Geographic*. Virei-me para o dono do bar.

— *Cerveza, por favor.*

— *Si, señor!*

47

O homenzinho abriu um largo sorriso, foi até um tanque cheio de garrafas de soda e cerveja mergulhadas em água gelada e retirou lá de dentro uma "Amazonas". Enxugou-a com um pano úmido, arrancou-lhe a tampa, e, com um gesto teatral, postou-a diante de mim. — *Una cerveza fria para el... español.*

— Espanhol não — respondi. — *Gringo americano.*

— Mas seu sotaque...

— Cubano.

Abriu mais os olhos. — Sério?

— Antes da revolução. — Esbocei um sorriso e ergui a garrafa. — *Salud.*

— *Salud, señor.* — Ele se curvou sobre o balcão do bar e olhou minha bagagem. — Engenheiro?

Balancei a cabeça. Ele tentou adivinhar. — Petróleo?

— Não.

Ele estalou os lábios. — Um fazendeiro americano... não, não. — Deu uma leve batida com a mão no tampo do balcão. — Um consultor!

— Psicólogo — declarei rindo.

O homem franziu a testa.

— Doutor — tornei a dizer.

Seu rosto iluminou-se. — Ah! — Refletiu uns segundos e disse: — Não pode ser. Você é jovem demais.

— Tem razão — retruquei. — Talvez o calor me faça envelhecer.

— Não se preocupe — disse num tom consolador. — Logo seu corpo vai se tornar mais vagaroso, o coração baterá mais lentamente e você já não vai suar. Acaba se acostumando. Outra cerveja?

— Não, obrigado. Tenho que seguir viagem. Há algum ônibus ou táxi que eu possa pegar?

— Não, o último ônibus já saiu. É longe daqui?

Tirei da mala o diário e encontrei as anotações do professor Morales.

Don Ramón Silva
Do aeroporto de Pucallpa siga para o sul pela Rodovia Transamazônica até o quilômetro 64.
Vire à esquerda e ande mais dois quilômetros.

Ele observou atentamente a página, com o olhar ansioso de quem não sabe ler.

— Uma hora — eu disse. — Para o sul.

Apertou os olhos e apontou na direção da porta para um rapazinho de uns doze anos, que arrastava uma sacola de lona, suja, pelo chão. — Jorge. Entrega correspondência para um grupo de colonos. Ele o levará. Esfregou o polegar contra o indicador da mão direita.

48

A Rodovia Transamazônica é uma estrada de duas mãos, em péssimo estado, que passa pelo meio da selva. As chuvas tropicais e o calor opressivo racharam e esburacaram sua pavimentação. De tempos em tempos, grossos cipós, que trepam emaranhados por sobre os baixos aterros, vão escorregando por cima do pavimento bexigoso, de ambos os lados, como se tentassem cicatrizar uma ferida. Os indígenas lutam constantemente contra as ameaças da floresta, impedindo às cegas o avanço da natureza, com velhas facas desgastadas pelo uso.

Jorge e eu, sentados sobre o estofamento de vinil rasgado, nos sacudíamos acompanhando o movimento das molas enferrujadas dos assentos da pick-up. Uma Virgem de Guadalupe de plástico, pendurada por um fio ao espelho retrovisor do motorista, pulava como uma marionete. Falamos sobre beisebol, sobre companhias americanas de restaurantes que queimam florestas para criar gado e sobre as plantações de seringueiras.

Desembarquei diante do poste branco de madeira que assinalava quilômetro 64. Parecia não haver nenhum atalho, à direita ou esquerda, naquela cerrada vegetação, até que Jorge, saltando do veículo, apontou para uma pequena bananeira, de uns oitenta centímetros de altura, que crescia no meio de árvores gigantescas.

— Uma trilha — ele disse.

Ficamos parados no meio da estrada, olhando um para o outro. Ele levantou os ombros com indiferença e meteu as mãos nos bolsos.

Matei com um tapa um mosquito em meu rosto. Havia chovido na noite anterior e do chão desprendia-se vapor. Cigarras zuniam a nossa volta e a floresta sibilava. O ar estava carregado de uma névoa penetrante e o resmungo do motor da velha pick-up perdia-se no sussurro imutável e abafado da Amazônia.

— Aonde está querendo ir? — ele perguntou.

— Estou à procura de uma pessoa.

Ele assentiu, e seus olhos se fixaram na estrada.

— Não saia da trilha — disse ele, sem olhar para mim. — Se der um passo fora, você se perde e nunca mais acha o caminho.

— Obrigado.

— De nada. — Ele subiu de volta à boléia e puxou com força a porta para fechá-la. Tirei do bolso um punhado de soles. Ele descansou o braço na porta, observou o dinheiro em minha mão, olhou de soslaio por cima do meu ombro para o emaranhado das árvores, vinhas, folhagens gotejantes e depois sorriu, fitando meus olhos. O sorriso me pareceu esperto demais no rosto de um garoto de apenas doze anos. Balançou a cabeça, e acelerou a rotação do motor. O estrondo da contra-explosão repercutiu produzindo um som agudo. Alguma coisa soltou um grito.

— Los monos — advertiu ele. Macacos.

— Obrigado pela condução.

— *Buena suerte* — me desejou. Boa sorte.

De pé, no meio da Transamazônica, fiquei olhando o caminhão se afastando, com sua carroceria fora de esquadro, chocalhante e, vacilando entre as ondulações reluzentes causadas pelo calor, desaparecendo como uma miragem.

13 de fevereiro
Mais tarde

Sigo a trilha. Um metro e vinte de largura, difícil de distinguir. Tudo aqui está coberto de vegetação, é exagerado, emaranhado e úmido. O chão é polposo, e tenho a estranha sensação de que a Terra é uma coisa viva e que caminho sobre sua carne...

Faz uma hora que a estou seguindo. A trilha. Merda. Acho que o caminho é este, mas não tenho certeza absoluta. Meus sentidos estão alertas. Captando o movimento de luz e sombra, olhos fixos no chão e nas ameaças que possam surgir dos lados... ruídos da selva, um constante shshshhhhhhhh, um acompanhamento de fundo ao farfalhar dos meus passos, o barulho seco de galhos de vinhas que se partem, folhas que se batem... as narinas aspirando a doçura penetrante da deterioração que cheira à vida, como uma estufa fechada... o toque da copa das árvores e das vinhas, vinhas que se esticam, cruzam meu caminho e balançam, roçam meu rosto... e o gosto da ansiedade.

Parei sob esta árvore porque estava andando rápido demais. Meu coração está batendo rápido demais. Minha respiração está rápida demais... Meus pensamentos estão rápidos demais. Gostaria de ter a certeza que a casa de don Ramón Silva fica no fim desta trilha. Espero que sim, porque o caminho de volta a Pucallpa é muito distante. Parei para descansar e assegurar-me de que estou certo.

Será que estou com medo?

Não. Sei bem o que estou sentindo. Entra pelos meus poros, energizando-me. Mas eu poderia dormir aqui, agora. Estimulado. Mas o lápis move-se atentamente sobre o papel. Muito vivo. Nunca senti a Natureza desta forma. Ela sabe que estou aqui. Posso senti-la, sei que ela me sente e que sabe que estou aqui. Meu Deus, que sensação poderosa é esta!

Encostei-me na árvore, com as pernas esticadas e cruzadas nos calcanhares, pus o lápis dentro do diário e coloquei-o na mochila. Fechei os olhos e escutei a canção da floresta. Não sei por quanto tempo a ouvi. Senti que estava sendo levado, meu metabolismo tornando-se lento e uma sensação de conforto crescendo dentro e fora de mim.

Algo estaria se arrastando?

Despertei de um salto, firmei as mãos no chão e apoiei-me com força contra a árvore. Nada. Nenhum movimento. Nenhuma cobra. Apenas uma mudança na luminosidade, cerca de meia hora, talvez... Uma mudança nas formas manchadas, um grosso feixe de luz interrompido por um emaranhado teto de folhas, galhos e vinhas.

Então, por que eu me assustara?

Fiz um movimento para me levantar. Senti uma resistência, um suave aperto e olhei para o meu corpo. Pelos lados, e sobre minhas pernas e braços, bichinhos, longos e delicados tentáculos começando a se dobrar em espirais em volta de mim. Não liguei.

A clareira estava a uns trinta metros adiante, trezentos metros além do ponto em que eu havia parado.

Não há ninguém em casa.

A casa fica numa clareira, como um arquétipo do primitivo paraíso selvagem. Um telhado de folhagens cobre uma plataforma em formato de L, e as paredes são formadas por folhas entrelaçadas de palmeira. Há galinhas e um porco acorrentado a uma bananeira.

Atrás de nós (embora seja difícil reconhecer onde é frente e onde é atrás) o chão da selva passou a ser de areia nas margens da pequena lagoa, onde patos e frangos com penas marrons e verdes perambulam. A lagoa está circundada pela orla da selva. Uma velha canoa rachada está tombada sobre a areia, com a popa dentro da água e coberta de limo.

Na extremidade da clareira há uma árvore de chihuahuaco morta, com seu esburacado tronco retorcido, e ao lado dela uma fogueira. Algumas latas de óleo contêm um líquido com misturas em tons vermelho-escuro, vermelho-vivo e alaranjado. As cores não se mesclam totalmente. Uma caçarola de barro está pendurada sobre o braseiro e um caldo borbulha dentro dela exalando um estranho cheiro azedo.

Usando as grossas raízes expostas da árvore de chihuahuaco como braços de uma cadeira, sento-me e espero.

— Então, você está aqui!

Dei um pulo, enroscando-me nas raízes. Ele saiu de trás da árvore, do lado de fora da selva. Tinha a postura reta, mais ou menos um metro e meio de altura e um corpo enrijecido pela vida na floresta. As feições quadradas de índio eram suaves, o nariz adunco e as pálpebras superiores puxadas, o que lhe emprestava um ar asiático. O cabelo grosso, de um cinza prateado, era penteado para trás da testa profundamente enrugada. Vincos fundos marcavam sua face em ambos os lados do nariz até os cantos da boca. Os lábios eram marrons, da cor da pele.

— Don Ramón Silva? — perguntei.

— Ramón — respondeu sorrindo, e eu lhe apertei a mão. Dedos curtos e grossos, com os nós alargados, talvez pela artrite. Ele empertigou a cabeça e olhou-me com o rabo dos olhos. — *Bienvenido* — acrescentou.

Mais tarde

Ele sabia que eu viria. Estava à minha espera. Ele me viu em seus sonhos. Só não imaginava que eu fosse tão alto. Disse-lhe que eu era psicólogo. Ele assentiu. Disse-lhe que ouvira falar a seu respeito em Cuzco. Ele sorriu. Disse-lhe que o professor Morales me informara onde eu poderia encontrá-lo. Pareceu não reconhecer o nome. Depois olhou além de mim. Seus olhos se abriram numa expressão de surpresa e finalmente voltou a sorrir, concordou com a cabeça, como se só então tivesse entendido alguma coisa.

— Agora tomaremos uma *toma* — disse ele.

— *Uma toma?*

— Sim. — Apontou o braseiro. — *La soga.* — A corda.

— Uma cerimônia *ayahuasca?* — perguntei.

Ele fez que sim. — Você já comeu?

Comida? Eu nem havia pensado nisso. Lembrava-me de haver engolido uma boa porção de omelete às seis horas da manhã, no aeroporto de Cuzco. Olhei o relógio. Eram 17h45. Doze horas. Estava faminto.

— Não — respondi —, estou morto de fome.

— *Bueno* — continuou ele. — Então seu apetite será ainda maior amanhã cedo.

A quarenta metros da clareira o pequeno rio apresenta uma curva. A água da lagoa é clara, mas quase estagnada; daqui ela flui vagarosamente para dentro da floresta amazônica.

Eu me despi, me lavei, esfreguei e torci minha roupa para tirar-lhe o suor e a poeira. O banho me refrescou, mas a fome chegava a doer. Tinha que retornar à clareira depois do pôr- do-sol.

Aqui estou eu, sentado, de pernas cruzadas, na margem arenosa e molhada da lagoa, aguardando a próxima experiência. Tampouco sei como servi-la. Ou farei tudo errado, conforme me preveniu o professor, ou a experiência falará por si mesma. Parece que don Ramón me aceitou sem muita hesitação, portanto, ou eu consegui me apresentar impecavelmente (nem sei como), ou para este trabalho não existem pré-requisitos (Ramón não parece ser uma pessoa avessa à discriminação). Não há de ser por causa do poncho de lã que lhe trouxe de presente de Cuzco — de qualquer maneira, ele nunca iria usá-lo num lugar quente como este. Então, não sei o que pensar a esse respeito. É quase como estar pronto para a largada, mas me parece irracional, desprovido de lógica e pretensioso. Morales comentou algo sobre causa e efeito serem indistinguíveis. Melhor eu parar de pensar nessas coisas. Esta é minha última preparação mental antes da cerimônia de hoje à noite. Antes que eu tome o *yagé*.

Esta é para você, Brian.

Treze de fevereiro. Rumando rio acima.

4

E Jeová deu esta ordem ao homem: "Come de todos os frutos das
árvores do paraíso, mas não comas do fruto da árvore
da ciência do bem e do mal, porque em qualquer tempo
que comeres deles, certamente morrerás".

Gênesis 2:16-17

Sentei-me sobre um *petate,* uma esteira de folhas de palmeira entrelaçadas, no centro de uma sala. Esta era ampla, ocupando toda a perna curta do L, e vazia. Na vertical, erguiam-se colunas de madeira toscamente talhadas, folhagens em forma de cruz revestiam as paredes, e, em cima, a face interna do telhado de colmo repousava sobre uma moldura aberta.

Uma das paredes abria-se para a lagoa, e o luar refletia-se em sua superfície e dentro da sala. Quatro velas rústicas tinham sido colocadas nos quatro cantos do *petate,* e cintilavam em esguias e trêmulas faixas de labaredas cor-de-laranja.

Sentei-me com as pernas cruzadas, descansei os punhos nos joelhos e olhei para dois objetos que brilhavam sob a luz das velas: um grande cachimbo de madeira esculpido com a figura de um índio, que segurava nas palmas das mãos uma taça, num gesto de oferenda, tendo uma serpente enrodilhada a seus pés. Um maço de tabaco pendia frouxo na borda da taça. Além disso, havia uma harpa, uma simples tora de carvalho, perfurada ao longo do seu comprimento, e sobre a qual um arame fino tinha sido esticado ao máximo e preso nas duas extremidades.

À noite, o som da selva era diferente. O contínuo e abafado assobio de um dia tropical convertera-se num coro compartilhado por milhares de pássaros. Em algum lugar, um profundo e ressonante murmúrio tentava harmonizar seu ritmo. Olhei para fora e vi a silhueta de Ramón destacando-se no caminho iluminado pelo luar. O som plangente do seu canto misturava-se à cadência da selva. Suas mãos seguravam alguma coisa. Parecia uma vasilha, e ele a levantou apontando para o céu.

Eu não conseguia distinguir as palavras da canção, mas o refrão se repetia e os versos mudavam quatro vezes, sempre que ele se virava de frente para cada uma das direções.

Era uma vasilha de madeira, e ele a colocou entre nós dois, enchendo-a com o caldo que eu vira sobre a fogueira. O líquido era grosso, cor de sopa de cogumelos misturada com suco de beterraba e cenoura, e exalava um forte odor acre. Pensei no meu organismo faminto, ansiando por ingerir alguma coisa. O *yagé* parecia forte e perigoso.

— Você está pensando na morte — ele falou.

Nossos olhares se encontraram e eu concordei.

Seus olhos moveram-se suavemente para a esquerda e para a direita, e pousaram num ponto acima de minha cabeça. — É um fungo que cresce dentro de nós — continuou ele.

Pegou o cachimbo, retirou um galho seco do bolso da camisa, acendeu-o na chama da vela e segurou-o sobre o tabaco. Aspirou o tubo longa e profundamente e o tabaco começou a estalar, chispar e incandescer. Uma pequena fagulha soltou-se, caiu no chão e se apagou. Ele tragou a fumaça, e, em seguida, exalou um firme sopro de fumo com cheiro picante. Depois soltou baforadas em cima do *yagé*. A fumaça ficou suspensa no ar imóvel, pairou sobre a superfície do líquido e enrolou-se na borda da vasilha. Ele reclinou-se e continuou a aspirar vigorosamente. O tabaco dentro do fornilho adquiriu um tom de vermelho-vivo, e ele se inclinou em minha direção, soprando a fumaça em meu peito, braços, em volta de minha cabeça e em meu colo. Depois, passou-me o cachimbo.

Nunca havia fumado nada tão forte. Senti a garganta apertada, os pulmões queimarem, comecei a engasgar, tossir e lágrimas escorriam dos meus olhos. Tentei respirar fundo. Ramón cantarolava novamente uma estranha melodia, com palavras irreconhecíveis, e sem refrão, com os lábios e olhos fechados, enquanto se balançava gentilmente para a frente e para trás. Uma brisa suave fazia as velas tremelicarem e brincava com os cabelos que me cobriam a nuca.

Então, ele abriu os olhos e voltou-se para o lado esquerdo. Fixou a vista. Virei a cabeça para olhar, mas ele estendeu o braço e me impediu, tocando meu rosto com a mão. Nossos olhos se encontraram. Ele abaixou a mão e pegou o cachimbo.

— Você tem muita sorte em possuir semelhante força à sua espreita.

— Que força é essa? — perguntei.

— Um felino, meu jovem amigo! Um jaguar negro como a noite. Um aliado poderoso, mas você tem de trabalhar duro antes de declará-lo seu. — Ele balançou a cabeça. — O espírito do *ayahuasca* também é um jaguar. Quando for de encontro à morte, ele o levará para além do arco-íris, para um outro mundo. — Outra vez, sacudiu a cabeça em sinal de aprovação. — Peça ao seu jaguar que venha aqui, agora. Convide-o a ajudá-lo nesta jornada.

Pedir-lhe que venha? Fechei os olhos e me imaginei de pé, no ponto em que termina a trilha que chega até a casa de Ramón, assobiando para o felino. Venha cá, gatinho! Eu não podia fazer isso.

55

Contudo, custou-me muito manter os olhos fechados. Minhas pálpebras tremiam e o coração palpitava de ansiedade e nervosismo.

Fiz uma avaliação do meu estado: na boca o gosto lenhoso do tabaco silvestre, as palmas das mãos úmidas, o pescoço e ombros muito rígidos. Nervosismo e excitação. Tomei uma profunda inspiração e procurei relaxar, lenta e calmamente, abaixando os ombros. Um jaguar. À minha espreita. Tudo bem. Como vou convocá-lo? Visualizando-o. Mentalizo uma figura, uma pantera de pêlo lustroso, negro, como ébano... polido. Escura como breu. Imagino-a movendo-se fluida e sorrateiramente pela mata, como supomos que o faz.

— *Así es mejor.* — Assim está melhor.

A voz vinha de algum lugar mais alto. Abri os olhos e não havia nada. Ramón se fora. Uma nuvem encobrira a lua, deixando a sala mais escura. Rompendo a escuridão, apenas a luz tênue das flamas. Fumaça. Ele estava atrás de mim, soprando a fumaça em minhas costas.

Voltou a sentar-se à minha frente. Colocou o cachimbo de lado.

— Esta noite a morte lhe será revelada.

Cingiu a vasilha com os dedos e estendeu-a a mim.

— Beba.

Um tremor alastrou-se pelo meu estômago, enquanto eu segurava o recipiente com ambas as mãos e o levava aos lábios. Senti um cheiro azedo, e minha garganta contraiu-se quando tomei o primeiro gole. Frio, como sopa azeda de cogumelos, de consistência leitosa e com um gosto amargo que ficou em minha boca depois que engoli. Senti o líquido descer, envolvendo minhas entranhas.

Assenti e entreguei-lhe a vasilha de volta. Ele moveu a cabeça, negando.

— Tudo — ordenou.

Levantou a mão com o punho cerrado e os músculos do seu braço se contraíram. Poder!

Força! Um símbolo universal de vigor e energia.

Que droga. Respirei fundo, abri bem a garganta e derramei o conteúdo da vasilha dentro da boca. Duas deglutições convulsivas e pronto. Repus o recipiente vazio entre nós dois e lambi os resíduos que tinham ficado nos cantos da minha boca.

Ele aprovou. — Agora deite-se — pediu.

Estirei-me sobre a esteira e fiquei olhando para cima, para o telhado escuro de colmo. Fechei os olhos e me entretive com alguns momentos de retrospectiva. Ativei a memória e fiz um balanço da minha situação. O que eu estava trazendo para a experiência? Minha educação. Onde residia minha força? Em anos de teoria, gráficos desenhados com giz na lousa, páginas e páginas em espiral, gastas com anotações, manuais, casos de neuroses e seus tratamentos, causas e efeitos, complexos, sonhos, análises, todas as concepções de todos os homens e mulheres que se esforçaram para definir a experiência da consciência comum e entender de que maneira ela é influenciada. Pensando sobre o ato de pensar. Psicologia. Uma ciência excêntrica que se baseia unicamente em teorias, em idéias sobre idéias, pensamentos sobre pensamentos. Dentro das fronteiras da ciência, esta foi a primeira e os homens "civilizados" mal chegaram a desvendá-la.

A consciência é como um corpo de água formado pela mente consciente e mente inconsciente. Como a superfície do mar e suas profundezas ocultas. Essas metáforas são minhas. A moderna psicologia ensinou-me a estudar áreas profundas e pesquisar a geografia das camadas mais internas, observando a cor da água, o formato das ondas e as substâncias que afloram à tona. Fazer perguntas ao paciente e obter respostas. Como o sonar. Enviar sinais, aguardar o rebote e tentar juntar os pedaços que se encontram mais abaixo.

Mas nunca aprendemos a mergulhar em nós mesmos e ver com nossos próprios olhos. Será por medo de nos molharmos? Observe as ondas, veja como elas se quebram e tente adivinhar qual a profundidade do oceano... cristais molhados brilham à luz do sol. O som da ressaca. Abro os olhos e o som aumenta. Pequeninos pontos de luz se elevam das velas nos quatro cantos ao meu redor. Flutuam em direção ao teto. Partículas luminosas, em suaves tons de vermelho e verde flutuam em redomoinho... não... em espirais... comprimindo-se... cada vez mais, prontas para estourar. O centro não consegue segurar... estão tomando forma e correm suavemente para o teto. O barulho estrondoso e a luz possuem mandíbulas, e eu tremo com seu impacto.

Uma mão cai sobre meu rosto. Eu me assusto, porém posso sentir a mão e sentir o rosto, logo, deve ser minha própria mão. O que está sentindo o quê? Minha boca está aberta e consigo perceber minha língua, com a ponta dos dedos, mas não percebo meus dedos com a ponta da língua. Amortecido. A cara feito argila. A língua, um troço insensível.

O som possui textura, uma vibração distorcida... uma ressonância verde. A cor da selva reverbera pelo meu corpo, desde os olhos até os pés. A sala muda de posição, gira em direção ascendente porque levantei a cabeça. Ramón, de olhos fechados, leva a harpa até a boca, tange sua única corda e a cabeça dele vibra na tonalidade verde-claro, enquanto com os lábios modela o som que vai se encolhendo para dentro dos orifícios da harpa. Suas pálpebras se afastam, seus olhos pegam os meus e os conduzem para a esquerda, para onde as sombras se movem, deslizando em volta do perímetro da sala. A sombra tem profundidade, tem três dimensões. Eu a sigo. Ela pára, e agora são as paredes que se movimentam para a esquerda, enquanto a sala rodopia em torno do eixo de Ramón.

Tontura e mal-estar. Ah, esse cheiro! O fumo que vem de minhas vísceras fétidas exala através do meu hálito. Meus intestinos murcham em meio a vapores deteriorados. Os tecidos apodrecem dentro de mim. Tenho um sobressalto quando Ramón me toca. Olho para baixo. A mão dele repousa em meu braço. Enxergo a podridão interior em minha pele. Ele aponta para a floresta.

— Purgação.

Mais além da extremidade do seu dedo, a areia está iridescente, e meus pés afundam e escorregam em seu brilho. A selva se mostra viva e repleta de luz. Sei que os raios ultravioleta que ela está tecendo são as forças elementares da natureza — as árvores e as plantas resplandecem. Debruçado sobre a chihuahuaco, com a palma das mãos apoiadas no córtex morno de seu tronco e com o corpo arqueado, vomito fungos. Purgação. Purgo-me descontroladamente, cataticamente da cabeça aos pés. Que droga venenosa será essa? Meu estômago parece um bulbo contraindo-se, arrancando a podridão dos intestinos e expelindo-a a cada contração espasmódica.

A árvore se mexe, sua casca se desloca embaixo das minhas mãos, e eu caio de costas sobre a areia. Diante de mim, o corpo grosso e reluzente, mesclado de marrom, preto e amarelo de uma sucuri, vem se desenrolando por trás do tronco da árvore. Seu tamanho é indescritível... *Satchamama...* a serpente... a guardiã do Amazonas escancara sua boca para mim, uma membrana de tecido rosado. Um ruído, que é um misto de cacarejo e coaxar, e um resfolegar impetuoso espalham-se pela doce brisa noturna, enquanto o corpo continua a se mover em segmentos arredondados em volta da árvore. Parece não ter fim. Então seu rabo dá uma pancada na areia. Com a cabeça na borda da lagoa, abre caminho com seu estrondoso rastro pela superfície espelhada das águas e se afasta, penetrando numa zona escura no meio da selva fosforescente.

Minha barriga geme e percebo movimentos dentro dela. Rapidamente, me levanto. É urgente. Nas moitas dentro das vinhas, as calças arriadas até os pés, segurando os tornozelos, evacuo e me limpo com uma folha que está ao meu alcance. Asseado e esvaziado, levanto-me, olho e me perco na beleza da selva. Ela tem se revelado para mim. De fato, ela *tem* espírito.

A vinha enrosca-se em minha mão. Não é a vinha, mas o braço de Ramón.

Ele sussurra: — Não se deixe dominar pelo *ayahuasca*. Não se deixe seduzir. Assista ao ritual.

O ritual? Eu achei que *isso* era o ritual!

Ele me conduz até a beira da lagoa. Eu o sigo, submisso. Tenho confiança nele. Entrego-me aos seus cuidados, porque tenho medo do poder da floresta e das influências da noite sobre meu estado de espírito relaxado. Observo a lagoa e a superfície encrespada de suas águas.

— Você pode entrar? — ele pergunta com meiguice, como uma mãe falando com o filho.

Ah, eu... fico pensando... enquanto destruo a superfície líquida... os cacos poderiam cortar-me e eu cairia lá embaixo, rolando no escuro... ensangüentado no meio das trevas.

Sua canção sentimental traz minha mente de volta à beira do charco, onde estou de pé sobre a areia. Novamente uma selvagem alucinação se apodera de mim. Se eu posso entrar? Deixe-me ver. Olho para a água. Quero tocar suas...

Imagens refletidas... Meu rosto brilha intensamente, partículas de luz faíscam das bordas e ricocheteiam sobre a superfície cristalina... A lua. Três quartos de lua. Estrelas reluzem sobre a água. Uma sombra se move pelo manto do céu espelhado na lagoa, e eu olho para cima. Existe algo no ar. Bem...

Ondas de ansiedade percorrem minha testa. Um rosto me fita com ternura de dentro da água. Curvo-me para chegar mais perto e ele cresce, sorrindo para mim. Estou mais aliviado. Estendo o braço e meus dedos tocam a água. Os reflexos que boiavam começam a ondular suavemente. Mergulhados na lagoa, meus dedos vão até a margem.

Com o polegar e o dedo indicador, pinço as bordas e as trago para cima, juntamente com meu reflexo. Como a película que se forma na superfície de uma xícara de chocolate; não tem peso. Pendurado na ponta dos meus dedos, meu reflexo flácido e ensopado está pingando, torcendo-se e contraindo-se numa líquida viscosidade, enquanto fragmentos de rosto caem em gotas coloridas, em pingos, pinguinhos, na areia aos meus pés.

Um pássaro!

Um pássaro do tamanho de um cachorro, todo preto e cinza, estirou o pescoço rosa e enrugado de dentro de uma coleira com babados franzidos, e, com o bico duro e gasto, picou os fragmentos, perfurando a areia.

Jab... jab... jab... jab.

Pare!

Suas penas eriçaram, os olhos rolaram e ele pulou... esquisito... dando um passo grotesco para trás. Abriu as asas de pontas cinzentas, de uns dois metros e meio. Seu grito ecoou pela lagoa.

— Um condor.

A mão de Ramón pressionou meu braço. — Você tem muito trabalho pela frente, meu amigo. Venha! Depressa, antes que ele volte...

Retornamos para dentro da cabana que está envolta em sombras. Sento-me do lado oposto a Ramón e olho fixamente seu rosto. Ele pega a harpa, encosta-a na boca, faz tanger sua única corda e a sala vibra com o som do acorde. Verde e vermelho. A música da água. As colunas estão molhadas.

De novo. Um som mais grave. Uma oitava. Suas pálpebras pesadas se abaixam. Uma gota de água pinga do telhado de colmo.

De novo. Mais grave. Uma oitava. Desmoronando.

De novo. Mais grave. Oitavas no tempo... Seu semblante se fecha, tenso e encovado.

A harpa tomba de sua mão envelhecida e ele abre os olhos para sorrir pela última vez. A morte.

Sua cabeça cai para o lado, sem vida, frouxa, os olhos estão enevoados, os lábios torcidos num último sorriso, a saliva saindo pelo canto da boca... alguma coisa está gotejando...

Cubro os olhos com as mãos, quero poupá-los dessa visão. Começo a cair, como num sonho. Sinto um tremor nos quadris e o trepidar de uma queda. Através de segmentos... um a um. Uma intricada passamanaria, arquitetura... níveis de tempo e... espaço! Escolhas e possibilidades. Não tenho onde me agarrar, estou escorregando rápido demais para ver o que existe entre eles, sabendo que são importantes. Extremamente importantes.

Luz mais abaixo. A visão de um túnel.

Uma luz? Num túnel?

Se eu tirasse minhas pernas do caminho, poderia ver melhor, mas é quase impossível me movimentar. As pernas estão adormecidas. Os braços? Eu os aperto mas não há nenhuma resposta. O pescoço está enrijecido e a sensação de frio vai se alastrando pelo corpo. A rigidez cadavérica... se instalando... sim, deve ser isso, com certeza. Os tecidos internos estão sólidos e meu coração bate cada vez mais lentamente de encontro às paredes endurecidas e rijas da cavidade exangue.

A luminosidade se expande com seu brilho branco. A náusea aumenta, o último bolo está engrossando, subindo, apertando minha garganta e... Eu...

Não... posso respirar. Ah... não...

Há uma fumaça saindo da boca de Ramón. De novo o cachimbo. O doce aroma de mato. A fumaça está sendo soprada na direção do meu peito, em espirais. Olhe só este pequeno vórtice — o fumo gira sobre meu peito! A sala está cantando, e seu suave murmúrio me enleva. É o som de uma respiração. Longa e profunda. Um hálito quente. Meu hálito. Sinto o gosto do ar e das lágrimas que incham meus olhos. Você voltou. Eu voltei. Ele está sorrindo, mas balançando a cabeça de um lado ao outro, lentamente.

— Venha comigo.

Virei-me sobre meu corpo e levantei-me, tremendo sobre a esteira. Primeiro de joelhos, depois de pé, apoiei-me nele como se fosse uma bengala. Queria que isso tudo acabasse.

Passamos por uma sala onde uma mulher idosa, com uma trança grisalha, dormia sobre um colchão. A mulher de Ramón. Aproximei o relógio do meu rosto, mas o mostrador só me deixou mais confuso. Ainda estava escuro e os ruídos da floresta tinham recomeçado.

No fim de um terraço aberto havia um quarto, onde um pequeno colchão fora arrumado com um único lençol e um travesseiro.

Sim. Vou dormir agora, esquecer tudo isso para ver o dia de amanhã.

60

A escuridão atrás de minhas pálpebras estava cheia de risos, e as cores golpeavam as paredes do meu crânio e ricocheteavam. Eu me debatia, agitado, sujando com meu suor o único lençol. Arranquei minhas calças e fiquei deitado, lutando para embotar meus sentidos alertas, percebendo cada fibra do tecido contra minha pele nua e sentindo o gosto ácido da minha saliva. O ar ainda recendia à cera das velas, à essência do fumo do tabaco e o zumbido dos insetos ecoava estranhamente dentro de minha cabeça. Os risos debochavam de mim. As sombras misturavam-se e interpenetravam-se. Por baixo do lençol apalpei os músculos da minha barriga e descobri que conseguia contraí-los e relaxá-los, cada um deles, separadamente, conforme minha vontade. E mais ainda. Eu supunha que a brisa da selva, o vento ameno que remexia as folhas, soprava-as para dentro da cavidade que se abria em meu interior, para dentro dos meus intestinos vazios... vazios de quê? De lembranças?

Eu nunca a vi entrar neste quarto, nem saberia como descrevê-la. Apenas sentia sua presença, deitada aqui ao meu lado, no escuro. Sentia a textura do seu corpo, sua fragrância delicada, a proximidade do seu rosto de índia, o brilho de seus olhos, sua negra cabeleira amortecendo o peso de sua cabeça sobre meu ombro. Tão simples. Não precisaria suportar sozinho essa noite nem dormir desconsolado. Essa filha da floresta estava aqui para me trazer segurança, para me amparar...

Aconcheguei-me a ela. Sem esforço, com naturalidade, algo tão simples como nunca fora antes.

Meus passos estalam sobre o solo úmido, provocando um ruído tão forte que me retraio com receio de perturbar a paz e a harmonia da selva... deste jardim perfeito.

Não preciso pisar no chão, pois posso flutuar, acima da Terra e dentro das trevas que ocupam o espaço entre as estrelas, numa exaltação à liberdade e à pureza. Rapidamente caminho ao longo das notas que Ramón está tocando agora e que já ouvi antes. O som de um copo de vinho de cristal, um fio de som que acompanho à medida que ele se sintetiza num murmúrio elétrico e os números brilham em vermelho na escuridão. Seis horas. Ela estende a mão e desajeitadamente tateia a mesinha de cabeceira, atulhada de coisas, e o som é um zunido lamuriento e constante.

Stephanie! Ela senta-se, as costas retas. Apavorada, cobre os seios com a ponta amarfanhada do lençol e olha para mim. Posso senti-la, Stephanie,

profundamente. Você me sente? Ali? Está com medo? Não se assuste. Sei que não consegue me ver, porque está muito escuro e me movo impecavelmente. Não passo de uma sombra arquejante, mas forte o bastante para tomá-la.
Agora.

Acordei de repente, sozinho. O sol inundava o quartinho com seu calor tropical. Detesto acordar com a luz do sol. Sempre me dá dor de cabeça. Encostei-me contra a parede e esfreguei o rosto. Onde está ela? Um momento. Stephanie ou aquela moça? Escorreguei de lado no lençol, e lá estava a evidência do nosso ato de amor.

Vesti as calças. A camisa ficara na outra sala. Ao me levantar perdi o equilíbrio e procurei algo onde me apoiar. Minha mão quase atravessou a parede revestida de folhas de palmeira. Encontrei uma coluna, debrucei-me sobre ela e tentei clarear minha mente.

Não havia ninguém em casa. Sobre a esteira central da sala grande estava minha camisa cuidadosamente dobrada e minha bagagem. Ao lado dela, uma travessa com frutas.

Agachado, comi as frutas — creio que havia mangas, mamão e bananas — deliciosas e suculentas, seu suco saturou meus tecidos sedentos.

Não havia ninguém em casa. Procurei por Ramón na lagoa, adiante da árvore de *chihuahuaco* e percorri o caminho que descia em curva até o riacho. Tomei um banho em suas águas mornas e rasas e voltei para a casa deserta, sentindo-me vivo, mas não muito humano.

14 de fevereiro

O cérebro está morto.
É engraçado sentir o lápis sobre o papel. As palavras saem arranhadas, fragmentadas e incapazes de exprimir meu pensamento. Raspo, raspo, arranho e arranho. É absurdo tentar escrever com um lápis.

Agora sim. Achei uma caneta. Também não serve. Muito escorregadia. Faça um esforço, pois dentro de alguns dias sua cabeça vai clarear, você será novamente um homem sério. Portanto, não desperdice papel. Está vendo? Lá vai você.

Por que estou falando sozinho? Por quê? Porque NÃO TENHO COM QUEM FALAR AQUI. Tenho vontade de gritar. De embrenhar-me na selva e começar a gritar.

Eu poderia ter sido sobrevivente num desastre de carro e ter enfrentado a experiência da proximidade da morte. Sim, mas estou contente por estar vivo, as coisas estão de fato muito melhores, parecem diferentes, respire fundo e jure nunca mais respirar à-toa.

Que fique bem claro. Quase morri. Sei disso. Se Ramón não tivesse bafejado aquela fumaça em cima de mim — Deus meu! Aqueles vórtices girando — eu teria me precipitado dentro daquela luz, resvalado ou escorregado entre aqueles... aqueles... planos de ~~realidade~~ (pense duas, três, quatro vezes antes de usar essa palavra de novo) e teria sido o fim.

Jennifer sobre a mesa de autópsia.

Portanto, estou aliviado. É ótimo estar vivo, e creio (embora não esteja em condições) que experimentei minha consciência ou, digamos, meu pensamento consciente, como algo separado do meu corpo, assumindo um valor muito maior que esta carne.

Maldito seja! O medo foi mesmo terrível, paralisante. O que mais apavora na *verdade* é o que se esconde por trás das visões, no *outro lado* das sombras, *no meio* de todos aqueles planos e camadas, *sob a superfície* dessa linda lagoazinha.

Não pude observar nada, porque estava morrendo e sentindo um puta medo.

E havia outras coisas mais. Porém, as perdi. Era um convidado em meu próprio funeral, e o perdi.

Vou esperar aqui, ao pé do *chihuahuaco*, onde estava a serpente. Vou esperar aqui e sentir o êxtase de cada respiração, o delírio místico da selva e minha presença com vida.

Mas sei que existem outras coisas, mais do que ser apenas humano, e não tenho paz nem terei, até que eu descubra o que perdi. Novamente. Vou me sentar e aguardar Ramón.

Ramón nunca voltou.

Perto do entardecer, dirigi-me ao caminho que vai ter à estrada. Estava mais quente do que o dia anterior e eu brilhava de suor. Um mosquito picou meu braço e suas asas emplastaram-se em minha pele molhada.

Passei duas horas sentado sobre minhas malas, e não foi preciso nenhum esforço para permanecer sem pensar em absolutamente nada. Peguei carona numa carroça, veículo composto de um caixote grande de madeira, aberto, colocado em cima de um tablado que se assenta sobre um eixo que é preso às rodas. É puxada por um burro e dirigida por um índio corcunda.

Oito horas mais tarde chegamos a Pucallpa.

Em 1967, quando era estudante de filosofia na Universidade de Porto Rico, assisti a uma palestra do dr. Stanley Krippner, diretor do laboratório de sonhos do Centro Médico Maimonides. Durante a recepção que se seguiu, ele acenou ao meu entusiasmo pelo assunto, com um desafio. Porto Rico possuía uma rica tradição. Por que não estudar os sonhos dos videntes e médiuns de San Juan?

Encontrei dona Rosa, uma cartomante negra e cega de um olho, vivendo num minúsculo apartamento de fundo, numa área de desenvolvimento urbano nos arredores de San Juan. Velha, com aspecto carrancudo, usava um pedaço de pano sobre o olho cego amarrado por uma tira de folha de palmeira. O olho sadio parecia uma pedra preciosa incrustada num estojo horrível, e toda a gama de suas expressões refletia-se nas facetas daquele olho, com o qual ela lia minha sorte, mirando dentro de um aquário. Tornamo-nos amigos.

— Há um grande poder se aproximando lentamente de você — ela disse. — Você tem coisas valiosas a realizar, mas não fará nada de importante enquanto não parar de correr e se dispuser a enfrentar esse poder.

Disse-me que fosse até El Yunque, a montanha das florestas chuvosas, fora de San Juan. Vá para lá e espere, ordenou ela.

Eu fui. Estacionei o carro um pouco afastado da estrada, no meio de bananeiras e arbustos tropicais. Cruzei as pernas, encostei-me no capô do automóvel e esperei.

Não me lembro de ter adormecido, mas isso é comum acontecer. Só me lembro de ter recostado sobre o pára-brisas e fechado os olhos, ao cair da tarde.

Um galho estalou. Minhas costas arquearam e eu estava no chão, de quatro, engatinhando na mais completa escuridão, colidindo contra os arbustos, girando para a esquerda e sentindo algo pegajoso tocar meu rosto. Rasguei a folha de bananeira colada em minha face, parei de respirar e, enquanto tentava adaptar meus olhos às trevas, enxerguei meu carro e as luzes de San Juan. Minhas calças estavam rasgadas e o joelho sangrando através de um machucado sujo e em carne viva. Havia torcido o tornozelo, e assim que recomecei a respirar, fui mancando para o carro.

Murmúrios, chiados, sons resfolegantes tomaram conta da noite. Não estava suficientemente lúcido para relatar a Rosa o que se passara. Sentia-me constrangido. Porém, ao visitá-la uma semana depois, ela me fitou dentro do olho com desaprovação. — Você falhou — afirmou.

— Eu adormeci — desculpei-me — e alguma coisa me assustou.

— Você perdeu uma oportunidade — concluiu ela.

14 de fevereiro
Muito mais tarde

É noite, hotel Pucallpa às margens do rio. Encolhido na cama, escrevo sob a luz de uma lanterna. Ruído de barcos. Velhos cargueiros e canoas equipadas com motor de popa seguem rio abaixo.
Só algumas perguntas. Para gravar.
O jaguar, o que ele é?
As cores e luzes da selva.
A cascavel. Satchamama. Como eu conhecia essa palavra?
O condor e meu rosto. Meu Deus! Sei o que aconteceu, ainda posso sentir sua umidade pegajosa na ponta dos meus dedos.
A arquitetura.
A fumaça espiralada.
Aquela moça. Seria filha de Ramón? Puxa, devo ter cometido uma gafe. De todas elas tinha que ser Stephanie. O desejo que senti por ela... Estou preocupado com a garota. Um momento de tanta ternura e também de tanto erotismo! Santo Deus! E se ela veio apenas me confortar? Embalar-me durante a noite? E se Ramón mandou-a só para que eu tivesse onde me apoiar? Sim, dá para entender. A mulher, minha outra metade. Complete-me com sua feminilidade e juntos viajaremos através do sono, através da noite e através dos jardins.
E sabem o que faço? Ela está ali, inteirinha para mim, e eu a beijo, possuo, aproveito-me dela e faço o que qualquer homem faria. Transformo a intimidade de um momento numa relação sexual.
Eu deveria ter esperado que Ramón voltasse? Ou ele estava esperando que eu me fosse?

Permaneci cinco dias em Pucallpa, explorando os píeres e os navios de carga que ousaram atracar ali, último porto navegável no Amazonas, distando uns quinhentos quilômetros do Oceano Atlântico. Visitei o Lago Yarinacocha, nadei com os golfinhos de barriga rosada e tomei banho de sol estendido nas areias cinzentas das praias. Quanto mais escrevia, mais fácil se tornava explicar minha experiência com Ramón — e quanto mais longe eu ia, mais difícil era compreender o que significava.

5

Muito estudo não ensina a compreender.

Heráclito

Quando voltei a Cuzco a greve havia terminado. Os alunos se acotovelavam pelos corredores com a peculiar agitação das escolas sul-americanas. Aqui os cursos superiores são um privilégio, não um direito e, mesmo assim, não oferecem total garantia.

Encaminharam-me a uma sala no fim do corredor. Por uma janelinha que ficava no centro da porta, fiquei observando os rostos dos alunos do professor Morales, enquanto ele circulava no meio deles com ar de dignidade, apesar da simplicidade de seus trajes.

Contei dezesseis rapazes e apenas duas moças. Na maioria eram índios e quíchuas, como aliás toda a população do Peru. Ao contrário dos astecas do México, que se mesclaram aos conquistadores espanhóis dando origem ao mestiço mexicano, os indígenas peruanos se mantiveram fiéis à sua ascendência, embora os espanhóis e outros brancos ainda governassem militarmente e tivessem em seu poder a maior parte da riqueza da república. Poucos indígenas chegavam a assumir a cadeira de professor titular de uma universidade.

Ao sentir um movimento em meu cotovelo, olhei para baixo e vi o aluno índio a quem o professor estivera aconselhando na *cafeteria* uma semana atrás. Tinha um jeito embaraçado e tímido. Estava atrasado para a aula.

— *Disculpeme, señor.*

Afastei-me para o lado e ele abriu a porta. O professor me viu e sorriu, enquanto o garoto rapidamente encontrou um lugar vazio. Entrei na sala e fiquei em pé junto à parede.

— O prelado e insigne professor inglês, William Ralph Inge, disse que toda a natureza é a conjugação do verbo *comer.* O que vocês acham que ele quis dizer com isso?

Um menino sardento e ruivo levantou a mão.

— Fernando?

— O que significa prelado, *maestro*?

— Um membro da alta hierarquia eclesiástica, como bispo ou abade. Mas o que acha das palavras dele?

Fernando abaixou a cabeça e ficou olhando seu caderno espiral sobre a carteira.

Uma menina de cabelos castanho-claros, usando uma echarpe de tom vermelho-vivo, levantou a mão.

— Diga, Francesca.

Deixou cair a mão e sorriu. — Você é o que você come?

Professor Morales balançou a cabeça. — Esse é outro provérbio. Vamos lá! "Toda a natureza é a conjugação do verbo *comer*." — Procurou num dos bolsos do casaco e retirou uma maçã. Colocou uma das mãos sobre a carteira do aluno retardatário, inclinou-se em sua direção e deu uma dentada na maçã. — Juan Ignacio — perguntou, enquanto mastigava o pedaço da fruta —, qual a função primordial da vida?

O garoto lentamente ergueu seus profundos olhos castanhos. — Comer, *maestro*?

— Comer! Diga isso com firmeza, Juan Ignacio, porque você sabe que é verdade! — Afastou-se da carteira do aluno e foi para a frente da sala. — Comer. Esta é uma constante na natureza. Vida comendo vida. Pense nisso! Comer, consumir, digerir. Não é uma função primordial? A força propulsora? Galinhas ciscam na areia, lhamas pastam nas encostas dos morros. Nos matos, florestas e desertos da Terra, a natureza está empenhada em alimentar. Comer e ser comido. Primário. É ou não básico? Sim, Francesca, nós *somos* o que comemos, e seremos comidos. E neste simples fato reside um elegante exemplo da inseparabilidade da vida e morte. A própria vida só sobrevive à custa da morte.

Colocou a maçã de lado, foi ao quadro-negro e com um toco de giz desenhou um círculo aberto na parte de cima e depois completou os detalhes. A *uruboros,* uma serpente que come o próprio rabo. Deu um passo atrás e examinou seu desenho.

— A vida como uma força imortal, constantemente perpetuando-se a si mesma. Eis o símbolo perfeito — a serpente que come seu próprio rabo. A serpente, uma criatura tão simples, tão primária, e possui apenas o aparelho digestivo. Uma criatura que troca de pele e renova sua vida, troca seu passado e, serpenteando, segue em frente. E aqui — ele bateu com o giz na lousa — está a serpente comendo o próprio rabo, um círculo, um caminho ininterrupto e infinito. A imortalidade. A força vital. A vida é imortal, e sobrevive matando e comendo a própria vida.

A serpente é tida como um símbolo dentro das filosofias e religiões da humanidade, tanto no Velho e Novo Testamento como nos upanixades dos hindus e nas tradições dos nossos ancestrais indígenas. Seu símbolo é universal. Representa uma idéia elementar, uma idéia comum a todos os seres. Foram esses símbolos que Carl Jung denominou de "arquétipos do inconsciente". São forças poderosas da natureza e dos mitos. Deixou o giz cair dentro do bolso e olhou o relógio. — Amanhã teremos uma surpresa especial: um psicólogo americano que vai nos explicar como funciona o cérebro humano. Não se atrasem. — Sorriu apontando para mim, e todos se voltaram para me olhar. Senti o sangue subir pelo rosto. Confirmei, desajeitado. Não esperava que ele me pusesse na berlinda, mas eu estava apenas começando a conhecer Antônio Morales Baca.

O som surdo de livros se chocando, papéis amassados, zíperes chiando; toda a classe se amontoou e se precipitou para os corredores. O professor Morales pediu a Juan Ignacio que esperasse mais um pouco, e o jovem índio, arrastando os pés, e de cabeça baixa, aproximou-se e disse: — Desculpe-me pelo atraso, professor...

— Juan Ignacio Peralta Villar! Sempre que se dirigir a uma pessoa, olhe-a nos olhos. Não importa quem seja. Os homens julgarão seu olhar um sinal de confiança e força. As mulheres o acharão irresistível.

— Sim, senhor.

— Como está sua mãe?

— Não consegue respirar, *maestro.*

Morales olhou para cima, quer para certificar-se de que eu ainda estava lá, ou como um gesto para que eu me retirasse. Estava me sentindo meio por fora e então permaneci no meu lugar. O professor baixou o tom de voz.

— Você a levou ao dr. Barrera?

— Levei, *maestro*, obrigado. Ele disse que ela é alérgica, que sempre será, e os remédios...

— São muito caros, não são?

— São, sim senhor.

— Bem... — Novamente ele olhou para mim. — Há um homem chamado Gomez — continuou ele, dando o endereço. — Talvez devesse levar sua mãe até lá. Ele pratica outro tipo de medicina.

Meu contato com Máximo Gomez e as curas que ele realizou iriam ser documentados em *Realms of healing*. Passei duas semanas com Máximo e sua mulher, Anita. Duas semanas que culminariam num incidente que influenciaria minha educação e minha compreensão dos domínios que eu me dispusera explorar.

Conforme me sugeriu o professor, acompanhei Juan Ignacio e sua mãe até um modesto prédio de apartamentos, com paredes caiadas de branco, nos arredores da cidade. A senhora Peralta apresentava um quadro agudo de asma. Cada respiração requeria um grande esforço, e seu rosto se mostrava encovado e abatido pelas inúmeras noites sem dormir. Como ela não estava em condições de se locomover, chamei um táxi.

Uma indígena adolescente estava ajudando um senhor idoso a descer as escadas da frente, quando chegamos ao local. Notei, enquanto pagava o motorista, que ela o sustentava com uma das mãos, e com a outra carregava sua bengala.

Uma mulher alta, de compleição delicada, estava parada no topo dos degraus, sorrindo. Segurava a porta aberta com uma das mãos, enquanto a outra repousava em sua proeminente barriga de gestante.

— Irmão Máximo está vendo um paciente, mas já, já, virá atendê-los — disse ela. Levou-nos até a cozinha: piso revestido de tacos de madeira, um aparador e uma pia. O lugar era cheio de plantas verdes e exuberantes plantadas em vasilhas e latas, e mortas e secas pendendo pelas aberturas das vigas e peitoril da janela. Sentamo-nos em volta de uma mesa coberta por um tecido oleado alegremente colorido. Dentro de uma gaiola de arame estava um periquito verde, um *lorito*, próximo à janela.

Irmão Máximo. *Irmão*. O professor me havia dito que Gomez era um "curador esotérico" chegado a Cuzco recentemente, vindo de Lima. A associação médica peruana estava movendo uma ação contra ele por prática ilegal da medicina, e agora era a oportunidade de observar como ele clinicava.

— O senhor não o mencionou antes — exclamei.

Ele encolheu os ombros. — Você estava procurando um *ayahuascero*. — Ele me olhou sorrindo e continuou: — Pela sua cara vejo que achou.

— Dá para perceber?— perguntei.

— Parece que você viu um fantasma.

— Gostaria de contar-lhe sobre...

— Naturalmente. Amanhã. Depois da sua palestra. — Deu-me umas palmadinhas no ombro, e em seguida fui com Juan Ignacio buscar a mãe dele.

Agora, a mulher que nos recebera à porta estava servindo um forte café peruano, com um bule de alumínio. Eu me apresentei.

— Sim. — disse ela. — Irmão Máximo está esperando vocês. — Sorriu e pousou uma pequena xícara diante de mim. — Sou Anita, mulher de Máximo. É um prazer recebê-lo. — Agradeci o café e fiquei imaginando quem teria predito meu itinerário e espalhado por toda a redondeza. Pelo visto, ninguém parecia muito surpreso com a minha presença, nem interessado. Eu me fiz de desentendido, acrescentei mais açúcar ao café amargo, aspirei o cheiro de todas as ervas, escutei o chiado da senhora Peralta e estudei o rosto de Anita. Havia algo de quase etéreo em sua presença, como um sinal de perturbação ao redor dos olhos, talvez um sentimento de resignação.

Máximo era mestiço; a fisionomia mostrava ligeiros traços índios e uma eriçada barba espanhola que cobria apenas parcialmente as cicatrizes deixadas pela varíola. Um tipo que gostava de chamar a atenção. Baixo, robusto e vigoroso. Obviamente, devia se preocupar muito consigo mesmo. Trocou algumas palavras em voz baixa com Anita e deu uma olhada de esguelha em Juan Ignacio e sua mãe. Então seus lábios se arreganharam num sorriso meio falso, e, afastando-se de Anita, estendeu a mão para mim.

— Seja bem-vindo, irmão! E trouxe consigo seu gato, sua coruja e seu veado!

Apertei a mão dele. — Bem, espero que saibam se comportar dentro de uma casa — repliquei.

Ele franziu o cenho, mais confuso do que aborrecido. Virou-se para a mãe de Juan Ignacio. —Venha — chamou, indicando a porta aberta. Relutante, eu os segui. Quantas vezes no México me acostumei a endossar o status dos curandeiros que eu visitara? Quantas vezes vi pacientes se tornarem mais confiantes com a presença do *"doutor americano"*, o importante cientista que veio dos Estados Unidos para conhecer o grande curandeiro?

A sala de visitas era o consultório de Máximo. Uma sala simples, exígua, com assoalho de madeira, contendo apenas algumas cadeiras, uma mesa com ervas e óleos e uma pequena cama de lona no centro. Havia uma janela com vista para o Salcantry, o mais alto dos quatro picos nevados de Cuzco. Por todo o lado havia velas: tocos de cera de abelha, velas vermelhas natalinas e velas de promessa, num tom amarelo-escuro, derramando-se em copos de vidro. Mas nenhuma delas estava acesa. As paredes caiadas refletiam naturalmente a luz, e a fiação elétrica corria pelas paredes rachadas. Uma lâmpada pendurada ao teto por um fio difundia as sombras da esmaecida luminosidade do fim de tarde que se atirava janela adentro.

Máximo pediu a Juan Ignacio que aguardasse na cozinha, e só depois de ter comunicado à senhora Peralta que eu era um "médico americano importante", ela se sentiu à vontade para tirar a blusa e deitar-se apoiando o rosto na cama. Ela estava com um excesso de peso de pelo menos vinte e cinco quilos, e essa posição se mostrou muito desconfortável para seus pulmões. Então Máximo pediu-lhe que se sentasse, o que ela fez, não sem antes apertar fortemente a blusa contra o peito. Ele deu algumas voltas ao redor da cama, observando-a pelo canto dos olhos.

— Respire profundamente — mandou ele, e ela fez um grande esforço para obedecer. Em seguida parou atrás dela, com as pálpebras semicerradas e trêmulas, e colocou as mãos em ambos os lados de sua coluna. Traçou uma linha invisível com o dedo indicador de sua mão direita, parou e pressionou com força a ponta do dedo contra sua carne adiposa. Ela gemeu e se contraiu, mas Máximo pediu-lhe que relaxasse. Continuou a traçar linhas ao longo de suas costas, pressionando diversos pontos, algumas vezes torcendo o polegar ou o indicador e debruçando-se sobre eles. Ela grunhiu de dor, e eu notei que seus dedos estavam deixando manchas vermelhas e profundas marcas de unha em toda a extensão das costas dela.

Descalçou-lhe os sapatos e tocou um ponto do seu pé esquerdo. Ergueu sua longa saia preta, mirou e aplicou a técnica da "acupressão" (*shi-*

atsu) na panturrilha coberta de veias e nas coxas enrugadas. Depois saiu, deixando-a ali, sem sapatos, a saia enrolada até a altura dos quadris. Com os olhos fechados, a respiração ofegante e encatarrada, ela segurava firmemente a blusa contra o peito e balançava-se para frente e para trás. Ele foi até onde estava Anita e ela lhe entregou um pequeno galho revestido por uma casca cor de café, ao qual ainda estava presa uma folha seca.

— Pode ir agora — disse ele à mulher, e bruscamente virou-se para a senhora.

— Vista-se.

Ela abriu os olhos e tentou enfiar-se dentro da blusa, sem expor a parte dianteira do seu sutiã.

— Pegue este galho — ordenou ele. — Eu o benzi. Ferva-o com a água de Tambo Machay e tome esse chá três vezes ao dia. Quero vê-la novamente daqui a dois dias. Só isso.

Quer dizer então que ele usava a acupressura e trabalhava com os meridianos, técnica desenvolvida pelos chineses dois ou três mil anos atrás. Receitava chá de ervas, atuava com ostentação e pedira que ela voltasse para mais um tratamento. Eu já havia presenciado essa cena uma dezena de vezes entre curandeiros urbanos no México. Vi dona Pachita abrir o corpo de pessoas com uma faca de caçador e remover tumores; até mantive afastados os intestinos de um paciente que estava se submetendo a um "transplante de bexiga", na penumbra de um quarto dos fundos, numa casa na Cidade do México. Não fiquei impressionado com o trabalho de Brother Máximo.

— Vou chamar um táxi — exclamei.

Máximo abanou a cabeça negativamente. — Não há táxis por estes lados, além do mais, quero que ela caminhe. Por favor, fique e jante conosco.

Despedi-me de Juan Ignacio e sua mãe, enquanto Máximo mandava Anita comprar alguns alimentos. O tom de sua voz era raivoso.

— Quanto tempo pretende ficar por aqui?

Expliquei-lhe que minha permanência no Peru dependia de eu ter sorte em achar curandeiros tradicionais e trabalhar com eles.

— Você vem de uma universidade dos Estados Unidos?

— Sim, da Califórnia — respondi.

Ele repetiu as palavras lentamente, enfatizando as quatro sílabas. — Já ouvi falar — comentou. Contei-lhe sobre meu interesse em tradições de cura, razão que me levara a passar uns tempos no México, e o quanto estava ansioso para estudar e escrever a respeito da psicologia da recuperação da saúde. Ele se mostrou interessado. Encheu dois copos com um líquido claro que estava numa garrafa, fora do guarda-louça.

— Como ficou sabendo a meu respeito?

— Na universidade daqui. O professor Morales sugeriu que eu viesse vê-lo.

— Compreendo. — Fez um ligeiro movimento circular com os olhos e, então, concordou rapidamente. — Sim, ele também esteve aqui.

— Para tratamento? — perguntei.

— Não. Só para me conhecer. *Salud!*

— *Salud!* Ergui o copo, provei um gole do licor e estremeci. Tinha gosto de gim adocicado e queimava a garganta.

— *Pisco* — disse ele.

Assenti e tomei outro gole. O segundo foi mais fácil. — Você aplica a acupressura — afirmei.

Ele levantou as sobrancelhas. — Hein?

— Com a senhora Peralta. Utiliza os meridianos da acupuntura chinesa. Onde aprendeu?

Máximo balançou a cabeça, e uma dúvida anuviou-lhe o rosto. — Sinto muito. Não sei de que está falando. Que negócio é esse?

Expliquei-lhe o conceito da tradição chinesa, os dois mil anos — certos pontos localizados ao longo dos meridianos verticais da energia *ch'i*, que circula através do corpo. Minha explicação somente deixou-o confuso. Até que finalmente ele não fez caso. — Não, não! Não uso nada disso. É bem mais simples. Observo os rios de luz e sigo sua direção. Quando aparece alguma obstrução, eu a desfaço.

Isso era novo.

— Rios de luz? Como são eles?

— Ah... — Projetou para fora o lábio inferior, no esforço de descrevê-los. — Eles são... luz... algumas vezes azulados... como correntes de energia. Fluem através da aura. Eu posso enxergá-los. — Esticou o dedo e segurou-o a um centímetro do meu braço. — Aqui...

— Você pode vê-los agora? — indaguei.

— Se eu olhar, sim.

Talvez fosse o *pisco*. Ou a altitude. Talvez a combinação dos dois. Fosse o que fosse, cinco minutos depois eu estava de pé em cima de uma cadeira, de cuecas, e Máximo Gomez desenhava em minha pele os "rios de luz" com o batom de Anita. Eu lhe dei minha máquina fotográfica, pois estava curioso para comparar os "rios" com os gráficos de acupuntura, quando voltasse para São Francisco. Ele fotografava, quando Anita chegou com uma sacola de mantimentos. Ela largou a sacola no chão, rompeu em prantos e saiu correndo da sala. Aquele era seu único batom.

23 de fevereiro

Preciso de um plano. Máximo convidou-me para ficar. "Fique conosco e aprenda." Aprender o quê? Mais algumas coisas sobre os curandeiros urbanos? Com certeza. O que eu poderia fazer era permanecer aqui por uns tempos e estudar a técnica de Máximo.

O que eu quero fazer é acompanhar de perto o *hatun laika*, mestre xamã, e observá-lo sob o aspecto do feiticeiro rural.

O que necessito fazer é tentar esclarecer o que aconteceu comigo na floresta.

Recebi uma carta. De Stephanie. Em nome de todo o mundo. Deve ter mandado no dia em que viajei. Agradecendo o jantar e pedindo desculpas pela sua "atitude".

Creio que ela gosta de mim.

Perfeito. Desvendarei os segredos da mente humana. Meu laboratório será as selvas, as planícies arborizadas e as despovoadas regiões do mundo. Vou vivenciar os domínios e estados de consciência dos mais primitivos curadores e de místicos respeitáveis, compilar sua sabedoria e traduzi-la para uma forma ocidental aproveitável. Com a ajuda dela. Uma psiquiatra ocidental, instruída nos moldes tradicionais — uma racionalista. A *yin* completando o meu *yang*. O hemisfério esquerdo completando o direito do meu cérebro. Estabeleceremos uma ponte de ligação entre a sabedoria intuitiva dos nossos ancestrais e o pragmatismo e os fatos modernos dificilmente adquiridos pelo homem civilizado. Em mútua colaboração e perfeita harmonia. Certo.

Por que será que vejo uma companheira íntima em cada mulher bonita que encontro? Deve existir uma função límbica em mim, que reduz tudo a sexo.

Mente límbica. Falarei sobre isso amanhã. Palestra para os alunos de Morales. Vou deixá-los boquiabertos com certas teorias sobre o cérebro.

Mas não há dúvida de que eu... senti a presença dela aquela noite na selva. Como será seu quarto? Gostaria de saber.

Vou lhe enviar um cartão-postal, dizendo mais ou menos o seguinte: "A filha de Ramón era linda. Desejaria que você fosse ela".

Nota: Comprar batom para Anita.

Do casal ela é a mais autêntica. Ele gosta de impressionar, mas o olhar dela... Talvez seja a gravidez. Ela tem um aspecto tão saudável, além de aparentar inocência e força. Ele a trata como um domador treinando um cão.

No dia seguinte, às 16 horas, o professor apresentou-me à sua classe, como o jovem doutor em psicologia vindo dos Estados Unidos. Morales era evidentemente considerado uma pessoa especial dentro da universidade, e isso não se devia apenas ao fato de ele ser índio. Durante a greve não apareceu viva alma no prédio, com exceção de um faxineiro da *cafeteria* e dos leais alunos do velho professor. Eu tinha ouvido o final de sua palestra e sabia que Morales era um mestiço raro e mais um educador do que um simples professor. Criara um ambiente cultural para os estudantes, granjeara seu respeito e pessoalmente os engajara no processo de aprendizagem. Certamente lhes ensinara muito mais do que o programa proposto pela universidade. Agora era a minha vez.

Comecei citando uma frase de Lyall Watson: "Se o cérebro humano fosse tão simples a ponto de podermos entendê-lo, nós seríamos tão simples que não o entenderíamos", e prossegui destacando os fundamentos da teoria do tríplice cérebro.

A teoria do tríplice cérebro, expliquei, está intimamente ligada à evolução do *homo sapiens*. Ela descreve o cérebro humano em termos de três "subcérebros" que se desenvolveram separada e independentemente: o remoto cérebro dos répteis, o cérebro límbico e mais recentemente o neocórtex.

O primeiro, o cérebro dos répteis, não difere muito dos cérebros primitivos que deram força aos dinossauros. Esse cérebro regula e mantém o maquinismo do corpo humano, incluindo o crescimento e regeneração dos tecidos, movimento, circulação, respiração e outras funções corporais. É o cérebro do hábito, uma ferramenta indispensável à sobrevivência dos antigos répteis, que eram incapazes de avaliar as decisões que tomavam para poder mudar de idéia.

A falta de inteligência nos dinossauros era compensada por sua força bruta, com a qual eles aravam suas vidas em lugar de dar-lhes um rumo. Nenhum predador ameaçava a supremacia dos grandes répteis, e a complexidade de seus cérebros atuava na proporção direta à simplicidade de suas vidas.

Com a extinção dos dinossauros e o surgimento dos mamíferos, os requisitos para sua sobrevivência tornaram-se mais complicados. As criaturas de sangue quente, mais especificamente os mamíferos, foram tão afetadas pelas exigências do meio ambiente, que seus cérebros se desenvolveram aproximadamente cem vezes mais do que o cérebro dos répteis de sangue frio (em proporção ao peso do corpo). Nos primeiros seres humanos, os instintos do cérebro dos répteis eram complementados por um neuro-computador, o cérebro límbico.

Enquanto o cérebro de réptil, tanto no dinossauro quanto no homem, era programado para uma cega obediência aos instintos, o cérebro límbico era programado para uma nova linguagem: as emoções. Com o tempo ele se tornou o guia fundamental das experiências humanas, programado para reagir a quatro fortes emoções: medo, alimentação, luta e sexo. Esses quatro impulsos vêm controlando o comportamento humano desde a origem da nossa espécie.

O cérebro límbico é responsável por criar barreiras no pensamento territorial, pela invasão e saqueio de cidades vizinhas e por declarar inimigos todos aqueles cuja cor de pele ou feições forem diferentes da nossa.

Comandados pelo cérebro límbico emocionalmente volúvel, irracional e aguçadamente intuitivo, os primeiros seres humanos começaram a agregar-se em tribos de caçadores e em aldeias, e a desenvolver rituais sociais e leis que iriam regular e moderar os impulsos do cérebro límbico.

Cem mil anos atrás, num curioso e ainda inexplicável evolucionário salto quântico, o cérebro do *homo sapiens* quase dobrou de tamanho. De uma hora para a outra a natureza dotou nossos ancestrais com um poderoso neurocomputador, que eles não saberiam como usar nos próximos milênios. O neocórtex forneceu-lhes uma mente pensante, racional e lógica, para abrigar as superstições e idéias ritualísticas do cérebro límbico.

Os hemisférios esquerdo e direito do neocórtex estão associados à matemática e ao pensamento espacial e abstrato. Seus lobos frontais, que conhecemos pouco, são um centro das funções superiores do cérebro, mas certamente eles encerram a faculdade da premonição, ou seja: a habilidade de enxergar uma ferramenta ou arma ocultas na extensão de um osso, de ver uma escultura dentro de uma pedra, de pensar no amanhã, planejar a semeadura e a colheita de uma safra, imaginar, conceber o homem apartado dos outros animais e permitir que ele construa seu próprio destino.

Com uma simples ferramenta, um pedaço de pau para cavar, que se converteria numa alavanca rudimentar e depois num arado, o homem começou a assumir o controle do seu meio ambiente. A mão da natureza uniu-se à mão da humanidade.

A emergência do neocórtex foi o alvorecer daquilo que denominamos mente, pois com ela surgiu a capacidade do cérebro de refletir sobre si próprio. Os homens antigos podiam agora se deparar com seu reflexo numa lagoa no meio da floresta e, em lugar de sair correndo ou atirar uma pedra contra a aparição, miravam fascinados sua imagem e começavam a ver e compreender a si mesmos. Até aquele ponto na história, o indivíduo só era capaz de perceber o ambiente que o rodeava. Porém, agora, ele podia perceber alguma coisa mais — seu próprio reflexo na natureza. Poderia refletir a seu respeito, a respeito da vida, do destino, de Deus.

O neocórtex é também o cérebro da linguagem. A linguagem nos permite definir e transmitir a experiência de nossos sentidos e de nossa vida interior. Como o cérebro límbico não possui o poder da fala, ele se comunica através da linguagem corporal, dos gestos, dos símbolos e da música. Portanto, a visão, audição, olfato, paladar, tato e emoções — todos os estímulos que os cérebros límbicos e reptilianos podiam apenas registrar e aos quais podiam reagir — podiam agora ser expressos em palavras.

O cérebro reptiliano serviu à criatura auto-suficiente (o dinossauro), e o límbico prosperou entre os membros de uma pequena tribo ou bando de caçadores. O neocórtex precisava de uma unidade social mais ampla, a fim de criar a cultura necessária para explorar seu potencial e dar origem à ciência, música, arte e arquitetura.

A inteligência aumentou com o acréscimo do número de cérebros inteligentes que se agregaram numa sociedade cujas crenças, tradições, folclore e conhecimentos formaram a sociedade da mente, uma comunidade dotada de uma consciência maior do que a soma de suas partes. Logo as cidades desenvolveram contatos com outras cidades através do comércio. Provavelmente a Terra estava envolvida numa rede global de comércio e comunicação. Contudo, as quatro fortes emoções devidas ao primitivo cérebro límbico teriam que ser dominadas antes que os indivíduos pudessem coexistir em grandes grupos. Preceitos religiosos, mandamentos e leis comuns atuavam no sentido de reprimir as emoções e com freqüência os instintos agressivos do cérebro límbico.

O assunto foi bastante árido, mas os alunos do professor Morales pareciam entusiasmados. Eu poderia ter falado sobre os dez bilhões de neurônios do cérebro humano e de trilhões de partículas de informações que são processadas. Poderia ter divagado sobre as redes neurais, memória holográfica, teoria das funções localizadas no cérebro, neurotransmissores, sinapses, local dos receptores, mas seria complicado eles entenderem. Desta maneira, eles tinham tido um modelo evolucionário simples: um cérebro físico, um cérebro emocional e um cérebro pensante.

Fernando, o garoto ruivo, espanhol, levantou a mão.

Disculpeme, doctor, pero qué es la conciencia?— O que é consciência?

Respirei fundo e disse:

— Não sei. Como Deus ou o amor, parece difícil definir. Sabemos que possuímos, mas não sabemos exatamente o que é.

Tem sido definida como um componente que, em dado momento, torna perceptível ao indivíduo o despertar de um estado de alerta. Mas só isso não basta. A consciência é a percepção de nossas experiências ligadas aos sentidos, e essa percepção não pode restringir-se ao nosso estado de vigília, porque durante o sono também vemos, ouvimos, cheiramos, degustamos e sentimos. Temos que explorar os limites de nossa percepção, estados de consciência e de inconsciência, antes de começarmos a definir a consciência, ou mente.

Nos laboratórios dos Estados Unidos, dissecamos o cérebro e examinamos seus tecidos. Mas, assim como a umidade da água não pode ser descrita pela fórmula H_2O, pelas propriedades de hidrogênio ou oxigênio, as propriedades da consciência não podem ser deduzidas a partir da neurologia do cérebro humano. —Apaguei da lousa o desenho esquemático do cérebro que havia feito com giz.

— No entanto, o fato de você ter sido capaz de fazer essa pergunta e de estarmos aqui pelejando com esses conceitos é uma vitória do nosso novo cérebro — dei uns tapinhas na minha testa —, este neocórtex. Sei que não respondi à sua pergunta. É uma boa pergunta, mas, no fim das contas, temos de acabar descobrindo por nós mesmos.

— A umidade da água... — comentou o professor Morales, quando a palestra tinha sido encerrada e os estudantes me agradecido. — Muito curioso — ele concluiu.

— John Stuart Mill — acrescentei —, é uma metáfora antiga.

— Você acumulou grande dose de conhecimentos — exclamou ele, dando uma olhada para o relógio de parede acima do quadro-negro. O relógio assinalava 15h15. Não tinha se mexido, desde que eu entrara naquela sala. Provavelmente assinalava 15h15 havia anos.

— Acho que sim — respondi. — Mas não adianta muito, a menos que eu consiga entender isso tudo. Acumulamos conhecimento até ficarmos exaustos, nem por isso nos tornamos necessariamente mais sábios. Creio que a sabedoria chega quando pegamos toda a informação de que dispomos — com a mão fiz um gesto de varredura, através da sala e das cadeiras vazias — e a usamos para descobrir algo de novo sobre nós mesmos. Uma auto-reflexão. Foi o que o senhor quis dizer sobre a diferença entre ter uma experiência e servir à experiência, não foi?

Ele assentiu. — Mais ou menos — replicou. — Como foi sua experiência na selva?

Contei-lhe meu encontro com Ramón, sobre o jaguar, os efeitos psicodélicos do *ayahuasca*, a serpente, Satchamama, o reflexo da minha imagem na lagoa, o condor e a sensação de que estava morrendo. Tudo. Contei-lhe o episódio da jovem, quando pensei fosse outra alucinação. Tentei explicar a sensação de estar no quarto de Stephanie.

O professor Morales ouvia atentamente, com o rosto impassível. Quando terminei de falar ele virou-se para mim e perguntou: — O que acha que tudo isso significou?

— Não sei — respondi. — Aconteceu duas vezes no mesmo dia. — Minha sensação mais opressiva era de medo. Atravessava meu caminho. Tenho a nítida impressão de que eu poderia ter avançado mais... — Fiz uma pausa novamente. — Como na lagoa. Estava de pé na beirada mas apavorado demais para me jogar dentro. Reação límbica. Medo.

— No sentido mítico — disse Morales — o *ayahuasca* o leva de encontro à morte. O lugar do Oeste na Roda da Medicina é onde deparamos com a morte e somos levados por ela.

— Ressurreição? Renascimento?

— No sentido mítico, sim. O xamã é aquele que já morreu. Superou nosso maior medo e está livre dele. A morte não pode mais chamá-lo para si. Não projeta nenhuma sombra.

— Mas eu não morri. Ramón trouxe-me de volta.

— Porque você não estava preparado para a experiência. O *ayahuasca*, como qualquer remédio sagrado, é o ponto indicador onde o caminho se ramifica: ajuda-nos a percorrer nossa trilha, mas pode ser inútil e até perigoso, se não estivermos prontos a encetar a jornada. Don Ramón estava conduzindo seu ritual e deve ter percebido que você não estava pronto.

— Como?

Morales olhou-me e levantou as sobrancelhas. Pergunta cretina.

— Que acha que teria acontecido se ele não tivesse me trazido de volta?

— Você está mais bem qualificado para responder a esta pergunta do que eu — retrucou. — Um perigoso surto psicótico, talvez? Os ocidentais costumam associar as experiências xamanistas com psicose, não é mesmo?

— Ahã. Da perspectiva ocidental da realidade, o mundo dos espíritos e esse tipo de coisa é o mundo do psicótico. Anormal.

— Deixe que a cultura ocidental defina o que é normalidade — declarou.

— Que é Satchamama? — perguntei.

— O espírito da Amazônia. A grande serpente.

— Um arquétipo?

— Digamos, um espírito arquetípico.

— Pensei que ela fosse real.

— É claro que pensou. E era. Como consegue distinguir entre a realidade de uma serpente que você encontra quando está em estado de alerta e a que encontra, por exemplo, quando está sonhando?

— Essa é uma antiga questão — disse eu. — A única diferença é que numa você está de olhos abertos, e na outra, fechados.

— Um xamã diria que se você enxerga com o coração e sente com a cabeça a posição de suas pálpebras não faz a menor diferença.

— Onde posso encontrar um xamã que me mostre isso?

— Que acha de Máximo? — ele indagou.

Eu lhe disse o que achava. Que ele parecia ser mais um dos curandeiros urbanos que eu encontrara, que era adequado, pomposo e que me havia convidado a ficar lá e aprender com ele, mas eu estava mais interessado nos conhecimentos do *hatun laika,* o xamã/feiticeiro que Morales havia mencionado.

— Dentro de duas semanas estaremos em férias por quinze dias — comentou ele. — Estava planejando fazer uma caminhada, um passeio acompanhando trechos do Rio Urubamba, ao longo do *altiplano.*

— Eu também pensava ir — disse eu, observando-o de perto. — Contratando um tradutor.

O professor quíchua juntou os pedaços de giz sobre a mesa e meteu-os no bolso. Sorriu com o canto da boca e exclamou: — Não alugo meus serviços, meu jovem amigo.

— Não foi minha intenção...

Ele abanou a mão para mim. — Mas se você sabe caminhar em silêncio e dormir ao relento, será um prazer tê-lo em minha companhia. Eu teria um companheiro e você aprenderia um pouco de quíchua.

— Obrigado. Na verdade eu não poderia pagar um tradutor. Mal tenho para pagar um hotel.

— Aceite o convite do senhor Gomez — insistiu ele. — Vai economizar o dinheiro que gastaria num hotel confortável e talvez aprenda algo de novo. Daqui a duas semanas veremos o que podemos encontrar por essas regiões.

Então ficou acertado. Iríamos aos planaltos do Peru em busca de um *hatun laika*, mestre xamã. Mas antes, eu passaria quinze dias com Máximo e Anita. — Fique conosco e aprenda — Máximo havia dito, e foi o que fiz.

Descobri que ele era um talentoso vidente, um enigmático curandeiro cujas técnicas incluíam a cabala, tarô, ioga, nutrição, ervas medicinais e astrologia aplicada — que ele denominava de cosmobiologia.

Apesar de os métodos de Máximo serem saudáveis e trazerem benefícios aos seus pacientes, não apresentavam nada de excepcional. Ele fazia uso da imposição de mãos, massagem, tratamentos com água, acupuntura e ervas medicinais. Invocava dois guias espirituais que o ajudavam nos diagnósticos e nos tratamentos também. Quais fossem suas capacidades paranormais, havia sempre grande variedade de componentes psicológicos e fisiológicos que podia explicar os resultados obtidos.

Também aprendi alguma coisa sobre a necessidade das pessoas em apoiar sua fé em alguma coisa nova. Máximo era bastante experiente com relação aos diagnósticos, sabendo quando aplicar um tratamento de ervas ou recorrer à intervenção paranormal, inclusive reconhecendo os casos que eram puramente psicológicos. Estes ele começou a deixar sob minha responsabilidade e, dentro de uma semana, passei a ser conhecido como *el médico americano*, o curandeiro gringo. Como era meu costume, tomei nota cuidadosamente dos casos de Máximo, alguns dos quais seriam publicados em *Realms of healing,* como a história de Paliza, por exemplo, o artista peruano tetraplégico, que estaria dançando no dia do seu casamento.

Máximo era um grande sensitivo, sem dúvida alguma. Apresentava excelentes dotes de visionário, no entanto, embora desempenhasse com perfeição sua função de místico e pretendesse ser reconhecido como um curador de prestígio, seu maior segredo era sua esposa, melhor curandeira do que ele próprio. Anita estava invariavelmente presente na hora de qualquer diagnóstico, e as consultas que ele fazia a ela eram mascaradas pela forma rude e desdenhosa como a tratava.

Máximo nunca retirou a máscara e só se rendeu a ela uma vez: no final da minha segunda semana, quando Anita me disse que era chegado o momento de eu adquirir a visão.

79

6

A alteração do olhar, tudo altera.

William Blake

Anita e eu nos tornamos amigos. Uma manhã, na metade da minha segunda semana, acompanhei-a ao mercado. Depois de uma hora e meia apertando abacates, fugindo dos porcos, espremendo laranjas, barganhando limões, cheirando melões, pisando em galinhas, arrancando cascas de espigas, tropeçando em cachorros, golpeando melancias, colidindo com donas de casa, crianças, e com duas sacolas cheias, eu a arrastei para o centro da cidade, para dentro do Café Roma.

Ela protestou, é claro. Suspeitei que jamais estivera num restaurante. Apoiei as sacolas contra a velha parede inca e pedi dois cafés com alguns doces.

— Fale-me sobre os... animais que Máximo vê. Inclinei-me sobre a mesa e murmurei: — Que você vê.

Os olhos dela percorreram o restaurante, pousaram nos meus e depois fixaram-se na toalha da mesa. — Animais de poder — respondeu. — Os elementais.

Um garçom de jaqueta branca colocou à nossa frente o café e um prato com pães doces, estendeu o braço e empurrou o açucareiro para o centro da mesa.

— Eles existem na natureza — continuou ela quando ele se afastou. — São energias naturais que se unem a nós. Os animais de poder servem a nós e nós a eles. Fazemos parte uns dos outros. Estamos interligados através dos sete chacras. — Anita observava-me raspar uma fina camada do pote de manteiga. — São formas simples de energia, porém muito poderosas. Assim como os guias espirituais estabelecem nossa conexão com o mundo espiritual, conectamos o poder dos animais com o nosso mundo. E eles nos conectam com a natureza.

— Como é que eles são? — indaguei, esforçando-me para compreender.

— São animais — respondeu.

— Quer dizer que eu possuo sete desses animais?

Ela sorveu o café e balançou a cabeça. — Não. Nem sempre eles se conectam a cada um dos seus centros de energia, e algumas vezes ficam escondidos, ou são jovens demais para assemelhar-se a qualquer coisa. É claro que você pode adquirir outros mais. Pode-se ter dois em um só chacra.

— Ela cortou um pedaço de pão ao meio e ofereceu-me uma metade. Agradeci, sorrindo, e observei seus olhos, imaginando se eles estariam vendo coisas que eu não via.

— Como você os vê?

— Não olhando — disse ela. — Difícil de explicar.

— Quais são os meus? — perguntei. — Pode vê-los?

Ela refletiu um momento e depois continuou: — Há um jaguar. Aqui.

— Tocou sua barriga proeminente. — Mas seu relacionamento com ele é confuso. Existe também um grande felino preto que está... seguindo você, porém eles são um só, o mesmo. Isto acontece porque você não o recebeu, não o assumiu como direito seu. E é uma parte sua, por isso ele o persegue. É muito poderoso e está desafiando você para que o encontre. — Novamente ela colocou a mão sobre sua barriga. — Aqui está o centro de toda a vida, onde meu filho está crescendo dentro de mim, onde você esteve unido à sua mãe e alimentado por ela. Esse felino é sua mãe, procurando nutri-lo com o dom do poder. Não me refiro à sua mãe biológica, naturalmente. Estou falando da Terra.

— Da Terra?

Ela assentiu. — Pachamama, a Grande Mãe, nos dá o dom da energia luminescente, forças vitais que representamos como animais de poder. Eles permanecem conosco até o dia que devolvemos nosso corpo físico a ela, à Terra. O jaguar é sua força mais poderosa na natureza. Seu café esfriou.

— Humm? — Ela empurrou a xícara e o açúcar em minha direção. Eu levantei a xícara e tomei de um só gole seu conteúdo. — E o que mais?

Anita afastou os doces e juntou as migalhas com o guardanapo. — Existe um veadinho. — Tocou a base da garganta e sorriu. — Um veado com cornos magníficos. Uma coruja cavalga montada em um dos seus chifres. Eles se localizam no seu chacra laríngeo, que é o centro da expressão e comunicação. Refletem muita dignidade e sabedoria. É muito lindo.

— Isso é tudo?

— Esses estão totalmente formados. — Ela franziu a testa e olhou para a toalha de mesa.

— O que foi? — indaguei.

Ela maneou a cabeça num gesto negativo. — Por favor — pedi.

81

— Há mais alguma coisa. Não é seu. Falei com Máximo sobre isso...
É de outro lugar.

— Mas o que é? — Confesso que estava profundamente interessado.

— Um pássaro. Um tipo de águia. Ele também o está seguindo.
Persegue seu rastro.

— Que ele quer comigo?

— Não sei — respondeu ela. — E você só saberá quando se encontrar
com essas forças.

— E de que maneira posso encontrá-las? — exclamei.

— De diversas maneiras — afirmou Anita. — Tem que aprender a
enxergar. — Dobrou as mãos sobre o colo e fez um sinal com a cabeça, con-
firmando o que dissera. — Sim, disse ela, é isso mesmo. Vou falar com Máximo. Creio que chegou a hora de você aprender a ver.

10 de março de 1973

Máximo e Anita têm algo reservado para mim. Meu "aprendizado"
está na reta final. Daqui a três dias a universidade entra em férias e eu
vou com o professor Morales encetar nossa busca.

Foram muito bons para mim. Máximo forneceu-me algum material
estimulante e, em última análise, creio ter sido bastante beneficiado
por ter ficado aqui com eles essas duas semanas e ter podido presenciar os métodos de um curandeiro popular, no seu estilo mais simples
e próprio de um trabalhador. Nestes poucos dias aprendi muito sobre
a fé. A fé das pessoas que fazem fila diante desta porta todos os dias.
Gente pobre, gente da classe média e até um juiz do Supremo Tribunal. Um dia destes, uma índia empreendedora, já de certa idade,
montou um fogareiro a álcool na rua e ficou fritando bolinhos rechea-
dos para a pequena multidão ali reunida. Pessoas com muletas, para-
líticos, deprimidos, com alergias de pele, diabéticos... Algo que não
consta do Velho Testamento. Nem do Novo. Nem na sala de espera do
Hospital Geral de São Francisco. Seja como for, estou ansioso para ir
adiante e aprender mais. Veremos o que esta região campestre tem a
me oferecer.

Fui hoje até a farmácia e gastei uns dez dólares em diferentes marcas
de batons americanos para Anita.

Ainda estou tentando analisar sua explicação sobre os animais poderosos. Quis pressioná-la para obter mais informações, mas diante
de Máximo ela fica muda, submetendo-se aos seus contínuos comentários sobre assuntos espirituais. Um curioso relacionamento. A as-
pereza dele, que tanto me desagradou no início, agora me parece um
tipo de machismo espiritual. Ele se sente ameaçado, quando Anita
capta e apreende fenômenos que ele considera pertencerem ao seu do-

mínio. Ela vive aquilo que Máximo prega, e ele sabe disso. Encobre então sua insegurança agindo irreflexivamente como um macho chauvinista.

O conceito de Pachamama/Mãe Terra estava me interessando. Grande parte da psicologia, da psicologia ocidental, estava presa aos problemas com a mãe. Aqui poderia estar a chave para libertá-la. Não precisaríamos passar o resto da vida com a sensação de termos sido abandonados, arrancados do seio materno, atirados num mundo hostil e expulsos a pontapés do paraíso. O indígena (por meio de rituais de passagem) une-se à Grande Mãe, a Pachamama, a Terra que continua a alimentá-lo, abrigá-lo, vesti-lo e ainda o recebe na hora da morte.

Esta tarde Máximo pediu-me que lhe emprestasse minha faca Bowie. Faz uma semana que a está admirando. Quando quis devolvê-la eu insisti que ficasse com ela. Sinto muito, Brian, mas tenho certeza de que você teria aprovado.

Tendo em mente as últimas experiências, decidi devotar-me a quaisquer rituais que os Gomes tenham planejado para mim, portanto, seguirei sua prescrição bem simples: jejuar (outra vez), só que agora por três dias. Comer apenas pólen de abelha, tomar unicamente água com limão e chá de ervas. Purificar meus chacras duas vezes ao dia com a água de Tambo Machay.

Dirigi-me ao templo, na tarde daquele dia que tomara café com Anita. Eu não havia comido nada desde cedo, e lembro-me de ter me arrependido de não ter aceito o pedaço de doce que ela me oferecera.

Tambo Machay é o "Templo das Águas", uma fonte de três patamares construída por pedreiros incas nos arredores de Cuzco. Três degraus gigantescos de granito branco interligados assentam-se sobre as vertentes musgosas da montanha. A água jorra de um cano central sobre o patamar mais elevado, bifurca-se na área vertical do segundo degrau e depois converge novamente para a base do templo.

O sol estava se pondo atrás da Soiroccocha, que tem cinco mil e quinhentos metros de altura, e é a mais baixa das quatro grandes montanhas do vale de Cuzco. Tirei a camisa e, nas sombras frescas do final de tarde, coloquei as mãos embaixo do cano, estremeci e lavei meus chacras.

O conceito dos sete principais centros de energia é comum à maioria das culturas e religiões primitivas, embora quase sempre venha associado à prática ioga dos hindus. No Sálvia, o escritor (ou escritores) que sistematizou as disciplinas da ioga descreveu os chacras em detalhes. O primeiro situa-se na base da medula, na região dos genitais; o segundo, um pouco abaixo do umbigo — é a "barriga de Buda" —; o terceiro, na boca do estômago, é a região do plexo solar; o quarto, no centro do tórax, é o do coração; o quinto está na base da garganta; o sexto, acima e entre as sobrancelhas; e o sétimo, o chacra coronário, fica no topo da cabeça. Foram descritos como espirais de energia, vórtices de luz, que descrevem movimentos sinuosos da esquerda para a direita, como a fumaça que vi saindo do meu peito, naquela noite na floresta. De forma condizente, todos correspondem a fibras nervosas ou plexos que saem da medula espinal, juntamente com as sete glândulas endócrinas mais importantes.

Conforme me foi ensinado, lavei-os com a ponta dos dedos molhadas, e em movimentos circulares da direita para a esquerda. Desabotoei as calças e minha pele arrepiou-se com a sensação dos meus toques leves e da água gelada.

Pelos próximos dois dias, ao amanhecer e ao crepúsculo, revigorado com o pólen de abelha, água e limão e um fraco chá de ervas, eu me dirigia até o sopé da montanha e, do modo menos consciente possível, praticava os movimentos. Até tentava visualizar os chacras como sorvedouros de luz e de energia.

No terceiro dia voltei para casa depois do entardecer. Sentia-me vazio, mas satisfeito com minha obediência ao regime. Achei que estava pronto para qualquer coisa.

Pude sentir o cheiro das velas, assim que cruzei a porta da cozinha. Mas havia mais alguma coisa: o cheiro penetrante de floresta, de sálvia, queimando. As luzes da cozinha estavam apagadas, e um brilho suave infiltrava-se pela porta da sala. Fazia frio, mesmo dentro de casa, e a luz convidativa me fez entrar.

Deparei-me com um belo espetáculo. A modesta salinha tinha sido despojada de toda a mobília. A cama de lona, o sofá e a mesa de madeira tinham desaparecido, e uma névoa de fumaça pairava a pouca altura do chão; captava e difundia a luminosidade das chamas de cada uma das quarenta ou cinqüenta velas brancas que havia lá. As velas demarcavam um círculo no centro do piso, e dali cobriam toda a superfície e enchiam os cantos. Dentro do círculo havia duas vasilhas, uma vela alta, duas cadeiras de madeira com espaldar reto, separadas uns três metros uma da outra. Anita sentou-se numa das cadeiras, dobrando as mãos sobre o colo. Havia um pequeno maço de sálvia amarrado, defumando em uma das vasilhas, água de flores na outra, com pétalas flutuando na superfície. Máximo posicionou-se de pé, dentro do círculo.

Senti uma súbita onda de afeição por essas criaturas, pelo seu cuidado e consideração. Embora eu me considerasse um hábil simulador, suspeitava que eles podiam perceber num relance um lampejo de cepticismo atrás dos meus olhos e uma hesitação na minha voz quando discutíamos o aspecto esotérico de suas crenças. Tinham de fato despendido um grande esforço por mim. Pelo meu bem. Para que eu conseguisse adquirir a "visão" que eles já possuíam.

— Está maravilhoso — exclamei.

Sem olhar para mim, Anita sorriu. — Sente-se, meu amigo — pediu Máximo.

Pisando com cuidado entre as velas, sentei-me na cadeira oposta a Anita. Ela mantinha a cabeça baixa e sua respiração era tão regular, que não fosse pelo seu sorriso eu diria que estava dormindo.

— Tire o casaco e a camisa — ordenou Máximo, e apesar de ainda sentir arrepios por causa do frio da noite obedeci, dobrei as peças e coloquei-as embaixo do assento da cadeira. Foi nesse momento que notei minha faca Bowie fora da bainha, ao lado da vasilha com água de flores no centro do círculo. Fixei em Máximo meu olhar interrogador.

— Chegou o momento de adquirir a visão — disse ele —, porque você está particularmente obtuso e nós precisamos recorrer a meios pouco ortodoxos.

Olhei para Anita. Ela não se mexeu.

— Agora feche os olhos e respire fundo, desde o estômago. Relaxe.

Fechei os olhos, respirei fundo e fiquei imaginando o que minha afiada faca de caçador tinha a ver com o fato de eu adquirir visão.

Uma súbita lufada de ar vinda da noite, lá fora, lembrou-me que devia ficar atento às instruções de Máximo. Tentei ignorar a faca e concentrar-me no relaxamento. Podia ouvir a voz de Máximo murmurando suavemente, invocando seus guias espirituais, os "irmãos superiores", para que abençoassem nosso círculo de fogo e não permitissem a entrada de nenhum visitante malquisto. Então ouvi meu nome. Estava invocando meu espírito, convidando meu jaguar para entrar no círculo de luz e enroscar-se aos meus pés. Invocou a Terra, a Pachamama, o vento, a água e o fogo. Suplicou aos poderosos animais que comparecessem e nos contemplassem com sua total presença e que se dessem a conhecer a mim. Depois, balbuciou palavras que me soaram quíchua, e pude captar o nome de quatro *apus*, os quatro maiores picos que rodeiam a cidade. Era tudo esplêndido, mas através de toda aquela dramaticidade, e conforme eu percebia o ambiente clareando e a luminosidade lentamente esmaecendo, comecei a sentir-me vulnerável e ansioso pelo que estava por acontecer. Chegava a ser excitante.

Ouvi o barulho da janela fechando-se, e a voz de Anita ordenando: — Abra os olhos.

O ar fresco da noite havia absorvido a fumaça das folhas secas; o maço de sálvia fumegante tinha desaparecido, embora seu odor ainda pairasse no ar. As velas que estavam fora do círculo haviam se extinguido, restando apenas a vela central e as que definiam o próprio círculo. Anita olhava fixamente para mim, para minha testa, embora eu não pudesse ver seus olhos. Então ergueu a vista para Máximo e entregou-lhe alguma coisa. Um batom! Ela sorriu para mim, fez um gesto com a cabeça e Máximo cruzou o círculo para postar-se a meu lado. Com os olhos semicerrados tocou um ponto da minha testa com o batom.

— Mais abaixo — disse Anita. —A..., a..., a..., Aí mesmo! A diferença devia ser menor que um centímetro. Vagarosamente, ele começou a escorregar o batom para baixo, na direção do meu nariz. Parou entre as duas sobrancelhas e desenhou outra linha em cima da primeira. Fiquei pensando na cruz de batom desenhada em minha testa e me dei conta de que estava prendendo a respiração. — Continue respirando — disse Anita.

Num ritmo uniforme passei a inspirar e expirar. Anita advertiu Máximo de que estava muito embaixo, e ele então pressionou firmemente o dedo contra a área situada entre as minhas sobrancelhas, depois limpou o dedo na calça, e eu pude ver a mancha vermelha. Anita concordou e eu o senti desenhar um círculo ao redor da cruz. Ao terminar, deu um passo para trás e, com a cabeça pendendo para o lado, admirou seu trabalho. Anita comentou que estava certo e ele lhe devolveu o batom.

Anita e eu nos olhamos. Ela forçou uma profunda inspiração e soltou o ar através dos lábios contraídos, seus olhos fixos nos meus. Convidou-me a acompanhar seu ritmo respiratório e eu obedeci. Enquanto respirávamos juntos, através das bordas internas do círculo de velas, Máximo ajoelhou-se no centro. Segurou minha faca, lavou a lâmina na água de flores e em seguida passou-a uma ou duas vezes pela chama da vela, executando o mais primitivo meio de esterilização.

Esterilização. Eu sabia que ele usaria a faca em mim. Gestos. Ritual. O drama simbolizando um ato. Isso tudo não faria parte do repertório de um curador? É claro que sim.

— Não tenha medo — pediu Máximo, e Anita começou a cantarolar suavemente, liricamente em quíchua. — Fique atento à sua respiração — continuou ele. — Medite sobre a chama da vela. Não vamos demorar muito.

Ele se levantou e, segurando a faca diante dele, veio colocar-se na minha frente, um pouquinho à direita. Eu podia ver Anita fitando a marca na minha testa. Baixei os olhos para a chama da vela que se requebrava sedutoramente no chão, entre nós, e fiquei imaginando onde é que eu tinha me metido.

Confesso que a presença de Anita obrigou-me a enfrentar estoicamente tudo aquilo. Não me sinto nem um pouco orgulhoso dos meus feitos. É uma espécie de fraqueza do macho sentir-se desafiado a ocultar sua sensação de medo na presença de uma mulher. Houve até um momento, que aliás passou com a velocidade de um raio, que eu não sabia o que me apavorava mais: se o toque da lâmina ou o medo em si. Depois senti a ponta da faca tocar minha testa, e, por alguns instantes, tive a mais acurada consciência da minha própria carne.

Eu suava apesar do frio na sala. Meu corpo estava rígido e os dedos fortemente dobrados em volta da extremidade do braço da cadeira, como as garras da morte. Máximo colocou sua mão esquerda no topo da minha cabeça e exclamou: — Relaxe sua tensão. Solte seus medos através da expiração. Acompanhe Anita.

Soltei o ar, deixei meus ombros caírem, os dedos amolecerem e Máximo pressionou a ponta da faca contra a pele da região mais alta da minha testa, e eu estremeci...

— Respire.

... e um filete de sangue escorreu pela protuberância do meu nariz, ao longo da linha ao redor das narinas até meu lábio superior. Abri a boca, senti a gota que pendia dali e toquei-a com a ponta da língua. Meu sangue. Um gosto familiar. Então Máximo, mantendo minha cabeça no lugar com sua mão esquerda, direcionou a lâmina para baixo, bem no centro da testa. Senti uma dor violenta, como se a pele tivesse sido rasgada, dilacerada, permitindo que o sangue fluísse livremente, acompanhando o curso demarcado pela primeira gota.

Isole a dor, disse a mim mesmo, mas só pensar em isolar a dor não estava adiantando nada. Então fechei os olhos e tentei controlar a respiração, embora cada inspiração se convertesse numa série ofegante de suspiros, até que as lágrimas brotassem livremente e aderissem ao suor do meu rosto.

Não havia nada que eu pudesse fazer, exceto conformar-me e lutar contra a dor que me obrigava a tremer. Rapidamente, Máximo executou o segundo corte, horizontal, e o sangue principiou a descer sobre minhas pálpebras. Um líquido quente, vertendo da minha cabeça ferida... cicatrizando-me a vida?

— Não se preocupe — ouvi Anita dizer. — Você continua bonito. Estamos só cortando a crosta física que esconde a visão do seu terceiro olho.

Máximo então recortou um círculo em volta da cruz em minha testa, e eu senti o metal da lâmina tocar meu crânio, ao mesmo tempo que uma onda de náusea rompia do meu estômago. O sangue descia pelo meu queixo, abrindo caminho pelas laterais do pescoço, e sob o queixo, pingava como saliva sobre meu peito. Ergui as pálpebras e pisquei, repetidas vezes, enquanto o sangue e lágrimas acumulados no canto dos olhos escorregavam pela minha face e despencavam no peito.

— Tudo bem, agora. — Os dedos de Máximo agarraram o topo da minha cabeça, ele pegou um canto, uma beirada de pele entre a lâmina e o polegar, e puxou, e eu pensei quão burro eu era.

— Merda!

— Não, não, meu amigo. Está tudo bem. Calma.

— Sua visão vai abrir-se como o desabrochar de uma rosa — murmurou Anita.

Naquele momento devo ter me apavorado. Senti Máximo despelar as quatro regiões de pele da minha testa, senti a pele resistindo, aderindo, rasgando, o sangue espalhando-se pelo meu rosto, pescoço e peito. Desconectei-me da dor, visualizando as terminações nervosas cauterizadas, troços mortos e ressecados, sem a mínima condição de enviar sinais de dor ao meu cérebro. Não sentia mais dor, apenas a pressão da faca, dilacerando minha carne, a tépida umidade do sangue. Selvagem... Desfigurado...

— O que você está vendo?

— Hein? — Abri os olhos, mas as pálpebras estavam grudadas pelo sangue ressecado. — O quê? — Mantive-os fechados por alguns instantes...

— O que você está vendo?

Levantei os olhos para Máximo que estava parado ao meu lado. Anita, sentada no outro canto da sala, inclinava-se um pouco para a frente.

— Você — respondi. — Estou vendo você. A sala, as velas... — Minha respiração ficou inteirinha entalada na garganta, e eu solucei. A imagem de Anita, das velas, ia se distorcendo à medida que meus olhos se enchiam de lágrimas, uma mistura de lágrimas e sangue. Enxuguei os olhos e minha mão trêmula formigava. Eu arfava. O que é que eles tinham feito? O que eu tinha feito?

— Não se preocupe. Logo virá. Prepare-se. Confie totalmente em nós e em você. Falta pouco. Respire.

Máximo mexia novamente em minha testa. Lutava contra a ferida exposta e a dor era alucinante. Apertei com força os olhos e engoli um grito. A cabeça latejava e eu podia vislumbrar um vermelho escuro por trás das pálpebras.

— O que você está vendo?

Abri de novo os olhos. Anita sentada na cadeira. A sala, as velas, uma névoa cobria tudo. Pisquei, tentando desembaçar a vista.

— Aqui! — disse ela, apontando para sua testa, garganta, coração... O que é que eu iria ver? Tornei a olhar para ela, de soslaio, e balancei a cabeça.

Encontrava-me além da dor. Clinicamente, era impossível, eu sabia, mas o medo tinha sumido e eu me resignava à minha condição. Sentia que de alguma forma eu me distanciava, e a náusea novamente revolveu meu estômago. A adrenalina. Então, quando Máximo repetiu pela terceira vez o mesmo procedimento, fechei os olhos e não senti mais nada, além de uma pressão e uma sensação de esmagamento. Depois, surgiu a luz, aquela claridade luminosa que enxergamos quando, após fixar a vista numa lâmpada ou nas labaredas do fogo, fechamos os olhos, piscamos e o brilho de uma imagem impressiona rapidamente nossa retina. Esse tipo de luz.

Abri os olhos e vi alguma coisa. Anita sentada, ligeiramente curvada para a frente, as mãos agarradas aos braços da cadeira e toda ela envolvida por uma estranha luminosidade. Havia uma luminescência, uma pequena névoa brilhante sobre sua testa, garganta, e sua barriga emitia uma espécie de chispa. Tudo me parecia fugaz. Pisquei e olhei novamente através daquela tênue atmosfera leitosa e comecei a ver cores em volta dela; verde e vermelho, como um arco-íris desfazendo-se no nevoeiro.

— Consegue ver, agora?

Limpei o sangue que se coagulara em minhas pálpebras, tentei focalizar a vista, mas as cores e a luz haviam desaparecido.

— Olhe! — bradou ela. — Mas não com os olhos! O que você está vendo?

Meu coração palpitava vigorosamente. Relaxei a tensão dos olhos e desisti de tentar. Foi então que aconteceu algo de que jamais me esquecerei.

A fronte de Anita dissolveu-se, e no vazio que se formou, vi a cabeça de um cavalo sobrepondo-se, como uma imagem holográfica, por cima da cabeça dela. Durou apenas um instante, mas foi absolutamente nítida. Eu vi. Retive a respiração e olhei para Anita, afrouxei o foco da visão e a aura de luz em volta dela se tornou mais distinta, colorida de um azul e violeta cintilantes, quase etéreos.

— Que você está vendo?

Comecei a rir. — Cores — eu disse. — E... — hesitei. — Um cavalo?

— Sim! — Ela riu e bateu palmas.

— Isso mesmo — exclamou Máximo, deixando sua mão cair sobre meu ombro.

Anita perguntou se eu tinha visto sua aura.

Sua *aura*. Seria mesmo?

— Acho que sim — respondi.

— De que cor era?

— Azul. Azul-claro e violeta.

— Está certo.

Havia outras coisas, mas eram vagas e sem contornos definidos. Havia luzes como vaga-lumes rodopiando fora do círculo. Formas indistintas, amorfas e brilhantes. Se eu olhasse firme, elas desvaneciam. Havia também um pequeno felino — não saberia dizer de que espécie — sobre o peito dela, mas não pude precisar sua localização.

— Olhe para mim — ela pediu. — Não focalize, olhe com seu terceiro olho. Olhe minha aura. Consegue vê-la?

Sim, eu conseguia. Não pude deixar de rir.

— Feche os olhos.

Obedeci, e em lugar da escuridão, o fundo era cinza, e a luz e as cores demoraram a desaparecer. Não via mais Anita, mas sua aura permaneceu, só que agora num tom de amarelo.

— Que você está vendo?

— Amarelo.

— Sim!

Depois virou vermelho, luminoso como um semáforo — pare! — num dia chuvoso. — Está vermelho? — ela perguntou.

Assenti com a cabeça. A aura transformou-se e eu pude ver Anita. Lembro-me de ter posto as mãos sobre as pálpebras para me certificar de que estavam fechadas. Ela estava se aproximando. Tentando alcançar-me, estendeu a mão cuja cor oscilava entre um brilho azulado e violeta, e eu levantei a minha para tocá-la.

Nesse momento abri os olhos. Ela estava diante de mim, sorrindo. Comecei a chorar. O trauma, a tensão, o relaxamento, tinha sido demasiado, e eu estava dominado de pura emoção. Ria e chorava, enquanto Máximo lavava meu rosto e peito com um pano úmido.

— Saiu-se bem, meu amigo. Agora precisa trabalhar para conservar a visão. Você foi contemplado com uma dádiva.

Havia sangue coagulado e emplastrado no meu rosto e peito. Anita trouxe da cozinha uma vasilha com água quente e outra com um líquido que cheirava a chá. Lavaram-me com um pano e a água ficou vermelha; Anita tirou uma folha molhada e escura da segunda vasilha e aplicou-a sobre minha fronte. Ardeu muito. Havia umas três ou quatro folhas juntas, que eles amarraram em volta da minha cabeça, prendendo com uma tira vegetal no lugar do ferimento.

Máximo disse que não estava muito mal, e que eu poderia remover o curativo dentro de três dias. — Não deixe que as folhas saiam do lugar — ordenou ele —, e não se esforce muito ao exercitar sua nova visão. — Aconselhou-me que fosse dormir e garantiu que eu sonharia muito.

13 de março

São duas horas da madrugada e encontro-me na sala de visitas, em péssimo estado. Estou morto de medo. Algo aconteceu com meus centros de percepção visual, e não sei como explicar. Talvez não deva explicar, porque podem desaparecer. Eu... não sei o que aconteceu aqui. Deus do céu! Deixei que me mutilassem. Se tivesse sabido antes, jamais teria me submetido a isso e teria perdido essa experiência. Só em imaginar o que eu teria perdido, fico ansioso mesmo agora.

Mais devagar.

Tudo bem. Estou na sala. Anita e Máximo estão dormindo, a casa em silêncio, exceto pelo som de Lorito em sua gaiola na cozinha. Tudo se encontra exatamente como estava algumas horas atrás, com a diferença que as velas estão extintas (acendi uma para poder escrever estas palavras). Sentado no chão, as costas apoiadas contra a parede, observo o círculo de velas com pavios queimados e as duas cadeiras. A cena do crime.

Está tudo muito quieto. Espere um momento.

Acabo de entrar na cozinha. O periquito agarra-se em seu poleiro. Todas as luzes estão apagadas, e quando transferi meu foco, ou seja, em lugar de olhar para ele, focalizei um ponto a menos de um centímetro à sua frente, pude perceber uma luz suave, semelhante às que vejo nas fotografias Kirlian. Claro, então é isso que uma aura deve ser

— uma suave luz nebulosa e com cores. A de Lorito é uma espécie de azul esverdeado. Não acredito que estou escrevendo isto. Retrocedendo. O clássico ritual do círculo de fogo, neste caso, velas. Magia e canções. Anita, provavelmente num estado hiper-sensível, induz Máximo a desenhar um círculo em volta do que presumo ser meu sexto chacra, meu "terceiro olho". O filho da puta me faz um corte na vertical, outro cruzando na horizontal e ao redor do círculo. Descasca a pele nas quatro seções do "bolo", escava minha testa e eu começo a ver coisas.

Não consigo pegar no sono. Fui até meu saco de dormir estendido no corredor e me deitei, esperando eles irem para a cama, e quando fechei os olhos não escureceu. Uma luz acinzentada persiste atrás das minhas pálpebras. Fui até o espelho do banheiro. Atadas com uma comprida folha de palmeira, lá estão as folhas presas à minha testa. Hesitei antes de olhar. Máximo me avisou para não fazê-lo. Olho ou não olho? Dei uma espiada. Ergui uma das pontas da folha. Elas pareciam temperadas ou em vinha-d'alhos, porque não grudavam no ferimento. Satisfiz minha curiosidade num relance, diante da carne viva vermelha e inchada que jazia sob as folhas. Não vou removê-las durante três dias. Contudo, sei que amanhã cedo não vou resistir e olharei de novo.

Fui até a janela e notei todo o tipo de loucura! As árvores e as encostas das montanhas exibiam uma iridescente suavidade dentro da noite, e havia uma porção de luzes rodopiando, como vaga-lumes. Talvez fossem vaga-lumes.

14 de março
De manhã

Exausto. Ansioso. Acabei adormecendo a noite passada como se tivesse participado de um triatlo. A experiência do sonho ficou enterrada em algum lugar nas profundezas da minha mente. A recordação desvanecia-se gradativamente, como uma nuvem que contemplamos porque se assemelha a algo conhecido. Desviamos o olhar, e quando buscamos achá-la de novo, já se foi — a nuvem ainda está lá, mas seus contornos são irreconhecíveis — e nós a perdemos. Um sonho em aquarela. Abstrato, com luzes e sombras, corpos celestes cintilantes e um felino. Aí havia alguma coisa. Eu sabia que era a mesma coisa que me assustou no capô do meu carro, no El Yunque. A mesma que se movimentou entre as sombras no casebre de Ramón. E, com certeza, a mesma coisa que Antônio enxergou por cima do meu ombro. Como fazem os cães. A gente está sentado na sala com o cachorro, lendo ou assistindo à televisão. De repente, a atenção dele é atraída para alguma coisa. O cachorro se levanta, as orelhas em pé, e olha fixamente para algo na outra sala. Acompanhamos seu olhar e não vemos nada. Nada. Tranqüilizamos o animal com batidinhas leves em seu dorso, ele choraminga, ansioso, nós caçoamos dele e voltamos à leitura. É isso aí. Algum sonho. Era um felino negro, um jaguar, talvez, mas tão negro que eu mal conseguia distinguir os contornos do seu corpo. Porém, havia raios de sol, e quando o animal se moveu, com um andar sinuoso em minha direção, o sol resplandeceu sobre seu pêlo que espargiu faíscas douradas.

Acordei, virei-me de bruços e senti em minha bochecha a textura fria do náilon do saco de dormir, e as lembranças da noite anterior tomaram-me de assalto. Senti aquele negócio na minha testa, por milagre ainda no lugar, fui até o espelho e levantei as folhas sem pensar no que estava fazendo. Uma casca estava se formando por baixo das folhas. Uma casca. Ao redor do perímetro do círculo. Como era possível? Fazia oito horas que Máximo cortara minha fronte, e já estava se formando uma casca? E pelo jeito, sobre uma ferida bem feia. A pele ao redor estava vermelha e inflamada. Uma casca em oito horas. O que é que eu esperava? Bem, com todo aquele sangue e dor, esperava ver o osso. Que diabo aconteceu comigo?

As coisas parecem normais, não paranormais. Tudo entrou nos eixos esta manhã. Voltou ao normal, inclusive meu raciocínio. A coisa toda está me parecendo um sonho. Como se eu tivesse tido um pesadelo, e acordado com uma bandagem na cabeça, tipo suvenir.

Sei que existem culturas onde um curandeiro pode criar um "espaço ritualístico", um círculo de fogo, por exemplo, e executar suas danças, entoar cantos mágicos e praticar rituais, que afetarão aqueles que estão condicionados a acreditar neles. Desta forma, o curandeiro consegue provocar uma alteração no estado de consciência do indivíduo que, por sua livre vontade, se dispõe a passar por essa experiência. E é bom não brincar com isso, porque a coisa funciona. Funciona num nível puramente subjetivo, assim como o placebo.

E aqui estou eu, como Máximo declarou, "particularmente cabeçudo". Quando estou atuando em meu estado normal de consciência, tenho, igual a toda gente, a mesma percepção do mundo. Aceitemos a possibilidade de que, num outro estado, num estado alterado de consciência, minhas percepções podem modificar-se. Muito bem. E para onde isso nos leva?

O que impele pessoas "normais", criadas numa cultura ocidental racional, a se comportar anormalmente? Irracionalmente? — Quando perdemos o controle? — Quando há fome. Uma fome que pode nos conduzir a atos de desespero, quando não de alucinações. Quando há pânico. Medo. Quando se é presa do terror. Em combates físicos. Violência e ódio. Quando há amor. Desejo. O êxtase do orgasmo. Ciúme.

A cegueira do ciúme que chega a produzir insanidade temporária.

Medo, alimentação, luta, sexo. No que me diz respeito, não consigo pensar em outros. Sistemas de respostas límbicas que nos incitam a ultrapassar os limites. Levam-nos a estados alterados de consciência, sem, obviamente, a interferência de drogas psicodélicas.

Se, na ausência de drogas, apresentamos comportamentos considerados anormais, então o medo foi certamente o elemento causador do meu alterado estado de consciência e, conseqüentemente, das alterações em minhas percepções. Eu estava morto de medo, portanto, vivenciando sob violenta tensão.

Sei que estou procurando tirar o mérito da experiência. Estou compelido a desvalorizar o poder de sugestão de uma mente dominada pelo medo e pela dor. É claro que estou pronto a usar uma interpretação psicológica simplista: Máximo raspou a ferida três vezes, raspou até que eu dissesse que estava "vendo" alguma coisa. Na hora que eu "visse", terminaria a tortura.

Isso tornaria Máximo e Anita habilidosos peritos em sugestão? Manipuladores do medo?

Tal explicação não é suficiente para negar a fantástica qualidade desse estado, ou negar a surpreendente capacidade que a mente humana possui de ser programável, ainda que fracasse em explicar como pude me sair bem no teste de cores da aura de Anita.

Pondo de lado essa questão de estado de espírito, o problema resume-se no seguinte: "Estaria eu criando o que vi, ou o que vi estava lá para ser visto? Estaria eu projetando as imagens, ou meus centros de percepção visual reorganizaram-se, permitindo que eu percebesse e me tornasse visualmente sensitivo para coisas que nunca observara antes?".

Posso formular todas as perguntas corretas, e continuar sendo objetivo até que o inferno congele. O que fica comigo é a experiência.

Máximo devolveu-me a faca naquele dia, mas eu recusei.

— Não. É um presente meu para você — eu disse.

Ele deu uma risadinha, pegou minha mão e assentou nela a faca. — Obrigado — respondeu —, mas ela abriu sua visão para o mundo real, por isso deve conservá-la. Está abençoada. Foi-lhe ofertada por um amigo e utilizada por outro amigo. Mantenha-a sempre perto de você, trate-a com carinho e lembre-se de que é um objeto de poder.

Como ele sabia que tinha sido um presente, não sei. O fato é que ele era um vidente fora de série.

No dia seguinte nos despedimos. Eu tinha um encontro marcado com o professor Morales na estação ferroviária. Anita deu-me um lenço grande e colorido para proteger a atadura em minha cabeça. Eu a beijei e agradeci por sua dedicação. Máximo apertou-me num abraço, alertou-me para ter cuidado ao atravessar o planalto, e que ficasse atento à águia que estava me seguindo.

Anos depois, soube que Máximo havia abandonado Anita, e a partir de então seus poderes de cura começaram a declinar. Ele confiou em sua vidência e nos tratamentos simples com ervas para ganhar a vida, entre os milhares de habitantes de Lima.

7

*Por que sempre baixar nosso nível até a percepção mais insípida,
e louvá-la como sendo bom senso?*

Henry David Thoreau

O professor Morales estava esperando por mim na estação. De início
não o reconheci. O terno folgado, com os bolsos salientes, e a camisa branca, com colarinhos e punhos puídos, deram lugar a um par de calças de um
tecido rústico de lã, sandálias, uma camisa larga, um poncho simples, marrom, debruado em cor creme e um chapéu de pano, abas largas, com uma
faixa de cetim. Levava a tiracolo uma sacola de pano com uma alça trançada, e uma algibeira de tecido colorido estava presa ao cinto de couro que sustentava suas calças. De calças jeans, botas, jaqueta safári, parca e mochila,
pensei que estivesse pronto para qualquer coisa. Mas ele também estava.

15 de março

Deixamos Cuzco e o vale do rio Urubamba pelo altiplano, o mais alto
platô da região do Peru central. Viajamos de terceira classe. Sim, se-
nhor! Na estação, dei um punhado de intis, equivalia a mais ou menos
um dólar, a um menino de doze anos, que pedia esmolas para uma mu-
lher cega que devia ser sua avó. Em seguida, juntei-me a Morales, que
estava comprando pão e algumas frutas numa pequena banca.
— Está se sentindo melhor? — ele perguntou.
— Por quê? Estou ótimo.
— Aquela propina fez com que você se sentisse melhor?
— Sim — admiti. — Tenho certeza de que ajudou... um pouco.
Ele colocou as compras dentro da sua sacola.
— É. Vocês, americanos, gostam de ajudar os pobres, não?
Seu sarcasmo me espantou, mas antes que eu pudesse responder, está-
vamos correndo para pegar o trem.

95

Bancos de madeira, muitos sem encosto, galinhas, porcos, uma pequena cabra amarrada ao seu dono por uma cordinha presa à sua perna traseira, viajavam conosco. Palha. Cheiro de milho, de pamonha, de tabaco e dos próprios campesinos. A maioria quíchua, a maior parte falando espanhol, mas todos indiscritivelmente pobres. Com sua fisionomia indígena, chapéu, seu poncho e calças disformes, Morales podia ser um deles. Cedo descobri que as frutas e pães não eram para nós e sim para eles; e as palavras que me disse eram para o bem dos pobres, não para o meu.

Seus olhos pareciam ímãs, e em pouco tempo estávamos compartilhando nossa comida com uma porção de camponeses (e não para que se sentissem gratos), que ouviam o professor me contar, no seu espanhol singelo, sobre a grandeza de suas tradições, sobre os peruanos nativos, sobre a herança cultural que havia sido dizimada pelos conquistadores. "Nós", ele incluiu os companheiros de viagem abragendo-os num gesto simples com a mão, produzimos mais de cem tipos de produtos alimentícios, incluindo a batata, e estabelecemos um sistema de seguridade social; pavimentamos dois mil quilômetros de extensão de estradas, construímos pontes suspensas e túneis para integrar nosso império. Traçamos o curso da Lua e do Sol e, quando viajávamos, sempre levávamos sementes para presentear a nova cidade. Carregávamos grãos de milho. (Ele tirou um grão do bolso da calça.) O milho é uma dádiva do sol, e o sol habita em seu centro. Somos verdadeiramente um grande povo da Terra.

Desembarcamos numa estação do interior.

— A maneira de ajudar os pobres é recuperando sua cultura — disse ele. — Fomos violentados e subjugados. A origem da fome deles é a perda do seu passado. Os índios precisam, sim, de pão. Mas também precisam de orgulho. E de esperança. Aqui, na barriga.

Na plataforma, um dos agricultores da nossa pequena platéia apoiou-se com força em meu ombro e, apontando com o queixo para Morales que já havia se distanciado, puxou para baixo a pálpebra inferior do seu olho com o dedo caloso. Um gesto tipicamente latino. *Mucho ojo*. Tome cuidado.

Saindo da estação, atravessamos os áridos altiplanos, uma rugosa planície coberta de pastagens e recortada por profundos ribeiros, através dos quais a água escorria durante a estação chuvosa. A sudeste, os Andes amontoavam-se, uns sobre os outros, erguendo-se bem acima dos trezentos metros de altura do planalto. O ar estava excepcionalmente fresco, puro e estimulante para nós dois. Antônio movia-se como um antílope, e imprimia o ritmo das passadas, enquanto conversávamos.

Hoje me dou conta de que quem mais falava era eu; embora desse a impressão de que estávamos conhecendo um ao outro, de certa forma só eu contava minha história. Falei-lhe sobre minha infância em Cuba, a fuga da nossa família para a Flórida, o ano que cursei a universidade em Pensilvânia e de nossa mudança para Porto Rico. Contei-lhe sobre dona Rosa e meu regresso aos Estados Unidos, viajando por todo o país com Vitória, minha primeira amante fixa, e nosso rompimento por questões de infidelidade e de diferenças irreconciliáveis. Enfatizei minha experiência na universidade, descrevi minha casinha de um só cômodo numa montanha em Sodoma, meu trabalho no Centro de Aconselhamento da América Latina, que eu havia fundado quando cursava o segundo ano, minha prática em psicologia, minha irritação contra o sistema e contra o descaso com que a ciência a encarava. Ele pareceu particularmente interessado nos casos de neuroses e psicoses que eu tratei em terapia.

Paramos à beira de um riacho. Morales mergulhou as mãos na algibeira, e enrolou pequenos bolinhos de pasta de iúca e fubá. Eu havia trazido tiras de carne seca, e assim comemos um almoço frugal e tomamos água do riacho.

— É verdadeiramente fascinante, como a diferença filosófica entre duas culturas pode levar a diferenças tão extremas na psicologia prática — ele comentou.

— Como?

— O mundo ocidental — continuou ele — as nações "civilizadas", que são chamadas culturas de "Primeiro Mundo", regem a Terra para garantir sua força econômica e militar. E o fundamento filosófico da cultura ocidental baseia-se numa religião que fala em cair em pecado, pecado original e expulsão do Paraíso. Para o Ocidente, esse conceito é fundamental para sua mitologia, que é representada por uma natureza hostil e um ser humano corrupto.

Mergulhei meu copo de acampamento dentro da água e ofereci a ele.

— Adão e Eva comeram a fruta da árvore do conhecimento do bem e do mal — disse ele. Tomou um gole e devolveu-me o copo. — E Deus disse: "A terra será maldita por causa da tua obra. Tu tirarás dela o teu sustento pela força do teu trabalho, até que retornes a ela de que foste formado. Porque do pó vieste e ao pó retornarás".

— E então — continuei a citação: — "Ele os pôs para fora do Jardim do Éden, e nesse lugar de delícias colocou um querubim com uma espada cintilante e versátil para guardar a entrada da árvore da vida".

— É um mito tão peculiar — analisou ele —, a ênfase não está no relacionamento do homem com seu meio, a Natureza, o Jardim, mas no relacionamento do homem consigo mesmo, como um exilado, lutando pelo seu próprio sustento, tornando-se consciente num mundo hostil. Os ocidentais aceitaram esses valores, promoveram esse conceito através da arte, literatura e filosofia. O fato é que se tornou entranhado, como uma segunda natureza, não é isso?

— Penso que sim — concordei. — Você vive a vida inteira numa cidade, por exemplo. Ela lhe oferece proteção, um ambiente controlado e atua como um anteparo entre o indivíduo e a natureza. Até os alimentos no supermercado são preparados antes de serem postos à venda, quer amadurecidos artificialmente, maquilados ou preservados, e depois empacotados para o consumo.

— Então os ocidentais — acrescentou ele —, os expulsos do Paraíso, voltaram-se para seu interior, e é interessante que dentro desse tipo de cultura, quando as pessoas atravessam uma crise psicológica, digamos, um episódio psicótico ou neurótico, elas vão buscar ajuda na religião, psiquiatria ou medicamentos, em lugar de procurar a natureza para recuperar-se, para tornar-se normal novamente. Não é assim que acontece?

Fiz que sim, com a cabeça. Ele me ofereceu um bolinho de iúca e fubá.

— Entretanto — prosseguiu — você se depara com um ponto de vista totalmente diferente, quando a tradição de uma cultura não se baseia no pecado original, e na qual o homem nunca foi expulso do Paraíso e vive próximo à natureza, considerando-a uma manifestação divina. Nessas culturas, a interrupção de um episódio esquizofrênico processa-se através da magia. A mente inconsciente abre-se e, se a pessoa for jovem, ela é incentivada a mergulhar em sua própria mente, em vez de ser retirada da beira do precipício. Elas imergem no inconsciente, nos domínios da pura imaginação, nos domínios dos arquétipos de Jung, no mundo do espírito. Estão livres para experimentar outros domínios da mente, o que acaba resultando numa mudança de atitude. Em muitas culturas primitivas, elas se convertem em curandeiras. E já vivenciaram o divino.

— Então — disse eu — o senhor está sugerindo que episódios psicóticos e surtos esquizofrênicos deveriam ser estimulados?

— Não estou sugerindo nada disso. Seria perigoso promover esses incidentes dentro de sua cultura, porque suas crenças se baseiam em milhares de anos de tradição de que comportamentos desse tipo não são normais, nem naturais, nem saudáveis. Estou apenas assinalando a diferença. Na cultura primitiva, a abertura do inconsciente é uma bênção. É *incomum*, sim. Mas não anormal. Essas crianças são da Terra, do Jardim, vivendo na Natureza, e não banidas dela. Nessa cultura, tudo *pertence à natureza*. É natural. Até um episódio psicótico. É um procedimento seguro, especialmente se orientado por alguém que já passou por uma experiência semelhante.

— A loucura seria uma discriminação social? — indaguei.

— Exatamente — ele retorquiu.

— Quer dizer que todos os xamãs, em algum momento, sofreram um incidente psicótico?

— Não necessariamente — ele explicou. — Eles conhecem as portas e sabem como abri-las. E atravessam-nas com passo firme.

98

— Creio que o simbolismo da expulsão do jardim deve ter tido profunda influência no pensamento ocidental — eu disse.

— Sem dúvida! — ele exclamou. — É só reportar-se aos filósofos ocidentais do século XX: Nietzsche, Sartre, Camus, Beckett, todos existencialistas! *Intelectuais* brilhantes. — Deu palmadinhas na própria testa. — Grandes virtuoses da lógica. Só que *partem* da premissa que o homem é um ente solitário, um fugitivo da natureza. Sendo esta afirmação inquestionável, eles prosseguem seu raciocínio lógico, descrevendo uma filosofia baseada na unicidade e isolamento do indivíduo num universo que lhe é indiferente e até hostil. — Foi até o regato, lavou as mãos e borrifou água fresca no rosto.

— Então a máxima realização é o desespero — concluí — e a melhor solução é na maioria das vezes a autodestruição.

— Sim — replicou ele, tirando o lenço do bolso para enxugar o rosto. — Mas como você pode ver, nunca fomos expulsos do Paraíso. O solo jamais foi amaldiçoado por nossa causa, conforme atesta a Bíblia. A natureza não nos é adversa. Nós somos seus guardiões.

No primeiro dia passamos por uma aldeia situada no sopé de uma montanha, ao norte.

— Vamos até lá? — perguntei.

— Não, acho que não — respondeu, e seguimos em frente, acompanhando o leito seco de um rio que circundava uma colina, e foi só no finzinho da tarde que nos deparamos com outro vilarejo.

Subimos por uma encosta íngreme até atingirmos o cume de uma cordilheira, que devia ter uns mil e quinhentos metros de altura. Toda a encosta abaixo era composta de enormes degraus, no estilo inca. As plataformas, com pelo menos duzentos metros de extensão e dois de altura, tinham laterais revestidas com blocos de granito lisos e interligados. Margeamos a extremidade da plataforma por um caminho calçado de grandes pedras, e descemos até o vilarejo no sopé da colina.

A diferença entre o pobre e o primitivo é muito importante aqui. As pessoas vivem em antigas choupanas com telhados de sapé e em habitações mais recentes feitas de adobe. Cultivam os campos e as plataformas com milho e batata, criam porcos, galinhas e lhamas na mesma terra que seus ancestrais trabalharam trezentos anos atrás. Os homens aram, e as mulheres ajudam na colheita e tecem.

Uma *tienda*, exibindo um cartaz gasto e rasgado de Coca-Cola, vendia soda, cerveja, alguns alimentos enlatados, sabão, cigarros, rédeas, cintos, sacolas de náilon e de juta, e outras quinquilharias trazidas da cidade. O mercado situava-se numa pequena área, em uma das duas ruas, e nele podia-se encontrar sementes, grãos, chá de coca, algumas frutas, cestos e roupas. Primitivos, sim. Mas a pobreza é subjetiva.

Algumas milhas ao sul, o altiplano descia gradualmente em direção aos vales cobertos de florestas, e as frutas que compramos eram tropicais: mangas, mamão e bananas estriadas de alaranjado. Uma garota indígena aparentando dez a doze anos atendia na barraca de frutas. O tom de sua pele era escuro, tinha olhos puxados, maçãs do rosto proeminentes e um nariz longo e curvo. Uma trança de cabelos negros e brilhantes saía de baixo de um pequeno chapéu debruado e descia-lhe pelas costas. Usava uma saia preta comprida, blusa estampada de verde e vermelho e um xale de aniagem. Mostrava-se tímida diante de estrangeiros, e enquanto escolhia nossa encomenda, uma mulher mais velha, de feições endurecidas, apareceu na soleira da porta, na *casita* atrás dela. Olhou-nos desconfiada, mas quando Morales a cumprimentou em quíchua, seu rosto abrandou-se, embora ela não conseguisse tirar os olhos da minha roupa e da atadura que cobria a cicatriz na minha testa.

Mais tarde, Morales traduziu-me a conversa que tivera com ela.

— Estamos à procura de um curador — disse ele, depois de trocarem amenidades.

— Seu companheiro está doente?

— Ele... está sim. Sofre de indisposição estomacal.

— Deveria tomar chá de *manzanilla*.

— Vocês têm aqui para vender?

— Claro! — ela exclamou, desaparecendo dentro da casa. Assim que terminamos nossas compras com a menina, a mãe voltou com uma trouxinha de tecido.

— Obrigado, senhora — disse ele, e perguntou o preço.

— Não é nada não. Por favor, leve para o seu amigo doente.

O professor agradeceu e avisou: — Tenho certeza de que irá lhe fazer bem, só que se a causa de sua doença não for física ele vai precisar de um bom curador.

— Existe um — concordou ela — e é muito poderoso. Um feiticeiro que veio de Zunita no último verão. — Apontou, por cima dos nossos ombros, para a montanha na direção do vilarejo pelo qual havíamos passado. — Ele é um mago.

— Você sabe qual o seu nome *laico*?

— Ele é chamado de don Jicaram.

Despedimo-nos da mulher e continuamos a viagem.

— Então, não seria o caso de irmos até a aldeia? — perguntei, depois que ele me contou essa conversa.

Morales esquadrinhou o horizonte a oeste. — Não — respondeu-me. — Vamos para o outro lado, e temos pouco mais de uma hora antes que escureça. Existem outras aldeias, e o feiticeiro ao qual ela se referiu me parece do tipo errante. Ele não deve estar lá agora.

— Talvez eles saibam onde ele mora — insisti. — Deve existir uma aldeia em que ele normalmente vive.

— Não, necessariamente. Ouvi falar que alguns estão sempre mudando de aldeia.

Morales recomeçou a caminhar com determinação, e eu me dei conta de que era seu convidado. Tentei adivinhar quais seriam os planos dele. Nunca mencionara o objetivo dessas pequenas excursões, e eu presumi que ele iria visitar parentes ou talvez o povoado em que nascera. Perfeito, só que meu tempo era limitado e eu estava ficando ansioso.

O vento cortante ao entardecer, por causa da altitude, obrigou-nos a parar perto de um bosque de pinheiros, onde uma confusão de pedras de granito delimitavam a área de uma irreconhecível estrutura inca. Morales fez uma pequena fogueira, empilhando galhos secos e colocando musgo no centro, e eu ateei fogo com um isqueiro descartável. Comemos frutas, carne defumada e batatas embrulhadas em cascas de milho e assadas sobre as brasas. Removi a atadura da cabeça, e ele examinou a marca, agora um rosado círculo esmaecido, como se a borda de um copo tivesse sido pressionada contra minha testa.

— Fale-me sobre isso — pediu o professor. Descrevi a gravação do meu terceiro olho com todos os detalhes. Ele estava encantado.

— E o que você achou da experiência? — perguntou.

— Não sei — respondi. — Creio ter sido vítima de um sofisticado ritual destinado a induzir-me a uma forte alucinação.

— É mesmo? — Ele empertigou a cabeça. — Isso nos deixa diante de coisas inexplicáveis, não deixa?

— Totalmente. Sei que Máximo cortou minha pele, e pensei que o ferimento seria permanente, mas três dias depois olha como ficou!

— Estou vendo.

— Quando disse a Anita que eu havia visto um cavalo, ela ficou satisfeita, mas e se eu tivesse visto uma... salamandra! Ela poderia ter concordado com qualquer coisa.

— Mas você não viu uma salamandra, porque era um cavalo.

— O senhor acredita que o cavalo era real?

— Os denominados animais de poder são energias da natureza, espíritos de elementais que personificamos como animais. Prefiro pensar neles como uma mistura sua com uma força da natureza. Uma manifestação arquetípica de energia no tempo e espaço. As consciências primitivas personificam-nas como animais, e elas assumem essa forma quando se conectam com elas. Pelo menos é uma boa teoria.

— E, como qualquer teoria nesse campo — disse eu —, não se pode provar.

— Bem, e o que você esperava? Podemos presenciar cenas muito reais durante um sonho, que aconteceram quando estávamos despertos, e que são interpretadas através de símbolos. Do mesmo modo podemos definir uma dessas energias da natureza como um animal, só que sua interpretação não

101

se realiza em nossa mente racional — no neocórtex, sobre a qual você se referiu na palestra. A teoria e a comprovação das teorias fazem parte do nosso processo racional. São intelectuais e acadêmicas. Essas convenções não se aplicam a este tipo de fenômenos.

— É um bom argumento. No entanto, *se* Anita "entrou em contato" com aquela forma de energia e enxergou-a como um cavalo, e *se* eu também a enxergo como um cavalo, e *se* tudo acontece, digamos, num nível simbólico, então isso implica uma consciência coletiva.

— Um território coletivo — disse ele, concordando enfaticamente. — É por isso que os símbolos são universais. Podemos encontrá-los em qualquer cultura do mundo. O que você imagina que faz as pessoas responderem do mesmo modo a determinada pintura, história ou música? Não seria o apelo do território coletivo, expressando algo que é normalmente percebido pelas raízes profundas da consciência humana? — Colocou mais lenha na fogueira. A madeira estalou, e uma nuvem de fagulhas desenhou no ar um arco incandescente, caiu no chão e apagou-se.

— O xamã — continuou ele — sabe que existe um mar de consciência que é universal, embora cada um de nós o perceba a partir de nossa própria orla, uma consciência e um mundo que todos compartilhamos, que pode ser experienciado por cada ser vivo, apesar de raramente ser visto por alguém. E o xamã é o mestre desse outro mundo. Ele vive com um pé neste mundo — ele encostou a mão no chão — e outro no mundo espiritual.

— No consciente e no inconsciente? — perguntei.

— Se for possível — disse e calou-se. Lembro-me de ter mantido os olhos fixos no fogo, contemplando a dança das labaredas refletidas sobre seu rosto suave e com aspecto de falcão.

Permanecemos em silêncio enquanto observávamos o fogo. A lenha fresca, que agora ardia, dava estalidos, crepitava, e suas flamas cresciam contornando suas laterais.

— Buckminster Fuller, o arquiteto? — Olhei para cima, para ver se ele reconhecia o nome.

— Sim?

— Uma vez ele disse que o fogo é uma forma de o sol liberar a energia contida dentro da madeira da árvore.

Ele balançou o corpo e sorriu. — Maravilhoso — comentou. — Mais um território comum. A energia do sol, fonte de tudo o que existe.

— Talvez por isso alguns aborígines se dirigem até mesmo às pedras como "vós". Enfim, os animais, vegetais ou minerais, todos nós viemos da mesma fonte. O Sol. E somos apenas formas temporais de energia.

— É claro — disse ele. — E o poder dos animais é uma outra forma, pelo menos para o nosso povo. A luz, a aura que você está tão relutante em admitir que viu em volta de Anita, é para ela o que a chama é para a lenha: uma energia amorfa, materializada, irradiando a energia dela.

— O senhor acredita mesmo nisso? — perguntei. Eu me sentia como uma criança, contando histórias de fantasmas em torno da fogueira.

— Acredito que o homem se acostumou a esse estado de consciência, a esse estado de alerta, e é uma presunção acreditar que unicamente nesse estado nossa percepção é verdadeira.

Cutucou o fogo com um galho seco, e a pilha de lenha abriu-se ao meio e ruiu numa chuva de centelhas.

— Bobagens — prosseguiu —, esse tipo de crença cria severas limitações justamente à objetividade que você tanto valoriza. A experiência é sempre subjetiva, e negar a *realidade* de qualquer experiência é negar uma parte de nós mesmos.

15 de março

Escrevo sob a luz enfraquecida do fogo. Morales cobriu-se com seu poncho e eu me enrolei no saco de dormir.

Tantas estrelas. Na escuridão da noite e a esta altitude sentimo-nos mais perto delas.

Ele é uma excelente companhia. De certa forma, discutir a respeito de assuntos como a essência da consciência, subjetividade, mitologia comparada etc., é bem mais convincente quando nossa sala de aula é a própria natureza e não um anfiteatro de conferências. As questões parecem mais tangíveis, poéticas e menos discursivas.

O conceito do xamã como um indivíduo portador de dupla cidadania, uma na mente consciente e outra na inconsciente, deu asas à minha imaginação. Um primitivo explorador dos domínios da consciência, a que ele se refere com o mesmo respeito e reverência que dedicamos ao nosso "não-alterado" estado de alerta em que nos acostumamos a viver. A ciência ocidental está atualmente apenas se aproximando da natureza subjetiva da realidade. Segundo a física quântica, o resultado de um experimento é influenciado pela nossa observação, e coisas desse tipo.

Já o xamã começa com a suposição — não, com a crença, a crença adquirida no transcorrer da sua própria experiência, e não como resultado de um paradigma, religião ou filosofia preexistente. O xamanismo não venera Cristo, nem Buda, nem Muhammed ou Krishna.

Então onde encontraremos um *hatun laika*?

O fato de o Homem ter se separado da Natureza me deixa extremamente perturbado.

Nota: Veja no Gênesis a passagem onde diz que Deus criou os pássaros, as árvores e tudo o que há sobre a Terra, para servir ao homem. Os xamãs acreditam no contrário, que nós é que fomos criados para servir à Terra e cuidar dela.

O fato de ter havido uma cisão entre o homem e a natureza não está em jogo. O que me intriga é pensar que isso aconteceu junto com o advento do neocórtex, do pensamento reflexivo, da consciência do eu, quando o ser humano foi capaz de distinguir ele mesmo e os demais, ele mesmo e o meio ambiente, o bem e o mal. Não seria a expulsão do Jardim do Éden meramente uma alegoria representando a revolução cartesiana? Esse "eu sou", essa separação consciente entre homem e natureza? Seis, ou oito mil anos atrás, com a auto-afirmação do neocórtex?

— Sem dúvida, é uma alegoria — concordou Morales, quando lhe comuniquei minhas idéias, enquanto tomávamos chá com frutas de manhã.

— Não há nada de errado com a história — disse ele. — O problema é a maneira como foi contada, a maneira como foi levada a sério e ensinada pelos sacerdotes. Em lugar da correta descrição de um evento histórico ou avanço revolucionário, ela é vista como uma afirmação literal do fato, como uma condição humana. É sempre perigoso quando a metáfora e o mito convertem-se num dogma religioso imposto pelos padres.

— Nossos xamãs.

— O quê?

— Os padres.

— Não.

— Não são os padres que ocupam o lugar dos xamãs na cultura ocidental?

— Não — respondeu ele. — O padre é um funcionário. Os homens ingressam num seminário para submeter-se a um dogma preexistente. Passam a compreendê-lo, mantê-lo e ensiná-lo. Sua experiência da religião é uma experiência baseada na fé, e não na comunhão direta. A comunhão deles está ligada à tradição, e raras vezes à experiência. Aceitam a fé, suas normas e seus erros. Eles são os cuidadores dos mitos, não seus criadores. O xamã é um criador de mito, e a origem da sua fé reside em sua própria experiência com o Divino na natureza.

16 de março

Nunca andei tanto em minha vida. Não tenho idéia de quantos quilômetros percorri.

Visitamos mais dois povoados, semelhantes ao primeiro, e ignoramos um terceiro. Estamos vivendo à base de milho, frutas e vegetais adquiridos nas cidadezinhas, de vez em quando um pedaço de carne, chá feito com água fresca da nascente e pequenos lanches preparados com pasta de iúca e milho que Morales trouxe. Acostumei-me com sua consistência macia, e são ótimos fortificantes.

Prosseguimos com nossas discussões. Percorrendo esse vasto planalto, admirando os picos nevados dos Andes à distância, as planícies tropicais e a Amazônia ao sul, comecei a sentir-me mais como um habitante do que um turista. O panorama me faz constantemente recordar a minha verdadeira origem. Não preciso de toda esta tralha: mochila com armação, jaqueta impermeável e meias térmicas. Noto como Morales sente-se à vontade aqui. Ele caminha através das selvas e dos prados com despreocupada segurança e elegante simplicidade que não me canso de admirar. Sente-se livre.

Sua alegria é a mesma alegria que vi estampada no rosto dos moradores das pequenas vilas situadas no sopés das montanhas, dos que vivem nas plataformas ou nos sambaquis à beira dos riachos.

Os valores para os índios do campo são impostos pela terra onde vivem, não atribuídos por uma comunidade. Sei que a maior parte do mundo, geograficamente, é habitada por gente assim, governada dentro desses padrões.

Nenhuma grande revelação, apenas uma nova perspectiva.

Morales nem precisa mostrar como a natureza lhes comunica as primitivas filosofias do mundo diretamente. A natureza está presente no cenário judaico-cristão na gênese, depois da condenação, e só aparece em camafeus esporadicamente — em geral nos momentos de epifania e revelação: Moisés subindo a montanha para receber os mandamentos ou Jesus passando quarenta dias no deserto e retornando com a mensagem...

Continuamos a conversar sobre esses assuntos. E outros mais. Passamos por uma estrutura inca, parcialmente enterrada e em ruínas, encoberta pela vegetação rasteira dos prados, e falamos sobre seus ancestrais. Ele inevitavelmente trazia à baila o nome do xamã, o indivíduo cujo "testamento" é a própria natureza e cujos hinos são a música dos rios e dos ventos. Gostaria de acreditar que essa gente existe, como um dia acreditei em Papai Noel.

Quanto a don Jicaram, continuamos a ouvir falar sobre ele. Rumores. Ninguém sabe de onde veio, mas sua reputação se espalha como folhas ao vento. Dizem que ele pode mudar o tempo.

De manhã seguimos para o sudeste, onde há um curador chamado Jesus.

8

O desconhecido sempre passa por extraordinário.

Tacitus

Não fosse por sua fama de feiticeiro e mestre curandeiro de *susto* — o "mau olhado" —, Jesus Zavala provavelmente passaria pelo idiota da aldeia. Vinte anos atrás, um derrame paralisou boa parte do seu lado esquerdo, incluindo o rosto. O canto da boca, curvado para baixo, emprestava-lhe uma permanente expressão de enfado, e ele tinha o hábito de esfregá-la com o nó do dedo da mão direita, de modo que seus lábios estavam sempre rachados e descamando. A pálpebra esquerda caía como uma aba de pele morta sobre o olho, mas o olho bom, o direito, lembrava o de dona Rosa. Faiscava.

Ele vivia numa cabana de adobe, desgastada pelas intempéries, afastada do centro da cidadezinha. Os blocos de adobe expostos por dentro e por fora deixavam ver punhados de lama escura ressecada, com pedaços de pedra e palha, e o teto parte forrado de telhas e parte de sapé.

Jesus estava sentado num tapete de juta no chão de terra batida. Havia um fogão de barro, uma cama feita de folhas de pinheiro e um pequeno altar com a imagem da Virgem Maria. Morales contou-me que o pessoal da aldeia levava comida para ele duas vezes ao dia.

Sentei-me diante dele com as pernas cruzadas, Morales ficou confortavelmente de cócoras apoiado nas coxas e Jesus, resmungando, retirou três folhas de coca de uma sacola. Soprou em cima delas, deixou-as cair sobre a esteira e nós três ficamos olhando para elas. Sem mover a cabeça ele levantou o olho para mim, depois examinou meu rosto, percorreu a sala, as paredes e o teto.

— O *rastreo de coca* — sussurrou Morales. — Uma prática simples de vaticínio.

Jesus bateu com a palma da mão no chão, retirou mais três folhas de coca da sacola, soprou-as e jogou-as sobre a esteira. Elas caíram formando

106

um V com uma linha abaixo. Jesus ergueu a cabeça e tocou a pálpebra inferior do seu olho doente com o dedo indicador, depois apontou o dedo para o meu rosto.

— Magia negra — explicou Morales, e em seguida fez-lhe uma pergunta em quíchua. Como resposta o velho levantou a mão acima da cabeça, e com a palma da mão esticada, movimentou o polegar e o mindinho para cima e para baixo.

Morales sorriu. — Um pássaro — disse ele. Desfechou uma série de perguntas a Jesus que, invariavelmente, concordava com a cabeça.

— Está dizendo que um poderoso feiticeiro mandou um grande pássaro persegui-lo. Será que você desrespeitou algum feiticeiro recentemente?

Naturalmente, o incidente na cabana me veio à mente, mas eu disse que achava que não, e perguntei o que ele sugeria que fizesse com relação ao pássaro. A resposta do curandeiro, recolhida de outra série rápida de perguntas e respostas monossilábicas, era que a ave estaria no meu encalço até que eu soubesse o que havia feito, que eu precisaria confrontar-me com ela e, eventualmente, com o feiticeiro. Avisou-me para tomar cuidado, e eu concordei.

— Tem mais alguma pergunta a fazer ao senhor Zavala?

— Diga-lhe que estamos procurando por um *hatun laika* — respondi.

— Um poderoso feiticeiro conhecido por don Jicaran. Quero saber se ouviu falar dele e se sabe onde podemos encontrá-lo.

Morales assentiu e indagou o pobre paralítico. Não consegui entender o quíchua, mas apanhei as palavras *hatun laika* e o nome que ouvíramos duas vezes nestes dois últimos dias: don Jicaran.

Observei as faces murchas de Jesus, e seu olho arregalar-se de surpresa. Ele grunhiu com um ruído que parecia uma risada. Encarou Morales com desconfiança, depois a mim. Confusão? Levantou o braço com a palma da mão para cima, e gesticulou em nossa direção. Depois bateu a mão contra o peito num baque surdo. Não entendi. Olhei para Morales, franzindo o cenho, e balancei a cabeça. Então Jesus falou, por meio de uma série de grunhidos entrecortados, porque o derrame o deixara impossibilitado de articular palavras.

— Que disse ele?

O rosto de Morales não estava totalmente inexpressivo; creio que uma das sobrancelhas estava ligeiramente erguida. — Que ele está agora aqui conosco — respondeu.

Virei a cabeça e sorri de volta para o indígena incapacitado, que se julgava um mestre xamã.

—*Ayee me* — eu disse. Obrigado, em quíchua. Morales levantou-se e depositou uma moeda na base do altar da Virgem Maria.

Jesus acompanhou-nos até a porta. Apoiou sua mão no meu braço e eu baixei os olhos para olhá-lo. Ele sorria. Deixou a mão cair, levou-a para trás,

107

na altura das nádegas, e fez um gesto de quem estava se limpando. O lado sadio de sua boca moveu-se para cima num esgar e a pele em volta do olho são enrugou-se num trejeito de bom humor. Fez com o dedo um sinal de advertência para mim e maneou a cabeça.

Deixamos a aldeia e caminhamos em silêncio por quase um quilômetro, para oeste. Durante o trajeto paramos, e Morales virou-se para olhar na direção do vilarejo, mas este havia sumido por detrás da crista de um morro.

— Por que ele o parou na porta e limpou-se? Isso faz algum sentido para você?

— Quando eu estava na selva — expliquei —, aquela noite com Ramón. O *ayahuasca* é um laxante... — Estávamos novamente na floresta ou num bosque de eucaliptos. Só ficamos sabendo quando saímos do outro lado.

— E o que aconteceu? — perguntou sorridente.

— Primeiro eu vomitei, pus os bofes para fora. Foi quando vi a cobra.

— E daí?

— Daí que corri para trás de um arbusto e caguei tudo o que havia nos meus intestinos. Foi inacreditável, violento, catártico.

— Posso imaginar.

— Limpei meu traseiro com umas folhas... — Ele começou a rir... — que deviam ser sumagre-venenoso ou algum parente próximo. — Ele agora apertava o estômago, inclinando-se sobre uma árvore. — Fiquei depois com uma bela urticária. — Dei meia-volta, fitei na direção de onde tínhamos vindo e gritei em inglês: — Diabo, como é que *vocês* sabiam? — Meu companheiro deixou-se escorregar pela árvore em que se apoiara e sentou no chão, rindo. Ajoelhei-me ao seu lado. O fato é que eu havia comprado a pomada na farmácia onde adquirira o batom de Anita, porque a minha acabara um dia antes. A urticária desapareceu, mas sua lembrança ainda persiste.

— Vocês, homens civilizados — disse Morales, enxugando as lágrimas dos olhos —, quando não estão mijando num córrego, estão limpando o traseiro com folhas venenosas!

— E o que tem uma coisa com a outra? — perguntei, depois de termos catado nossas coisas e já prontos para continuar a jornada. — Como o senhor explica ele ter tomado conhecimento?

— Como explico ele ter tomado conhecimento? — repetiu Morales pensativamente.

Balancei a cabeça e abanei a mão num gesto meio vago. — Não, não vamos cair nos vôos semânticos e filosóficos da imaginação.

— É que sua pergunta evocou-me o antigo problema de definição da verdade suprema: a que pode ser conhecida mas não divulgada. — Tirou do bolso um pauzinho de canela e pôs-se a mastigá-lo.— Existem conhecimentos que não podem ser explicados.

— Sei disso — continuei. — O senhor sabe... que eu sei... que o senhor sabe ... que eu sei tal coisa.

— Não tenho tanta certeza — ponderou ele. — Portanto, não se impaciente. Jesus Savala pertenceria à classe de um profeta. Ele é mais um técnico do que um xamã.

— Um técnico?

— O *rastreo de coca* é sua especialidade. Uma maneira de pressagiar não muito diferente do *I Ching* ou tarô. Só que neste caso está combinada com certas capacidades visionárias razoavelmente desenvolvidas.

— Anita mencionou uma águia que estaria me seguindo — eu disse.

— Ah, é? Talvez isso tenha a ver com o seu episódio na selva.

Paramos perto de um amontoado de pedras, a nascente de um pequeno regato que cortava o solo da floresta. A água gorgolejava ao sair por entre as rochas de granito. Morales molhou bem e encheu uma *bota* de pele de cabra que havia comprado na aldeia de Jesus.

— A adivinhação é uma arte curiosa — disse ele —, sobrevive há milhares de séculos.

— Pelo menos há 2.000 a.C. — completei. — Na Mesopotâmia. Existem textos cuneiformes que descrevem a prática de consultar o futuro, derramando-se óleo na água ou estudando-se as formas que surgem da fumaça do incenso ao queimar. Mil anos depois os chineses estavam utilizando o *I Ching*.

— E quais as conclusões de sua pesquisa a esse respeito? — indagou ele.

— Penso que há uma relação com o desenvolvimento do neocórtex — respondi. Desvencilhei-me da mochila e sentei-me à beira do regato. — Os lobos frontais deram ao homem a antevisão, a habilidade de enxergar ou, no mínimo, de planejar mais para a frente. Ele estava curioso, e talvez se sentisse ameaçado pela incerteza do amanhã. Encarando o destino como uma sucessão de prováveis eventos e criando um meio de consultá-lo, começou a pôr ordem no futuro, diminuindo as possibilidades para uma ou duas. Pode-se notar que aqueles cujos lobos frontais são mais desenvolvidos tornaram-se profetas e feiticeiros em suas comunidades, prevendo o amor, a fortuna, a guerra, doenças...

Levantei-me, impaciente comigo mesmo. — Mas que diferença isso faz? Pura especulação. Óleo na água, fumaça, varetas, folhas, cartas de tarô: tudo um modo de abordar a incerteza do futuro de maneira casual. Padrões de probabilidades.

— Padrões *interpretados* pela mente — disse Morales, atirando sobre o ombro a bota encharcada. — É engraçado como o homem moderno, fascinado pela possibilidade de essas coisas existirem, descarta-as como supersticiosas e absurdas. Os psicólogos não fazem o mesmo, utilizando padrões de manchas de tinta sobre uma folha de papel para penetrar a mente dos pacientes?

109

— O teste de Rorschach — disse eu.

— Exatamente. A teoria é que esses padrões casuais fornecem certas pistas. Nosso cérebro pensante pode nos dizer que é um borrão de tinta, mas instintivamente respondemos como "uma borboleta", ou uma "árvore" ou qualquer coisa que nos venha à mente. *De onde* surgem essas coisas? Do inconsciente.

— Então o senhor acha que o *rastreo de coca* é um meio de penetrar o inconsciente do feiticeiro que o utiliza?

— Talvez — ele sorriu. — É uma possibilidade.

— Quer dizer que se a interpretação estiver certa, a informação já se encontrava *no* inconsciente.

— Como disse você, é pura especulação.

— Mas neste caso Jesus não falou nada sobre o futuro. Ele veio com essa questão do pássaro e sabia de algo que aconteceu comigo um mês atrás.

— Uma lembrança.

— Bem, acho que sim.

— Existem xamãs que acreditam que nem a memória nem o inconsciente são armazenados no cérebro, mas no corpo e nos campos de energia que o circundam. Eles são capazes não só de enxergar esses campos, como de alcançá-los com sua própria energia, ver a vida do outro, seu presente e seus prováveis destinos. As folhas de coca do senhor Zavala são pueris comparadas com os poderes dos xamãs.

— E onde podemos encontrar um desses xamãs? — indaguei. A tradição e o folclore são muito interessantes, mas eu estava ficando irritado com tanta teoria.

Morales esboçou um sorriso e sacudiu os ombros.

Levantamos acampamento cedo naquele dia. A pequena nascente na pedra, perto da qual havíamos parado, comunicava-se com outra fonte subterrânea, cinqüenta metros à frente, e decidimos acompanhar o alargamento do regato, o que nos tomou toda a tarde. Transformou-se num pequeno rio de três metros de largura, e nós nos despimos e banhamos nas suas águas frias e cintilantes. No final da tarde Morales cozinhou feijão na fogueira.

Nessa noite não escrevi no diário. Adormeci assim que terminei de comer e tive um sonho estranho. Morales e eu estávamos brincando de esconde-esconde com uma vagem de sementes de árvore mimosa, de um metro e meio de comprimento por meio de largura. Ele a escondera na floresta enquanto meus olhos estavam fechados, e depois me pediu que a encontrasse. Mas sem procurar.

Na manhã seguinte, pensei que tinha algo a ver com a procura do *hatun laika* chamado Jicaran.

Quando acordei, sabia que nunca o encontraríamos. Que nunca encontraríamos esse mestre xamã, feiticeiro, esse "homem que já havia morrido".

E então o encontramos.

9

Nem o sol nem a morte podem ser encarados de frente.

La Rochefoucauld

Antes do cair da tarde, emergimos do vale que vínhamos seguindo a manhã inteira. Estávamos próximos à beira do altiplano, onde principiava um declive de mil e quinhentos metros até as selvas montanhosas, verdes como musgo e com vales enevoados.

Paramos, de pé, fascinados pela vista tropical aos nossos pés, quando ouvimos alguém tossir.

Eram três homens. Dois deles deviam ter uns trinta anos, e vestiam calças jeans remendadas e puídas. Um deles usava um boné desbotado de beisebol e uma espécie de túnica com zíperes e bolsos; o outro, um chapéu de feltro mole, com aba caída, e um xale listado cruzado no peito e dobrado dentro da calça. Calçava um velho par de botas de couro rachado, com cadarços e solas gastas. O terceiro homem era mais velho. Podia ter sessenta ou setenta anos; naquela altitude e naquele clima era difícil julgar. Era magro e enrugado; usava roupas folgadas e um poncho pendia dos seus ombros ossudos. O chapéu era de aba larga, de palha entrelaçada, e na parte de cima havia duas tranças finas.

Quando nos viramos, o velho deu um passo à frente e tirou o chapéu. Por cima do ombro deu uma rápida olhada para os outros dois que repetiram o gesto. Depois, ele olhou para a frente e baixou os olhos para o chão.

— *Tutacama taytay* — disse Morales.

— *Tutacama* — disse o velho.

Morales olhou para mim. — Fique aqui — ordenou. — Eles são quíchua. Vou falar com eles.

Tirei a mochila das costas, coloquei-a no chão e recostei-me sobre ela enquanto Morales se aproximava deles e entabulava conversa com o mais velho. Trocaram palavras por uns três minutos. Obviamente o homem esta-

111

va querendo alguma coisa, e parecia constrangido. Os mais jovens não diziam nada, apenas se entreolhavam e observavam minha mochila. O velho também deu uma olhada para mim, por cima do ombro de Morales, uma olhada que denotava respeito. Depois virou-se, e passando pelos companheiros apontou para trás, nas montanhas. Morales assentiu, disse alguma coisa e olhou para mim. O velho sorriu na minha direção e então todos assentiram. O professor pousou a mão no ombro do velho, voltou-se e veio para perto de mim.

— Eles são de uma aldeia que fica atrás das montanhas. Passamos por lá esta manhã.

— Não me lembro de ter visto uma aldeia — falei.

— Há uma mulher velha, branca, que está morrendo. Eles nos viram passar e estão precisando de ajuda.

— Então vamos — eu disse.

A aldeia estava comprimida numa vertente um quilômetro e meio adiante. Estava rodeada de construções e tinha incorporado grande parte das ruínas incas. Havia trechos de muros com blocos de granito tão perfeitamente cortados e ajustados que a própria fricção os manteve firmes durante séculos. Plantas cresciam dentro de nichos quadrados, que provavelmente tinham servido para sustentar as extremidades de vigas de madeira. Em muitos lugares, trechos de paredes foram restauradas por aldeões com adobe e pedras inteiras. Cabanas de colmo e adobe haviam sido construídas contra as paredes incas e em volta de um pátio central pavimentado de rochas, onde dois enormes almofarizes de pedra estavam esculpidos sobre o piso. Nós havíamos passado cerca de trezentos metros de distância desse local.

Os incas haviam construído aqui um pequeno vilarejo, próximo à beira do planalto, um posto avançado de sua civilização. Hoje, mil anos depois, seus descendentes estão vivendo em suas ruínas, cultivando as plataformas escarpa abaixo a partir do vilarejo, reparando sua arquitetura esculpida em saibro, pois os escultores já não existem e os talentos há muito foram esquecidos. Sua herança, assim como a aldeia, jazem em completa decadência.

No pátio circulavam galinhas, porcos e um lhama. Uma mulher índia moía milho em um dos almofarizes. Quando nos viu parou, baixou a cabeça e desapareceu.

O velho conduziu-nos até uma das choupanas. No pátio as sombras se alongavam, e levou alguns momentos até que meus olhos se acomodassem à escuridão do quarto. Uma mulher, a cabeça coberta por um xale preto, segurava uma vela e murmurava ao lado da cama, um catre apoiado em dois caixotes de madeira no centro do aposento. Olhou quando entramos e fez um movimento para retirar-se, mas Morales ergueu a mão e ela recuou, encostando-se na parede. Ele lhe disse algo em quíchua e ela estendeu-lhe a vela. Sua chama projetou nossas sombras que ondulavam contra a parede de adobe.

Havia uma mulher sobre o catre, o corpo estendido e um cobertor indígena cobrindo-a até o queixo deixava de fora seus braços, de ambos os lados. Pela aparência emaciada do rosto, era impossível calcular sua idade. A pele amarelada pela icterícia colava-se estirada sobre os ossos da face, e os tendões rígidos formavam uma saliência no pescoço. O cabelo era grisalho e curto; alojados em órbitas profundas, os olhos parados fitavam o vazio. A boca estava aberta, e os lábios ressequidos e sem cor mostravamse ligeiramente repuxados pelos dentes. A respiração saía em sopros ásperos e entrecortados.

As mãos eram grandes, mas estavam amarelas e mirradas. Uma argola de ouro no quarto dedo da mão esquerda apoiava-se, frouxa, contra a articulação inchada do osso.

Ela não fez nenhum movimento, nenhum sinal, nada que indicasse que estava ciente da nossa presença.

Morales virou-se, olhou para mim e levantou a vela. Dei um passo à frente e apanhei-a. Ele passou a mão sobre o rosto dela, mas seus olhos permaneceram fixos no teto. Com o dedo indicador e o polegar de ambas as mãos pegou a beirada do cobertor e dobrou-o para baixo, expondo a parte de cima de um modesto vestido de algodão abotoado na frente. Um crucifixo de prata pendurado num rosário pousava sobre seu peito.

— Uma missionária — ele sussurrou.

Virando a cabeça, Morales encostou o ouvido no peito da mulher, escutou por alguns momentos e depois endireitou o corpo. Dirigiu-se ao homem velho e fez uma pergunta. Eu me reclinei e passei a vela de cima a baixo, sobre o rosto inexpressivo.

Suas pupilas estavam fixas e dilatadas. Observei o movimento da chama refletindo-se na superfície vidrada dos seus olhos. Assim como Morales, procurei ouvir seu coração, cujas batidas fracas mal se podiam perceber com o murmúrio das pessoas que conversavam num canto.

Olhei para seu opaco crucifixo de prata e fiquei imaginando como ela viera parar num lugar desses.

Então Morales tocou meu braço e saímos para a claridade do pátio.

— Ela foi trazida para cá há dois dias, pelos índios lá de baixo. — Ele fez um gesto em direção às montanhas, além da floresta.

— O fígado entrou em colapso — disse eu. — Acho que ela está em coma.

— Sim. — Morales olhou para o céu, para as nuvens pinceladas de rosa e alaranjado. — Pediram-nos para ficar — disse ele. — Vamos passar a noite aqui.

— Sem dúvida — concordei. Atrás dele, algumas mulheres entravam e saíam da choupana. — O que podemos fazer?

— Nada. Ela vai morrer esta noite. Só podemos ajudar a libertar seu espírito.

Eu não sabia o que pensar disso.

Vinte ou trinta velas haviam transformado o casebre de saibro numa espécie de capela. Sentei-me sobre um saco de espigas de milho perto da porta e fiquei observando meu companheiro, sentado no outro lado do quarto, com os olhos fechados e a cabeça encostada contra a parede de pedra inca, imóvel.

O Homem Velho estava conosco, e ouvi dizer que seu nome era Diego. Uma mulher idosa, que supus ser a mulher dele, aplicava delicadamente uma compressa úmida no rosto da moribunda.

Pensei em pegar meu diário e anotar essa experiência, mas abandonei a idéia por considerá-la imprópria e muito profissional. Além do mais, sobre o que eu escreveria? Sobre meus pensamentos a respeito da morte? Como teria sido a vida daquela mulher, as coisas que viu, as razões que a fizeram deixar sua terra natal para trazer sua fé às selvas do Peru? Iria compará-la ao cadáver dissecado de Jennifer, nestas alturas incinerado no crematório da Universidade da Califórnia? Provavelmente.

Teria eu relacionado a experiência com a do Homem Primitivo, assistindo a morte de alguém de sua tribo, e o começo do despertar da consciência sobre a própria mortalidade? Talvez.

Porém, não escrevi nenhuma dessas coisas. Na ocasião nem mesmo pensei nelas. Não senti nada além da solenidade do momento, que durou perto de duas horas.

Prepararam um lugar para nós. Um dos moradores da aldeia foi deslocado, limparam e varreram seu quarto, e lá deixei minha bagagem. Morales deixou seu chapéu, a *bota*, uma algibeira com alimentos, e retornamos para o local de vigília.

Subitamente, ouviu-se uma inspiração longa, alta e áspera, que parou em seguida. Será que ela já...? A mulher de Diego deu um passo atrás, afastando-se da cabeceira da cama. Morales abriu os olhos. Nada havia mudado no rosto da moribunda.

Então ela expirou o ar e o ritmo respiratório recomeçou. Ainda vivia.

Morales ficou de pé, olhou para a mulher de Diego e com a cabeça fez um gesto em direção ao lugar junto à parede onde estivera até então, para que ela se sentasse.

O quarto, cujas grossas paredes de adobe isolavam-no do frio da noite, estava aquecido pelas inúmeras velas. Entretanto, eu me surpreendi quando Morales pegou na fímbria do cobertor e puxou-o, deixando à vista o corpo da missionária. Seu vestido chegava até abaixo dos joelhos, e ela usava sandálias que exibiam seus pés enrugados e amarelos de icterícia. Ele dobrou o cobertor e colocou-o sob os pés da mulher, como um travesseiro.

Depois retirou-lhe as sandálias e entregou-as a Diego. E, com os olhos fechados, massageou-lhe os pés durante meia hora.

Ao terminar, foi para a cabeceira da cama e, sempre com a mesma delicadeza, levantou-lhe a cabeça e removeu o rosário que lhe circundava o pescoço. Nenhuma mudança ocorreu na respiração ou na expressão do rosto dela, quando ele lhe reclinou a cabeça. Depositou-lhe o rosário na palma da mão esquerda e fechou-lhe os dedos em volta dele.

Morales olhou para Diego e assentiu com um movimento de cabeça. O velho levantou-se e fez um gesto para sua mulher, que ficou de pé. Eu também me levantei. Olhando para o chão, a mulher de Diego moveu-se em volta dos pés da cama, dirigiu uma rápida reverência a Morales e saiu. Diego abaixou-se e colocou as sandálias no lado de fora da porta. Endireitou-se, fez uma mesura com a cabeça ao meu amigo e sussurrou: *"Ayee me, don Jiracam"*.

Em seguida, deixou-nos sozinhos.

O quê?

Olhei para Morales, que mantinha a mão sobre a testa da mulher que estava à morte. Ele ergueu os olhos e nos encaramos por uns momentos. — Apague as velas — pediu ele. — Uma a uma.

Fiquei ali parado, fitando-o fixamente. Seria possível?

— As velas. Por favor.

Fui até uma pequena saliência que se projetava da parede de pedra como uma prateleira em volta do quarto. Minha mente galopava, mas completamente desligada. Curvei-me e soprei a vela. Não conseguia raciocinar com clareza. Talvez eu não tenha entendido bem as palavras de Diego. Então ouvi Morales cantar, baixinho, uma plangente canção em quíchua. Olhei para trás. Seus olhos estavam fechados, sua mão ainda pousava sobre a fronte dela e seus lábios se moviam quase imperceptivelmente. Lentamente ele abriu os olhos, aqueles olhos de Rasputin, que me olharam com firmeza por alguns segundos, ordenando-me que continuasse com aquilo, e eu obedeci. Fui apagando as velas até que seu canto cessou e ele disse: — É o suficiente.

Três velas ainda permaneceram acesas, e a fumaça dos pavios queimados pairava no ar. Agora ele estava ao lado dela; colocou as mãos um pouco acima de sua perna direita e, num movimento de varredura, levou-as até os pés da mulher, como se estivesse jogando alguma coisa fora. Novamente, começando da coxa, desceu pela perna e, ao chegar sobre o pé, sua mão parou no ar, a certa distância, e ele passou a sacudir os dedos, sacudindo-os como se quisesse secar as mãos molhadas, e apontando para a parede. Por três vezes ele esfregou a perna dela e sacudiu os dedos. Depois repetiu o mesmo procedimento na outra perna.

Aproximei-me da doente e escutei sua respiração. Não mudara. Continuava difícil e fraca. Morales ergueu-lhe o braço direito pelo pulso e "lim-

115

pou-o", aplicando com firmeza o mesmo movimento. Depois o esquerdo, mas sempre tomando cuidado para que os dedos não soltassem o rosário. O pequeno crucifixo balançava no ar. Havia algo misteriosamente mecânico e ao mesmo tempo primoroso no jeito que ele recolocou o braço dela ao lado do corpo e começou a desabotoar o vestido do pescoço para baixo. Quando terminou, nada estava exposto, além de dez centímetros de pele amarelada na linha medial, cobrindo os contornos salientes da costela, do esterno, do estômago encolhido, e uma calcinha de algodão rústico, agora grande demais para o tamanho dela.

Começou por um local ligeiramente acima da virilha. Com a mão e os dois primeiros dedos esticados, principiou a fazer movimentos circulares no sentido anti-horário, no espaço entre as pernas da mulher. Continuando esse movimento espiralado, foi afastando a mão e erguendo-a dentro do ambiente esfumaçado. O primeiro chacra. Repetiu três vezes o gesto antes de começar com o segundo chacra. Detendo-se num local à altura de um centímetro acima da superfície da calcinha, desenhou um círculo perfeito de uns nove centímetros de diâmetro, primeiro lentamente, depois mais rápido e subiu em movimentos giratórios para fora.

Em seguida o estômago, o coração, a cova profunda na base da garganta, a fronte — dei um passo para o lado —, e finalmente o topo da cabeça.

Quando terminou ficou ao lado da cabeça dela, e notei que seus olhos perderam o foco, apresentando uma mudança quase imperceptível na direção das pupilas, e depois um vazio, quase glacial...

— Olhe.

Desviei meus olhos do rosto dele e olhei para o corpo, para o tórax que delicadamente subia e descia.

Morales então me deu uma pancada na cabeça.

Estava clareando rapidamente. Levantou o cotovelo e atingiu minha cabeça com um golpe seco. Ela balançou por um instante. Num ato reflexo toquei o lugar com a mão.

— Que diabo...

— Olhe! — bradou ele.

Não durou mais do que um átimo de segundo. Havia alguma coisa na superfície do corpo dela. Algo leitoso e translúcido, uns dois centímetros acima dos contornos da sua silhueta. Desapareceu em seguida.

— Fique aqui de pé.

Com a mão firme pegou meu braço e me levou para a cabeceira da cama.

— Olhe agora. Relaxe seu foco.

Deixei que minha visão se tornasse indistinta, e tocando com a ponta dos dedos minha testa ele traçou delicadamente um círculo e depois o golpeou com a articulação do dedo.

116

E lá estava. Fora de foco, mas nitidamente visível, um brilho sutil pairava a uns dez centímetros acima da pele dela, como se um molde luminoso estivesse emergindo do seu corpo. Eu tinha que me concentrar, porém não fixar a vista. Senti minhas costas enregelarem.

— Continue a respirar agora — disse ele.

Expirei e inspirei da forma mais regular que pude, para que nada perturbasse minha visão.

— É verdade o que estou vendo? — sussurrei.

— É verdade, meu amigo. Uma visão que tinha sido turvada pelo tempo e pela razão.

— O que é isso?

— É ela — respondeu. — Sua essência, seu corpo luminoso. Ela o chamaria de espírito, e gostaria que ele se fosse. Não vai demorar agora. Vamos ajudá-la.

Virei-me para olhá-lo e havia... alguma coisa, mas sumiu. Algo em torno de sua cabeça e ombros, mas eu pisquei e não vi nada além do austero contorno do seu rosto, apenas amenizado pelos reflexos cor-de-laranja das velas.

Morales trabalhou junto a ela por mais uma hora. Repetiu os mesmos procedimentos que eu presenciara antes, sempre com a mesma paciente intensidade, nunca hesitando, concentrado no trabalho que estava realizando.

Saí por uns momentos, respirei o ar frio da noite e tentei clarear minhas idéias. No entanto... Don Jicaram? *Seria verdade?*

Lá fora o céu estava límpido. Mais uma semana e teríamos lua cheia. As estrelas brilhavam, e no pátio em volta da fogueira, agrupavam-se quinze a vinte aldeões. Alguém entoava uma alegre canção em espanhol, o que me surpreendeu. As pessoas moviam-se em atividade e o ar recendia agradavelmente a cheiro de comida. Tudo estava como deveria estar. Normal.

E atrás de mim, à luz de velas, o homem que eu considerava um amigo, um excentricamente poético e idiossincrásico professor de filosofia, estava desvinculando o "corpo luminoso" do corpo físico de uma mulher agonizante, ajudando-a a morrer. E Diego havia dito: "Obrigado, don Jicaram".

Esfreguei a cicatriz em minha testa. Sua textura era macia. Voltei para o quarto.

O contraste entre a vista que observei no lado de fora — o pátio, a atividade, a lua e as estrelas — e aquela que me recebeu quando entrei, sempre me causará arrepios.

Morales estava curvado sobre a cabeça dela, seus lábios muito próximos ao seu ouvido, sussurrando. De repente, o peito dela arqueou, e com grande esforço ela inspirou, retendo o ar dentro dos pulmões.

— Exale!

Emitiu então um chiado contínuo, um suspiro muito profundo, como se seu último alento estivesse abrindo passagem de dentro do peito para sair através de sua boca aberta. E aí, subitamente, enxerguei com o canto dos olhos a leitosa luminescência, que eu não havia percebido desde que retornara ao quarto, erguer-se e fundir-se numa substância amorfa; algo translúcido e esbranquiçado como opala, flutuando a mais ou menos quarenta centímetros acima do peito da mulher. Morales bateu bruscamente uma mão contra a outra em cima do esterno dela, em seguida sobre a garganta, cabeça e, repentinamente, a luz desapareceu.

— Meu Deus — exclamei, e Morales olhou para cima.
— Conseguiu ver?

Aproximei-me da cama e olhei o rosto dela. Estranho poder contemplar a morte. Durante o estado de coma, o semblante da missionária mostrara-se inexpressivo, contudo, a morte conseguira marcar sua presença, na suavidade de seu rosto e na rigidez da absoluta imobilidade. A face da morte é inconfundível. O sangue não se move sob a pele e as veias não pulsam mais. Nenhum ser vivo pode ficar tão inerte. A vida, assim como a morte, é algo visível, e a morte *é* uma máscara, uma máscara totalmente imóvel.

— O que era aquilo? — minha voz se tornou quase inaudível.
— O que os quíchuas denominam de *viracocha*. — Cerrou-lhe as pálpebras com as pontas dos dedos. Abotoou-lhe o vestido e cobriu-a completamente com o cobertor. — Fico contente por você ter visto — disse ele, e apagou com um sopro as velas que ainda ardiam.

O pessoal da aldeia preparou um leitão em homenagem a don Jicaram. Cavaram um buraco na terra, mataram o porco e assaram-no no espeto. Para beber havia *chicha*, uma cerveja feita de milho.

Melchor (o que usava o boné de beisebol) falava espanhol. Contou-me que Diego havia conhecido don Jicaram muitos anos atrás. O *hatun laika* estava passando pela aldeia e curou o pai de Diego de alguma coisa que não soube traduzir, mas creio que era enfisema. O velho já havia morrido, disse Melchor, mas pelo menos pôde respirar livremente nos seus últimos tempos, graças a don Jicaram. Há dois dias, quando os indígenas apareceram carregando a missionária numa maca, os aldeões não sabiam o que fazer. Diego foi para o campo e deixou lá uma antiga escultura de pedra que o xamã havia dado ao seu pai. Foi uma bênção nós termos chegado.

Gastei o restante da minha energia digerindo a comida. A cerveja *chicha* subiu-me à cabeça que ainda rodava por causa dos últimos acontecimentos. Pedi licença e fui para o nosso quarto, onde um punhado de palha fresca havia sido espalhado no chão. Sentia-me perturbado, imbecil e cansado demais pela noite insone para escrever no diário. Desenrolei o saco de dormir, descalcei as botas e me deitei.

E tive um sonho.

Estava deitado de costas sobre a areia. Olhava o sol, direto para a claridade ofuscante da sua luz, sem proteger os olhos. Tudo bem. Vou ficar aqui deitado, olhando. Mas não é bom para a minha vista.

Fecho os olhos. Através das pálpebras vejo uma cor alaranjada. Respiro o doce ar do deserto que preenche meus pulmões. Sinto uma cálida serenidade e o calor do sol. Posso ficar aqui para sempre.

Um movimento. Uma sombra cruza bruscamente o campo de luz, brilhando através dos meus olhos fechados. Uma vibração no meu estômago indica perigo, e meus olhos se abrem apavorados. De um lugar qualquer... distante... a sombra ameaçadora aproxima-se *rapidamente*... Ela avança, grita, e eu rolo para o lado na areia, com o impacto das garras da ave, rasgando meu estômago. Desviro-me e fico de novo de costas, suando de medo. Com os cotovelos apoiados no chão, estico o pescoço para a frente e olho para o ferimento coberto de areia e sangue sobre minha barriga retesada, vejo o sangue vermelho, a gordura amarela e depois a águia negra. O monstro está de volta, enchendo o céu, machucando meu corpo com suas asas, imobilizando meus braços com seus golpes, uma dor aguda nas minhas coxas, as garras esbranquiçadas pinçando e apertando minhas vísceras e intestinos com seu bico cirúrgico, e torcendo o pescoço emplumado, arranca para fora selvagemente meus órgãos através do meu estômago dilacerado, com uma fome voraz e enlouquecida.

Pegue! Rasgue, mas acabe com isso pelo amor de Deus! Ela estendeu as asas, obscurecendo o céu, arrancando minhas vísceras, suas penas eriçaram e eu berrei, quando ela distendeu as asas e flexionou as penas, eriçando...

—*Acorde!*

Recuperando o fôlego sentei-me, quase saindo para fora do saco de dormir, os dedos enterrados na palha. Morales estava reclinado, apoiando-se nos cotovelos, usando o poncho como cobertor.

— Você não devia ter feito amor com a filha de Ramón — declarou.

20 de março

Don Jicaram. Como? Será que ele leva uma vida dupla? Uma hora é um professor de filosofia, de boas maneiras, que vive na cidade, e, de repente, num templo inca das vizinhanças, ele se transforma em don Jicaram! Xamã! Shazam!

E por que não? Mas mesmo assim não deixa de ser espantoso imaginar que todo este tempo meu companheiro era precisamente o homem que estávamos procurando. Que charada. E com que intenção? Ele estava esperando, observando, testando meus propósitos. Minha incursão na selva, minha estada na casa de Máximo e Anita — teriam sido testes também? Naquele primeiro dia que nos encontramos na *cafeteria*, ele me havia dito que o xamã compartilharia seus conhecimentos com qualquer pessoa, desde que as intenções desta pessoa fossem impecáveis. Que seus objetivos fossem íntegros.

Teria eu correspondido à sua expectativa? Ou sua identidade surgiu acidentalmente, em virtude do que aconteceu na aldeia com a mulher doente? A revelação ocorreu com tanta simplicidade e de forma tão comovente...

Todo o tempo em que estive em busca de um *hatum laika*, o tema do meu estudo, ele é quem estava me estudando. Ensinando-me.

E agora?

O que teria acontecido com minha visão? Eu vi mesmo a energia do corpo dela se desconectar?

As manhãs sempre trazem à tona os eventos da noite anterior.

Quando saímos da aldeia não voltamos pelo mesmo caminho, à margem da clareira, mas seguimos para o norte, atravessando a tundra. Só depois de uma hora resolvi perguntar-lhe sobre o sonho.

— A águia foi enviada por Ramón — afirmou. — Ela o está seguindo desde que você voltou da selva. Mostrou-se através do sonho.

— Mas o senhor a viu — observei. — Jesus Zavala adivinhou e Anita falou a respeito dela.

— Certo.

— E então?

Ele parou e bateu na cabeça. — Está escutando aquele riacho?

Prestei atenção. Um rumor distante de água batendo nas pedras. — Sim, estou.

— É por ali, perto daquele morro.

— Parece que sim.

— Digamos que eu conheça essa específica nascente e seu açude. Sento-me aqui e começo a fazer uma fogueira enquanto você vai andando naquela direção. Uma hora depois você volta, completamente molhado. Cabelos, camisa, calças e botas. Eu pergunto: "Esteve nadando?". Você não ficaria surpreso, ficaria?

— Claro que não.

— Claro que não! Você está todo molhado. Dá para ver a água. Então eu comento que deveria ter tirado a roupa antes de nadar.

— E se eu tivesse me despido e mergulhado no riacho? — perguntei, achando meu exemplo infantil e o raciocínio falho.

— Mas lembre-se, eu conheço o riacho e as pedras pontiagudas que forram seu leito e suas margens, e noto que suas roupas, embora molhadas, não se rasgaram nem sofreram nenhum dano.

— Concordo — exclamei. — Só que seu raciocínio apóia-se numa lógica dedutiva, baseada naquilo que o senhor conhece e observa.

— Sim, como Sherlock Holmes — acrescentou.

— Qualquer pessoa chegaria à mesma conclusão.

— Sem dúvida, porque estamos acostumados a julgar baseados naquilo que habitualmente vemos: a evidência de nossa percepção, despertando nossa consciência. Para mim, é tão simples ver que você está molhado como ver esse poder que Ramón enviou para persegui-lo. Ele está pendurado em você do mesmo modo que suas roupas molhadas. Enxergar é uma habilidade, assim como a visão. Você teve vislumbres dessas coisas, devia começar a entendê-las.

— Meu treinamento e condicionamento impedem-me de compreender.

— É verdade. Seus princípios lhe dizem uma coisa, sua experiência, outra. É uma característica dos ocidentais a necessidade de compreender alguma coisa, antes de reconhecer seu valor ou até de aceitar sua existência.

— Bem — continuei — eu *não vi* aquela águia.

Ele sacudiu a cabeça. — Ontem à noite você viu.

— No sonho.

— Então, a despeito de não estar consciente desse poder, você está *inconsciente dele*. Feche os olhos e durma, meu amigo. Domine seus sonhos e dominará seu inconsciente. A mais real das experiências de vida é quando sonhamos acordados.

— Significa que um xamã pode ver o inconsciente de outro?

Morales balançou a cabeça. — Por que reduzir tudo a uma simples sentença? Você nunca irá captar a essência desses conceitos, traduzindo-a para uma mera fórmula de palavras. Pense como um poeta. Pense em termos de metáforas e imagens.

— Tomemos, por exemplo, a lagoa que você mencionou, situada atrás da cabana de Ramón. Ela nos oferece uma poética manifestação da mente. A superfície que habitualmente vemos, está diretamente ligada ao que está assentado abaixo, em seu leito. As profundidades invisíveis refletem-se na superfície, certo?

— Certo. Entendi a analogia.

— Ótimo. Quem sabe agora você irá compreender.

Estávamos de novo a caminho, descendo um morro relvado.

121

— Estamos acostumados a ficar parados na borda, vendo a superfície do lago. Não podemos inferir quase nada sobre o que se passa no fundo. Qualquer um pode mergulhar em suas águas, mas não faz idéia dos perigos que podem conter suas profundezas. O lago pode ser muito fundo, pode haver plantas esperando para se enroscar em nosso corpo, correntes inesperadas. Podem surgir piranhas.

— O medo pode impedir-nos de mergulhar — eu disse.

— Pode, de fato. Mas se mudarmos nossa perspectiva em relação à água, dirigindo nosso olhar para a camada onde o sol brilha, e a observarmos sob esse aspecto, de cima, das alturas em que se encontra a águia ao voar, veremos o fundo, o que se reflete na superfície, o que está depositado em seu leito.

— O inconsciente — deduzi.

— Sim, se for necessário. — Morales suspirou. — Uma vez adquirida a visão, você pode conhecer a lagoa e nadar por onde quiser.

— Entendo — disse eu, com sinceridade. Ele então levou a metáfora um ou dois passos adiante.

— Essa perspectiva permite-nos ver não apenas as condições atuais do lago, mas muito de sua história, tudo o que tocou sua superfície e tudo o que mergulhou em suas águas profundas. Pode-se até observar na vida do lago os efeitos ocasionados pelos fatos que penetraram sua superfície: plantas que cresceram sobre um tronco de árvore que afundou e peixes que nadam a sua volta. Qualquer coisa que caia dentro da lagoa sofrerá uma alteração em sua natureza. Algumas delas estão tão profundamente enterradas que se tornam indistinguíveis, porém todas são visíveis.

— Seu passado fica visível.

— Fica, e os efeitos que o marcaram.

— Uma boa metáfora — concluí. — Mas se compararmos a mente a um açude, temos que levar em conta sua geografia, as barragens que represam a água, o recipiente que contém o líquido. O lugar específico dentro do qual a mente se aloja. Esse argumento serve para localizar a consciência dentro do cérebro, uma vez que a mente se encontra no crânio.

— Eu não comparei a mente a um açude, comparei-a àquela lagoa que o assustou. A lagoa é parte de um riacho. É o local onde a margem se amplia, o centro se torna mais fundo e as águas mais calmas, entretanto, a água continua a fluir constantemente para dentro da lagoa. — Ele riu. — Posso até navegar rio acima, aproximando-me da nascente, e afetar a lagoa tantas vezes quantas afetar a nascente. Posso colocar um objeto no riacho até que ele eventualmente atinja a lagoa, se nada interferir no seu percurso; e, se o objeto permanecer ali por longo tempo, poderá mergulhar nas profundezas de suas águas. — Deu-me uma olhada com o canto do olho. — Posso também pôr a mão na água e provocar uma ondulação no riacho que provavelmente irá reverberar na lagoa. E, ainda, posso levantar a canoa na qual você está sentado ou salvá-lo, empurrando-o para a margem.

Dei risada. — Mas afinal, o que devo fazer com a águia? Enfiou no canto da boca um pauzinho de canela. — Aprenda a enxergá-la. Aprenda o que ela tem para ensinar, e depois volte à floresta. Você precisa voltar, para terminar o seu trabalho do Oeste.

Foi quando iniciei meu aprendizado com Antônio Morales Baca. Don Jicaram. Disse-me que se eu quisesse encontrar um mestre xamã, teria que aproximar-me dele como discípulo, não como psicólogo. Embora tenha usado o termo aprendizado, foi nossa amizade o elo que nos uniu.

No fim de um dia de viagem, depois de deixarmos a aldeia de Diego, chegamos a uma colina situada no meio de uma planície. No seu topo havia destroços de uma ruína inca, com parte de suas fundações tomada pelo mato e enterrada. Dava a impressão de ter brotado da montanha. Era hora do crepúsculo quando subimos, e nos detivemos para contemplar a floresta esparsa, de um lado, e, do outro, o declive de um vale que descia por quase dois quilômetros do planalto até encontrar o vale Urubamba, verde e profundo.

— Um posto de observação — disse Antônio, batendo com a palma da mão na parede de granito. — Um das centenas que contribuíram para a formação do império inca.

Conduziu-me através de um espaço na parede até um recinto onde havia blocos caídos de granito cobertos de mato. Um dos blocos, uma espécie de escultura inca de pedra quase perfeita, estava tombado junto à base de uma parede. Morales fez um gesto para que eu segurasse um dos cantos e o virássemos de lado, deixando à vista a demarcação de uma cavidade, medindo 20 cm de profundidade, 30 cm de largura e 60 cm de comprimento, provavelmente parte de um antigo canal de irrigação. Lá dentro havia um embrulho amarrado com um tecido de juta marrom e vermelho.

— O que é isso?

— Minha *mesa* — respondeu Morales. — Precisamos de uma fogueira.

Desci rapidamente a colina, juntei alguns galhos secos e, ao voltar, vi que ele havia montado uma armação em forma de treliça, com ramos secos. Uma pequena pira com um punhado de capim ressequido no centro. Acendeu-a com o fósforo e construímos uma fogueira ao seu redor.

— Esta noite não comeremos — disse ele, desamarrando o barbante que atava o pacote e estendendo o tecido no chão. Dentro dele havia dois bastões curtos e uma algibeira de couro macio.

— A *mesa* — declarou ele — é uma coleção de objetos de poder, através dos quais nos conectamos com as forças da natureza. É o centro do ritual.

— E esta é a sua *mesa*?

Fez com a cabeça sinal que sim. — É muito simples e muito antiga. Existem outras que são complexas, com um objeto de poder para cada ocasião. — Deu uma piscada para mim. — Para cada fenômeno. Mas a *mesa* pode ser simples como uma cama feita de folhas de pinheiro e algumas pedras.

Colocou os bastões no chão, sobre os dois cantos superiores do pano. O da esquerda era de carvalho escuro, esculpido em forma de espiral enrolada para a esquerda. O da direita era de osso polido ou marfim, coroado por uma alça em forma de um bico adunco.

— Representam a polaridade — falou. — As trevas e a luz. — Prosseguiu, pondo os objetos retirados da algibeira sobre o pano.

Não havia muitos, e na época ele não me explicou o significado particular de cada um. Havia uma peça esculpida em obsidiana, que era metade jaguar e metade pássaro: terra e céu, os reinos alados. Um peixe de madeira ou delfim para permitir acesso aos mundos subterrâneos, à água e à psique; uma corujinha de ouro, medindo apenas cinco centímetros de altura, representando a visão noturna e a sabedoria das trevas. Muitos anos depois, fiquei sabendo que tal objeto era temido por alguns xamãs, pois detinham o poder de sabedorias ancestrais e pouco tinham a ver com processos de cura. Havia uma águia, esculpida em pedra cinza-escuro, incrustada com lascas da concha de caramujo. — Cada um de nós possui um universo interior — ele me contou bem mais tarde, e esse objeto servia para ajudar-nos a voar para dentro dele. E havia outras coisas, como pedras e conchas, um fragmento de cristal e uma pequena vasilha de madeira. Todas com o brilho característico de séculos de uso, como fetiches em museus antropológicos.

Finalmente, ele retirou da algibeira um antigo frasco de cristal e prata. Continha até a metade um líquido marrom esverdeado, com aspecto de chá da China.

— Esta noite vamos nos dedicar a um ritual — ele disse. — Você tem feito progressos relativos à sua terceira visão, mas ainda se movimenta pela natureza como um homem banido e desengonçado. Deve caminhar pela floresta ou atravessar uma planície como se movimenta pela vida: com confiança, respeito e graça.

O sol havia desaparecido no horizonte, e nosso fogo crepitava, soltando faíscas que se elevavam em direção ao firmamento acinzentado.

— Hoje vamos receber São Pedro pela primeira vez — declarou Morales. — Ele é o guardião dos portões do céu. É também chamado de *huachuma*, "carne dos deuses".

— Uma comunhão.

— Sim. Imagine o cáctus de São Pedro de pé, sozinho, braços erguidos para o alto e suas raízes crescendo bem fundo na terra. É o remédio preferido do xamã, auxiliando-o a penetrar o corpo da Terra, para que se encontre com a Deusa Mãe e se defronte com o poder da natureza. Essa planta cresce em todas as zonas temperadas do Peru: na costa, nas serras, no deserto e na selva. A maneira de prepará-la é mantida no mais recôndito segredo. Quando apenas fervida, ela produz um estado de euforia moderado, porém, quando sua essência for destilada e agregada aos sabores de ervas destinadas à purificação, ela se converte num medicamento visionário de grande vitalidade e poder. Não se pode abusar dela.

— É a planta utilizada no ritual da visão. No Sul, ela lhe permite enxergar seu passado em seu aspecto mais cru. No Oeste, concede-lhe forças para enfrentar a morte. No Norte, indica-lhe o caminho do domínio, e no Leste ajuda-o a invocar seus animais de poder, adquirir as habilidades que necessita para se conduzir pelo mundo, sem projetar sombras nem deixar rastros. — Fez uma pausa e confirmou o que disse com a cabeça. — Sim, e condiciona-o a ser capaz de ingressar nessas... mais elevadas condições, de acordo com sua vontade. Nos estados elevados.

Desenroscou a tampa do frasco e despejou uma pequena quantidade, o equivalente a um copinho de licor, dentro da vasilha.

— Seu uso é específico e sagrado. Você consumiu drogas no passado, mas quando isso é feito sem motivo, sem propósitos puros e sem uma ligação com a Terra, qualquer experiência "mística" não passa de babaquice psicológica. A utilização irresponsável de qualquer droga é uma imitação grosseira e só impede a verdadeira união com a natureza e o Grande Espírito. É como entrar num prostíbulo espiritual e corromper sua mais elevada individualidade da maneira mais perigosa, consumindo sua força vital. A tarefa do xamã é fortalecer essa força vital, expandir a camada de energia que envolve o corpo humano e vitalizá-lo, aumentando seu poder pessoal. — Parou, soltou uma baforada para o lado, como se estivesse desmanchando alguma coisa, apagando uma vela com o sopro. — O que vou lhe dar é uma substância natural tirada de uma planta, cuja finalidade é purificar e equilibrar seu corpo e os campos de energia que o cercam. Só quando o corpo, mente e espírito estão em completa harmonia o xamã poderá realizar o verdadeiro ato do poder.

Estendeu-me a vasilha. — Levante-se e faça uma saudação aos quatro pontos cardeais.

Peguei a vasilha, fiquei de pé ao lado do fogo, dei as costas a Antônio e virei-me para o sul. Não sabia direito o que fazer. Então sua voz soou calma, em delicados tons de espanhol, atrás de mim.

— Invocamos a Satchamama, a grande serpente do lago Yarinacocha, o espírito do Sul, para que venha até nós. Enrosque-se a nossa volta, Mãe ancestral, cerrando-nos em suas espirais de luz.

Ergui a vasilha ao céu em direção ao sul. Brindei o ar com consciência.

— Hei! — bradou ele, e o som me pareceu *amém*. — Hei! — repeti.

Virei-me para o horizonte, e olhei os cumes longínquos, onde o sol havia se posto.

— Invocamos o espírito do Oeste, Mãe-Irmã Jaguar, jaguar dourado que devora o sol agonizante. Venha até nós, você que presenciou o nascimento e morte das galáxias. Permita-nos ver seus olhos. Ensina-nos com sua graça.

Tentei recordar o que Antônio havia dito sobre o jaguar.

— Hei!

— Hei!

Forcei-me a me concentrar no ritual e olhar de frente para o norte.

— Suplicamos a sabedoria do Norte, o local dos antigos mestres, avós e avôs. Trago-lhe alguém que não pertence ao meu povo, mas ao nosso povo. Receba-o, acolha-o gentilmente. Abençoe nosso trabalho, para que um dia possamos entrar em seu palácio de cristal com um único pensamento e fazer parte do seu conselho. Hei!

Levantei a vasilha para o norte e virei para o leste.

— Hei!

— Invocamos o espírito do Leste. Venha até nós, do cume de sua montanha, grande águia. Ensina-nos a ver com seus olhos, que nossa visão possa penetrar a Terra e os céus. Voe agora sobre nós e proteja-nos. Ensina-nos a voar lado a lado com o Grande Espírito. Hei!

— Hei!

— Virei-me e Antônio fez um gesto para que eu colocasse a vasilha no chão. — Para Pachamama, grande Mãe Terra... — E com a entonação de uma prece prosseguiu: — Você que nos alimentou e nutriu em seu seio, ensina-nos a caminhar em seu ventre com beleza e graça. Hei!

— Hei!

Morales levantou o braço e eu ergui a vasilha para o alto.

— Grande Espírito Viracocha, mãe e pai, nós o saudamos, e que tudo o que fizermos seja em sua honra. Hei, Hei!

— Hei!

Com a cabeça fez um sinal para que me sentasse à sua frente. Mais um sinal afirmativo e eu bebi o líquido São Pedro. Tinha um leve sabor de anis.

Antônio fechou os olhos e começou a respirar profundamente, exalando através da boca. Segui seu exemplo e logo o ruído rítmico de uma matraca marcava o tempo da minha respiração, num compasso de três por três. Sua canção era quíchua. De onde teria vindo a matraca? Pensei no que ele dissera a respeito de São Pedro, uma planta da qual eu já ouvira comentários, pensei na referência que fizera sobre o uso indiscriminado de drogas, sem pureza de propósitos nem conexão com a terra. Ter a experiência e servir à experiência. Então me rendi ao ritmo hipnótico da matraca e da canção. Tive consciência do meu corpo. Havia uma tensão no pescoço e ombros. Um desconforto por causa das tiras em minhas costas. De olhos fechados relaxei os ombros, movimentei a cabeça de um lado ao outro, espreguicei-me estirando os músculos. Melhorou muito. Levantei os ombros e tracei movimentos de rotação, notando pela primeira vez que nunca mexera esses músculos, e que o exercício me proporcionara um alívio imediato. Percebi que meus gestos se tornaram inusitadamente fluidos, sensíveis a qualquer pequena tensão muscular, estirando-se e desprendendo-se. Ansioso em explorar essa nova descoberta, verguei a parte superior do tórax, coloquei a mão direita sobre o joelho esquerdo e puxei o corpo torcendo-o para a esquerda, até que três vértebras estalaram. Depois para o lado direito e outras três estalaram, produzindo um alívio espantoso. Tinha vontade de me mexer, esticar, fazer exercícios, e a luz da fogueira golpeava minhas pálpebras — um espetáculo luminoso de minúsculos pontinhos coloridos, como se fótons de cores pastel estivessem atravessando as células das minhas pálpebras, penetrando as pupilas e gravando-se no córtex visual localizado na zona posterior do meu cérebro.

Não tinha idéia de quanto tempo havia passado, mas de repente abri os olhos e, por alguns instantes, deu-me a impressão de que o rosto de Antônio assemelhava-se ao de uma águia, e eu pisquei para afugentar essa imagem da minha frente. Ele sorria para mim, do outro lado da *mesa*. Sorvia em pequenos goles de uma garrafinha que eu não havia notado antes, e então curvou-se, suspendeu a corujinha de ouro e segurou-a entre as palmas das mãos, como se estivesse rezando. Depois pegou o pequeno objeto com uma das mãos e, erguendo-o diante de si, derramou sobre ele uma leve camada de óleo doce. O cheiro do óleo penetrou minhas narinas e reverberou em minha cabeça. A coruja de ouro captou a luz do fogo e emitiu seu brilho. Aprisionando-a com o punho, estendeu o braço em minha direção e abriu a mão.

— Pegue-a. Com a mão esquerda — ordenou.

Agarrei-a.

— Segure-a, feche os olhos e olhe para ela com sua visão interior. Um objeto de poder é um centro de convergência, como um diapasão.

Fechei os olhos e imaginei minha testa abrindo-se... reluzindo... na tonalidade violeta.

— Assim... isso. Excelente, meu amigo.

Nesse momento vi uma mulher. A imagem surrealista de uma mulher com asas de coruja dobradas a sua volta, um ombro soerguido, coberto de penas, a cabeça virando-se para me olhar por cima do ombro, olhos abertos, penas... se abrindo... com os olhos. Olhos nas penas. Retive a respiração. Abri os olhos e olhei para baixo, para o objeto na palma da minha mão, depois para cima, dentro dos olhos dele.

— Como se sente?

— Ótimo.

— Levante-se e caminhe — bradou ele. — Desça a montanha e entre na floresta.

127

Inclinei-me para recolocar o objeto no lugar. A mão de Morales tocou a minha.

— Não, não. Leve-o com você. Nunca se afaste de uma *mesa* ou de um círculo de medicina sem proteção.

Concordei por alguma razão e fiquei de pé. Minhas pernas estavam doloridas para andar, mas eu fui. Distanciei-me da luz da fogueira, desci a colina e entrei na floresta.

Um bosque de pinheiros que ressoava. Cada uma das árvores tinha sua própria luminosidade, seus contornos irradiavam cores suaves e se movimentavam com os galhos que balouçavam sutilmente, as folhas finas e pontudas vibrando ao sabor da brisa que soprava do norte. Criaturas vivas, com carnes e fluidos nutrientes que percorriam seu interior, arrastando a luz do Sol, que parecia demorar-se em cada uma delas, brotando do chão... Como eu nunca havia notado isso antes? Sua presença delicada era tangível, e pela primeira vez me dava conta dela, quando apenas horas atrás caminhara por aqui, sem enxergar nada, indiferente ao seu espírito, ao meigo pulsar de sua vida. A consciência delas. Nossa afinidade era profunda, e sentindo a brisa em minhas costas, comecei a correr. Não tinha certeza se meus pés tocavam o chão. Sim, tocavam, graciosamente, por entre os pinheiros afilados.

Jamais correra dessa maneira antes. Corria do nada em direção a nada, movendo-me rapidamente apenas pelo prazer de me movimentar, pela exultação da graça, ziguezagueando pela floresta sem trilhas, uma almofada de solo frio e pinheiros, rápida, rapidamente. Corria com o corpo inteiro, sentindo cada músculo relaxar e contrair em completa harmonia, o ar despedaçando-se e rodopiando às minhas costas...

— Feche os olhos...

A luz que as árvores espalhavam assegurava-me de que elas ainda estavam ali, e eu me movimentava, corria, sem depender da visão, cruzando a selva como uma lufada de ar.

Sabia que algo estava me impelindo a correr, algo dentro de mim que eu jamais sentira.

10

Porque dentro e fora, acima, por cima e abaixo
Não há nada exceto o vulto Mágico da Sombra,
Que brinca na Caixa cuja vela é o Sol
Em volta do qual nossos Espectros vêm e vão.

Omar Khayyám

22 de março

Ainda me sinto atordoado pelos acontecimentos dos últimos dias. A morte da missionária e minha primeira experiência com São Pedro. A revelação da identidade de Antônio está mal digerida.

Uma vez assisti a um espetáculo de um mágico, um cara bem esperto. Ele, ou melhor, sua assistente, com um vestido de lamê, puxou para o centro do palco um baú. Com a ajuda dela, ele entrou dentro de uma sacola cuja boca foi amarrada com uma corrente e um cadeado. Preso na sacola o mágico deitou-se no baú. A tampa foi fechada e trancada com cadeados nos quatro cantos. Sua assistente ficou de pé em cima do baú, levantou do chão a cortina, enrolou-se nela e... deixou-a cair em seguida. Será que foi isso mesmo que ela fez? Pois era o mágico quem estava de pé, sorrindo em cima do baú, e quando os cadeados foram removidos, a assistente surgiu de dentro da sacola, num piscar de olhos.

Eu tinha oito anos de idade. Lembro-me do momento, de como me esforcei para pensar, rever tudo o que havia visto.

Deixe-me ver mais uma vez.

Só mais uma vez e descobrir o segredo dessa coisa fantástica.

Antônio catou um punhado de terra da floresta de pinheiros e olhou fixamente para as folhas finas e pontudas, com a seriedade de um leitor de folhas. A terra suja e áspera escoou por entre os espaços de seus dedos.

— Existem no mundo dois tipos de pessoas, meu amigo. Os que sonham e os que são "sonhados". — Olhou-me de lado.

129

— Há uma ocasião na vida do homem em que ele deve ir ao encontro do seu passado. Para aqueles que são sonhados, que tiveram apenas um vago conhecimento do poder, essa ocasião geralmente acontece no seu leito de morte, quando tentam barganhar com o destino mais algum tempo de vida. — Mexeu a mão de um lado ao outro, como se a peneirasse, depois baixou os olhos para o tufo de terra marrom, na palma de sua mão.

— Mas para o sonhador, para a pessoa de poder, essa ocasião acontece sozinha, diante de uma fogueira, quando ele invoca os aspectos individuais do seu passado, para que se perfilem diante dele como testemunhas diante do tribunal. Este é o trabalho do Sul, onde começa a Roda da Medicina.

— Sabe, construímos nosso presente com retalhos do passado, tentando evitar as situações que nos causaram sofrimento e procurando recriar aquelas que nos proporcionaram prazer. Somos vítimas indefesas.

Limpei a garganta. — Os que não se recordam do passado estariam condenados e vivê-lo novamente? — perguntei.

— Ou evitá-lo — frisou. — E não estou falando em *lembrar* o passado. Qualquer pessoa pode *lembrar* o passado e, ao lembrá-lo, pode reajustá-lo para servir ao presente e justificar suas atitudes. Recordar é um ato consciente e, portanto, sujeito a floreios. Lembrar é fácil.

Soprou as últimas folhas que segurava na palma da mão, para mostrar um pedaço carbonizado de lenha, uma bolota de carvalho chamuscada, relíquia remanescente de algum acampamento *campesino*.

Tornou a olhar para a palma da mão e ergueu a sobrancelha como se estivesse vendo a bolota de carvalho pela primeira vez. Mostrando bom humor, deixou a bolinha escorregar do centro da mão para a ponta dos dedos, segurando-a diante dele. — Que coincidência! Uma sorte tê-la encontrado aqui.

23 de março

Começamos a trabalhar seriamente. Pelos cálculos de Antônio chegaremos a Quillamba amanhã à tarde e pegaremos o trem de volta a Cuzco. De lá vamos a Aguascalientes e depois para as ruínas de Machu Picchu, onde realizarei meu "trabalho do Sul".

Passei os dois últimos dias praticando minha visão e testando minha paciência, e as duas últimas noites discutindo teoricamente as coisas passadas.

Antônio recusou-se a falar sobre minha experiência com a planta de São Pedro, quando corri pela floresta com os olhos fechados. Ficou impaciente quando pus a culpa nos efeitos psicoativos da planta. Era o ritual, a determinação do poder através da cerimônia — por que eu sempre me descartava de uma experiência com a explicação que mais me convinha? O que aconteceu, disse ele, é que minha mente abriu suas asas e voou.

Por que, ele perguntou, eu me levantei na manhã seguinte considerando-me uma criatura banida do Paraíso, quando havia corrido livremente no meio da natureza, sem nenhum vínculo que me amarrasse? Segundo ele, eu fui tocado pelo poder.

Eu diria que foi uma disparada selvagem e mágica através do bosque, e por sorte não levei um tombo e arrebentei a cara.

Anteontem à noite choveu. Torrencialmente. Encontramos um abrigo improvisado sob uma rocha saliente de granito na floresta. Ontem, enquanto nossas coisas secavam ao sol, Antônio instruiu-me para que me sentasse sobre uma pedra que emergira de um pequeno açude que se formou por causa da chuva.

Fiquei sentado durante três horas, observando o reflexo do meu rosto e das nuvens no céu lá em cima e atrás de mim.

Uma coisa tão simples e ao mesmo tempo tão fascinante. Tanto as nuvens, a milhares de metros de altura, como meu rosto, a um metro da superfície da água, estão refletidos no mesmo plano. Antônio sugeriu que eu focalizasse o reflexo das nuvens e, quando fiz isso, minha imagem fracionou-se em duas manchas indistintas e fora de foco. O truque, disse ele, era trabalhar a musculatura dos olhos, fazendo com que as duas imagens retornassem ao foco enquanto a concentração se mantinha nas nuvens.

Não é fácil. Justamente quando pensei que havia conseguido, percebi que deixara de enfocar as nuvens... e comecei de novo. Mas esse exercício produz um estado de transe profundo. Há ocasiões em que me desestruturo completamente. Sugeriu-me também que me concentrasse no espaço *entre* minhas duas faces, e houve momentos, como flashes, em que supus ter visto coisas. Outros rostos. O de meu pai e de minha avó, por exemplo. Não tenho certeza. Isso ocorreu mais tarde, quando me encontrava num estado de meditação tão intenso, a ponto de ter perdido a noção do tempo e da situação. Minha consciência do que estava se passando no momento presente era fora do comum, de transe profundo, e Antônio precisou me sacudir para que eu voltasse ao estado normal. Depois ele me fez recordar do mítico Narciso, tão apaixonado pela própria imagem refletida num lago da floresta, que desprezou o amor de Eco e acabou transformado numa flor que leva seu nome.

O exercício tem a finalidade de treinar os olhos para que focalizem os espaços situados entre os objetos. Como Anita, disse ele, que podia fixar a vista num ponto que estivesse a um centímetro do meu rosto, enquanto mantinha meu rosto enfocado e via minha aura, meus chacras rodopiando e meu corpo energizado.

— Vocês são treinados a focalizar objetos e coisas — refletiu Morales.

— O mundo do xamã acontece nos espaços que permeiam as coisas.

131

Jogos com consciência. Jogos perceptivos. Um curioso estado meditativo pode ser criado, quando me observo, observando a mim mesmo. Ter consciência da consciência. Ter consciência da minha respiração tendo consciência da minha respiração. Difícil escrever. Sento-me diante da nossa fogueira e inicio um diálogo comigo mesmo:

— Estou sentado aqui, observando o fogo.

Sentado, observando o fogo.

— Estou sentado, observando o fogo.

Sentado, observando o fogo.

— *Estou de fato* sentado aqui, observando o fogo.

Sim. Ainda sentado, observando o fogo.

E assim prossigo, continuamente, como um mantra. Aquele eu que um milésimo de segundo atrás estava me vendo observando o fogo através dos meus olhos, está de fato observando o fogo. É uma estranha dualidade observar o encadeamento dos meus próprios pensamentos. A dualidade do eu que está comprometido com a ação, e o eu que está consciente da realidade do primeiro eu e pode descrever o que acontece. É quase um meio de estancar o pensamento. Para Antônio, isso significa parar o tempo.

Amanhã inicio um jejum a fim de me preparar para o trabalho do Sul, que é o de me desprender do meu passado, como a serpente se desprende da sua pele.

O passado. Como indivíduos vivemos à mercê do nosso passado. Os traumas sofridos ontem alimentam-se hoje de nossos medos. Os momentos de alegria que nutrem o presente limitam nosso futuro, à medida que procuramos recriar as circunstâncias em que essas alegrias tiveram lugar.

Será que essa teoria é válida para uma família? Uma tribo? Uma nação? Uma raça? Uma cultura? Uma espécie?

Antônio diria que sim, até que os indivíduos tivessem condições de assumir o controle de seus destinos. Até que se libertassem do seu passado. Ele afirma que no modelo xamanístico podemos nos defrontar com o passado.

Literalmente.

Embarcamos no trem na estação de Quillabamba e chegamos a Cuzco no final da tarde. Meu sonho de tomar um refrescante suco de melão com papaia no centro foi desfeito pelo meu companheiro ali mesmo, onde motoristas de táxi se ofereciam para nos levar até a cidade. Da estação fomos a pé para Tambo Machay.

Para a maioria das pessoas é conhecido como o Banho dos Incas — disse Antônio. Galgamos o morro até o topo. — Imagine — comentou ele, sentando-se de cócoras, com os cotovelos apoiados nos joelhos e os dedos entrelaçados. — Os Estados Unidos sendo assolados por outra raça que não acredita em seus métodos. A população é morta ou escravizada, as cidades devastadas, a Biblioteca Pública inteiramente destruída de modo a não restar nenhum registro. Milhares de anos mais tarde, um arqueólogo que pesquisa determinada área descobre no meio de entulhos um espelho d'água que hoje se situa diante do Monumento de Washington. Em poucos anos os guias turísticos estariam se referindo a ele como o Banho dos Americanos.

— E o que *é* o Tambo Machay? — perguntei.

— A fonte de Cuzqueña, a melhor cerveja do Peru — disse ele rindo. Pôs-se de pé e enfiou as mãos nos bolsos das calças. — O Templo das Águas. Um local de limpeza e purificação. Sua fonte se formou da convergência de quatro rios subterrâneos, vindos das quatro direções. Os quatro nichos na muralha do nível superior um dia abrigou as figuras que representavam os quatro *apus*, os quatro grandes picos coroados de neves eternas que cercam Cuzco, os quatro pontos cardeais da Roda da Medicina. A trilha para Machu Picchu começa aqui. — Apontou para uma cadeia de montanhas, dez quilômetros ao leste. São oitenta quilômetros até Machu Picchu, e é aqui que o viajante enchia a *bota* e purificava os chacras antes de encetar sua longa e penosa jornada à cidadela.

— Vamos andando até Machu Picchu?

— Não, vamos de trem. À — consultou seu relógio — 1 hora e 10 minutos. O trem indígena — disse ele. — Dá tempo de você encher o seu cantil. Há um ritual para isso.

24 de março

O ritual. A cerimônia. Será que representam os mecanismos pelos quais o homem primitivo tinha acesso ao cérebro límbico da imaginação, e ao cérebro reptiliano das funções do corpo, transformados agora nas faculdades visionárias do neocórtex? Se nos acercarmos do ritual com puras intenções e firme convicção de que ele de alguma forma irá provocar transformações, como estados alterados de consciência ou curas, não seria então um tipo de placebo? Ao vermos uma pena, nosso neocórtex nos permite raciocinar que ela veio de um pássaro (e até sabermos que pássaro é), que penas são usadas como ornamento pelos homens e que servem de espanador para limpar... Mas nos dizem que esta pena tem um poder especial, e que, se a segurarmos com a mão esquerda e a passarmos embaixo do nariz enquanto cantamos "du uop du uop, cha na na", ela irá curar soluços ou mesmo doenças mais sérias. Para os que realmente crêem nisso, a pena converteu-se num símbolo mágico com propriedades curativas. Transformou-se numa *imagem* na qual o cérebro límbico pode acreditar. O neocórtex compreende, o cérebro límbico acredita e o cérebro reptiliano efetua a mudança, relaxando o espasmo muscular quando a pena é passada embaixo do nariz.

Aqueles que não conseguem se livrar da lógica do neocórtex, que enxergam unicamente a pena, vão espirrar quando ela roçar seu nariz. Os soluços permanecem e sua condição não se altera.

Estudos em hospitais mostraram que o placebo é tão eficaz quanto a morfina em 80% dos casos em que o paciente foi informado de que irá tomar um novo e revolucionário analgésico.

O efeito do placebo baseia-se em induzir o cérebro a acreditar numa cura excepcional. Mas, em lugar de tapear o cérebro como se faz com as crianças, por que não lançar mão dos seus próprios recursos curativos?

Se nosso cérebro primitivo e nossa mente inconsciente expressam-se através de símbolos durante os sonhos, não poderíamos usar o neocórtex para ordenar os símbolos (como fazemos com as palavras) e tornar possível uma comunicação com *ele*?

Se pudermos nos comunicar conscientemente com nossos cérebros primitivos, com os cérebros das nossas atividades corporais e com nossas quatro funções primordiais, não teremos capacidade de reprogramá-los?

Eu me despi até a cintura e segui as instruções de Antônio, começando pela fonte mais elevada, fui descendo e atravessei o segundo veio, onde a água se bifurca em dois riachos até o fundo, que se encontram novamente virando um, sempre bebendo a água gelada e purificando meus sete chacras, "desenroscando-os" num movimento contrário aos ponteiros do relógio. Então os "reabasteci", torcendo-os para o outro lado. Como em outras vezes, me senti meio ridículo, entorpecido de frio no ar rarefeito dos Andes.

Antônio me esperava na base do templo.

— Encha seu cantil. — Eu o peguei e mergulhei no riacho de águas brilhantes. — Alguns proclamam que o propósito do ritual é purificar os resíduos psíquicos que se encontram energeticamente aderidos aos seus chacras, afrouxando as coordenadas de energia de quem você era, para poder reorganizá-las para servir à criatura que você está se tornando, ou que pelo menos vai se tornar a partir de hoje.

Cruzou os braços sobre o peito e contemplou o templo. — A água é um agente ritualístico universal de limpeza. Seu maior defensor no Ocidente foi João Batista. — Abriu um amplo sorriso e voltou-se para olhar-me. O ritual autoconsciente não é de maneira alguma um ritual. Fique atento aos passos que daremos. Tem que se entregar ao processo, como se entregou ao correr no altiplano. Procure não deixar que seu foco perca a nitidez ou que

134

sua atenção se disperse. Tem de honrar esses exercícios e honrar a si mesmo ao executá-los.

25 de março

Apesar de nossa amizade, Antônio me acha presunçoso. Um psicólogo bem-sucedido de vinte e quatro anos, abarrotado de informações, dados, filosofia acadêmica em livros baratos, carregando uma mochila cheia de roupas de baixo térmicas e papel higiênico.
Noto de vez em quando em seu olhar e em seu sorriso, quando ele se refere ao meu "*estudo* sobre xamanismo". Justamente quando penso que havia sido aprovado em seus testes, adquirido seu respeito e o impressionado com minha seriedade, flagro esse seu sorriso.

Machu Picchu, o pico do avô. Huayna Picchu, o pico do amante. Seus musgosos declives de granito erguem-se vertiginosamente das protetoras espirais das águas brancas de Urubamba. Saímos da esfumaçada estação ferroviária de Aguascalientes e seguimos em frente acompanhando a margem do rio.
— Pode cruzar o rio por aqui — indicou-me Antônio. Abaixou-se, sentando nos calcanhares e fez sua trouxinha de iúca e fubá. — Siga o curso de Bingham pela vertente da montanha, e procure encontrar os passos do primeiro homem branco que entrou em Machu Picchu. Lá existe uma caverna. — Apontou o dedo indicador para um lugar a dois terços do topo da montanha, uma depressão na encosta lisa da montanha de granito branco. — Leve seu cobertor térmico e o cantil com água. Apesar de fazer frio à noite, é agradável. Esta noite, amanhã, amanhã à noite e o dia seguinte, permaneça lá e jejue. Antes do pôr-do-sol, no terceiro dia, avance em direção ao cume, até as ruínas. Durante o percurso, apanhe lenha para fazer uma fogueira. Escolha com cuidado, mas não entre nas ruínas. Encontro você lá.
— E depois?
— Depois arrumaremos a *mesa* e invocaremos os desgastados propósitos do seu passado e você iniciará seu trabalho do Sul. — O tom da sua voz não tinha qualquer inflexão.
Quando começou a escurecer, ele suspirou e se pôs de pé. À nossa frente, o Urubamba gorgolejava e suas águas despencavam do vale. Perto de nós e perto da margem, pequenos redomoinhos turbilhonavam em espirais, como fragmentos de um naufrágio.

135

— É isso que você precisa fazer, meu amigo. Embora jovem, deixou atrás de si muitos detritos. Você parece carregar um punhado de casos mal resolvidos. O passado o mantém preso à imagem que criou de si mesmo. Deve atirar-se numa fogueira que consumirá seu passado, sem que ela o queime. Destrua sua história pessoal. — Os dedos dele, amassando a iúca com o fubá, moviam-se rapidamente. — Desvencilhe-se do seu passado como a serpente se desvencilha de sua pele. É isso que vai fazer em Machu Picchu, porém antes deve se preparar da melhor maneira possível. Dedique-se a evocar suas memórias durante o tempo em que lá permanecer, pensando na pessoa que você foi e em quem se transformou. Aplique *sua* psicologia em si próprio. Veja aonde isso o leva. Não vai ser fácil, embora é o que deve fazer... como aluno. Aquilo que realizar nas ruínas, você realizará a si mesmo como homem. — Inclinando-se, entregou-me uma porção de pasta de iúca com fubá.

— O conhecimento pode ser atingido somente quando dispusermos de força para influenciar o destino, e o seu destino é uma vítima constante do seu passado. O espírito não pode se desenvolver enquanto carnes mortas estão apegadas a ele. Você não pode trazer história alguma para seu estudo xamanístico. — Baixou os olhos para o alimento em sua mão, e riu.

Achei graça do seu bom humor. — Por que está rindo?

— Porque agi como um verdadeiro místico, não agi?

Peguei o caminho determinado por Antônio e segui, segundo suas instruções, as pegadas de Hiram Bingham, o "descobridor" da sagrada cidade dos incas, em 1911.

Mais tarde

Vaidade ocidental. Hiram Bingham foi um intrépido cavalheiro, explorador e aventureiro nos áureos tempos, quando homens rústicos eram nomeados fidalgos por causa de seu rude individualismo. Chapéus de feltro com debrum largo, botas de couro amarradas até o joelho, ou perneiras, cadernos gastos pela viagem, com lápis grosseiros para desenhos rústicos de uma cidade perdida em cima de uma colina, ou escondida atrás de trepadeiras e orquídeas pingentes. Romance, aventura e a satisfação de revelar ao mundo os tesouros das priscas culturas em terras longínquas.

Talvez fosse assim que Bingham via a si mesmo. Entretanto, quando um homem "civilizado" encontra um lugar onde, durante séculos, viveram nativos do Terceiro Mundo, ele é chamado de descobridor dessa região. Como se os nativos estivessem escondendo um segredo do resto do mundo.

Embora expressando-me de maneira irônica, creio que há alguma verdade em relação a isso. Se Bingham não tivesse "descoberto" a cidade perdida no topo da montanha, eu não teria de galgá-la com o estômago vazio.

A gruta apontada por Antônio lá de baixo, em Urubamba, era pouco maior que um buraco, uma fenda na íngreme muralha de granito. Uma camada de solo musgoso recobria a superfície da frente, por onde entrei tateando. O sol cor de laranja escura despedia-se no horizonte, quando me movi de mãos dadas com minha sombra, encostado na pedra sedosa a seiscentos metros do nível do rio. Havia lugar para que eu me virasse na entrada, e foi o que fiz, para contemplar o Vale Urubamba, que ficara para trás.

Mais tarde

Oculto em minha pequena caverna, senti-me abandonado e desconfortável. Um pouco amedrontado, porque sei o quão faminto posso ficar. Mas já havia passado por isso antes. Tinha chegado ao meu limite, e desprezado o conforto em nome da aventura ou para adquirir algum troféu e experiência.

O sol havia se posto, e seus últimos raios na tarde de 25 de março estavam pincelando as nuvens de rosa salmão e alaranjado. Posso sentar de costas contra a parede de pedra e ver o céu pelas aberturas irregulares da minha pequenina caverna, que parecem lábios entreabertos na boca da gruta. Estou me sentindo como Jonas.

E o dia suspira dentro da noite.

Preparei meu ninho — desfiz minha mochila — todos os trecos que estava carregando. Estojo de emergência, que incluía agulha e linha, anzóis, tabletes de sal, fósforos à prova d'água, band-aids, soro contra picada de cobra e cobertor térmico. Uma barra de chocolate Hershey. Com amêndoas.

Havia esquecido esse detalhe. Coloquei-a sobre a prateleira de granito.

Mais tarde

Isto aqui não é brincadeira. Minha mente está repleta com os recentes acontecimentos, e eu estou mais do que ciente da minha condição e do específico propósito deste esforço.

Talvez seja isso. Estou querendo transformar esta etapa preparatória numa significativa experiência auto-reveladora. Estou me empenhando ao máximo, mas sei que não deveria estar fazendo isso.

Contudo, sinto-me frustrado. Excesso de informação. Preciso de tempo para digerir e destilar e, no entanto, estou prestes a assumir um compromisso com meu passado e com este quádruplo caminho do conhecimento.

Uma idéia casual. Parece que aqueles que procuram uma aventura espiritual terminam, inevitavelmente, como párias da sociedade. Como se ao longo do caminho perdessem a si mesmos, redefinindo sua identidade de acordo com sua "busca". Tolos sicofantas. Sicofanáticos. Discípulos, promotores de uma convenção mística ou de uma tradição espiritual. Astrologia, numerologia, judaísmo, catolicismo, hinduísmo e todos os outros *ismos*. Sistemas de crenças, paradigmas. Reducionismo? O método científico? A decantada glória do pensamento ocidental? Quantos professores presenciei, ajoelhando-se diante do altar de hipóteses e da legitimidade clínica?

E também existem as figuras que são símbolos de adoração: Jeová, Cristo, Buda, Mohamed e Krishna.

Porém Antônio, professor de filosofia, companheiro gentil, xamã. Excepcionalmente bem ajustado para uma "pessoa de sabedoria". Tudo para ele possui determinada relação. Um místico pragmático. Sinto falta do altiplano.

Estou cansado. Vou ver se durmo um pouco. Amanhã cedo encaro minha situação.

Tive um sonho aquela noite, mas a memória dispersou-o, deslocada pela angustiante desorientação de acordar num lugar estranho. Gargarejei com a água de Tambo Machay, enrolei meu saco de dormir e me aventurei a dar uma olhada lá fora.

A manhã era andina, e algumas inspirações de ar fino e gelado revigoraram-me. A neblina pairava sobre o verde Vale Urubamba, obscurecendo o rio por quase um quilômetro abaixo do meu pequeno eremitério.

Sentei-me com as pernas cruzadas sobre a saliência do rochedo, fechei os olhos diante do esplendor da paisagem, e me entreguei da melhor maneira que pude a esse estado de êxtase.

Philip Reiff, no seu livro *The mind of the moralist* (A mente do moralista), escreve no prefácio a Freud: "O homem está atado ao peso do seu passado, e mesmo com grande esforço terapêutico, pouca coisa pode conseguir além de uma mudança na sua carga". A psicologia na tradição ocidental certamente avaliza essa observação. Os ocidentais escavam seu passado com a ferramenta da memória que é, na melhor da hipóteses, um instrumento pouco confiável. E nós somos malvistos por exumar nosso passado inteiramente e sozinhos. Estamos mais habituados a evocar nosso passado para que nos represente diante dos demais com histórias que escolhemos para contar e casos que selecionamos para embelezar nossa personalidade. Somos iconográficos de pinturas impressionistas e abstratas cuidadosamente emolduradas. Durante minha breve estada numa reserva indígena no Sudeste dos Estados Unidos, ouvi falar do costume de relatar sua história de vida a uma pedra: uma experiência singela, diferente e levada a sério. É mais fácil nos dirigirmos a um objeto, seja um pedregulho, uma rocha ou a um terapeuta passivo, do que nos dirigirmos a nós mesmo. Talvez o fato de contar ajude a pôr ordem em algo que, de outro modo, seria um *quantum* amorfo de memória.

Não posso recriar o formato estrutural de minha experiência na encosta daquela montanha; mas posso relembrar seus pontos altos, pois eles constituem a base consciente da maior parte do que aconteceu na tarde do terceiro dia, e na madrugada do quarto.

Meu avô paterno. Mãos grandes, com manchas senis, ásperas demais para um cirurgião, mas ele estava velho. Cabelo grisalho e crespo, um rosto aquilino, suavemente enrugado. Creio que ele sorriu para meu pai. Formou-se na Escola de Medicina de Columbia em 1905 e tornou-se cirurgião-chefe num Hospital da Cidade de Nova York. Em 1920 voltou a Cuba, sua terra natal, e montou uma pequena clínica em Havana, só para descobrir que o serviço público municipal não podia fornecer eletricidade adequada ao seu trabalho. Construiu uma instalação hidrelétrica para iluminar seu hospital. Era um católico eclético e um capitalista devoto.

Meu pai era advogado e negociante, com uma prática respeitável e uma poderosa conta bancária. Tinha uma bela aparência, com seu cabelo ondulado e um bigode reto, elegantemente aristocrático. Almoçou com Batista. Era teimoso, aferrado às próprias opiniões e geralmente absorto em pensamentos. Nos anos 40, sucessivas vezes apelou ao Vaticano que lhe concedesse o divórcio de sua primeira mulher, manteve a custódia de seu filho e casou-se com minha mãe alguns anos mais tarde.

Meu nascimento aconteceu acidentalmente durante os preparativos de meus pais para uma viagem à Europa. Quando voltaram do "Continente", dizem que minha mãe ficou surpresa ao encontrar um novo membro a caminho. Era uma linda mulher, com meigos olhos cor de mel que olhavam com adoração para meu pai.

Fui criado por uma babá, e agrada-me pensar que por causa disso livrei-me de muitas das mais comuns neuroses relacionadas aos pais, que são o ganha-pão dos terapeutas. Tati era uma afro-americana, terceira geração de cubanos descendentes de escravos. Na minha lembrança ela devia ter mais ou menos vinte anos. Juntos nos banhávamos, tomávamos chuveiro e brincávamos, só que ela era empregada, como nosso motorista. Isso foi antes da revolução. Eu a amava profundamente, e a tratava vergonhosamente.

26 de março

Meu angustiante sentimento de culpa pelo meu comportamento passado exacerba-se em conseqüência de minha solidão aqui. É mais fácil jejuar quando pelo menos se sabe que o alimento pode ser obtido.

Ouço meu estômago e me obrigo a meditar sobre seu ruído. Pode ser uma visualização muito adequada para buscar recordações dentro de minhas entranhas. E quanto mais me empenho nessa tarefa, mais vazio se torna meu estômago.

Tati era espírita. Costumava jogar remédios no vaso sanitário. Lembro-me de sair sorrateiro do meu quarto para espiar por trás dos arbustos o velho Rodolfo, Tati e outros empregados da casa com amigos deles que me eram desconhecidos, dançar, cantar e girar à noite, à luz de velas e da lua, no pátio perto do muro que dava para o mar, quando meus pais saíam. Aventuras noturnas, armado com um canivete e uma lanterna de escoteiro, pulando da janela do meu dormitório, engatinhando sobre o muro à beira-mar para caçar caranguejos.

Quando tinha dez anos de idade, escutei barulho de artilharia e senti nossa casa tremer ao som das explosões. O tempo não faz sentido nessas antigas reminiscências, e podem ter sido semanas ou meses que convivemos com aquele ruído. As pessoas se comportavam de modo diferente nas ruas de Havana em 1959. Uma mulher — uma vizinha que não me lembro de ter conhecido — lavava o sangue em frente a sua calçada com uma mangueira. Parei de freqüentar a escola, e o rosto de meu pai estava iluminado pelo brilho amarelo dos papéis que queimavam na lareira. Isso aconteceu na casa de um amigo da família, que ficava perto do aeroporto.

Meus dedos eram menores que os dele, por isso eu conseguia introduzir rolinhos apertados de notas de cem dólares dentro de tubos de charutos; ele retirava as placas dos interruptores de luz e metia os tubos dentro das paredes. Lembro-me que ele não estava lá quando partimos de Havana. O aeroporto deixou-me confuso.

Em Miami, eu pescava para o almoço com meu meio-irmão mais velho, enquanto minha irmã brincava na areia e papai reunia-se com pessoas, uma casa cheia de refugiados de colarinho-branco e líderes da contra-revolução.

Pensei que em Porto Rico éramos novamente uma família, mas uma compreensão tardia provocou pequenas alterações nas fotos esmaecidas da minha memória. Papai retornou aos negócios, na área de construções, e eu me sentia como uma anomalia no Colégio Jesuíta de San Juan. Os verões no Hílton Caribe. Eu pertencia à equipe de natação e ficava excitado por receber medalhas, que ainda hoje guardo lá em casa na gaveta de meias. E ajudava os capatazes nas obras. Afinal de contas, eu era o filho do dono.

Ensinava SCUBA aos turistas. Um casal tinha uma filha com cabelos louros e ondulados, e nós transamos desajeitadamente numa floresta de coral seis metros abaixo.

27 de março
De manhã

Hoje será mais fácil. Poderei sair daqui antes que escureça. O fim está próximo.

Pensei muito em Vitória. Meu primeiro amor, minha primeira relação séria. Viajando através do país em seu VW vermelho. Amei-a tanto quanto fui capaz de amar. Talvez nunca tivesse amado antes, apenas rotulava meus sentimentos com essa palavra. A definição vai mudando através dos anos.

Ensinou-me a jogar bridge. Decidido a impressionar a ela e aos seus amigos com minha proeza intelectual, varava as noites corajosamente. Ansiedade de desempenho. A intensidade da minha concentração transcendia meus limites. Muitas horas mais tarde ia me deitar, prostrado, e sonhava agitadamente com mãos após mãos, espadas, ouros, copas, paus, vazas, *slams* e *grand slams*. Acordava exausto. Como esta manhã. Não me lembro de ter adormecido. Apenas despertei para lembranças das lembranças da noite anterior. Todas as mãos perdidas, todos os relacionamentos contaminados, todas as tristezas e todas as alegrias.

O segundo dia inteiro foi humilhante. Percebi que não mais podia meditar nas condições do meu estômago. Concentrava-me unicamente na barra de chocolate Hershey. Fazer exercícios físicos nem pensar; depois de três flexões, senti que estava queimando um precioso combustível.

A recordação daquele dia ainda permanece comigo. Posso evocá-la hoje e reviver sem piedade aqueles fatos. Todos nós experimentamos momentos de mortalidade, uma angústia repentina por nossa insignificância em relação à Terra e o cosmos. Você pode estar caminhando por uma praia. Um cachorro lança-se atrás de um pedaço de pau. Você o procura com o olhar compenetrado, procura por ele intensamente, na vastidão da orla marítima. O som das ondas ecoa com suavidade no seu subconsciente, um *leitmotiv* que lhe recorda a onipresença do ritmo da natureza. Você se volta para olhar o horizonte e o pôr-do-sol. A preocupação consigo mesmo deixa de ter sentido, e você suspira perante sua insignificância, perante a imortalidade de um grão de areia e perante a infinita eternidade do universo. Cumprida sua missão o cachorro volta, molhado e cheio de energia. Deixa cair o pedaço de pau aos seus pés. Você sorri, pega a madeira e prossegue com a brincadeira. Minha experiência naquela gruta da montanha foi menos sentimental e salva do clichê graças à fome cruel e à intensidade da minha solidão.

Refleti longamente sobre minhas escolhas, sobre a identidade que criei para mim mesmo, sobre as pessoas com quem me relacionei e como me relacionei. Sobre as pessoas que usei e como as usei. A maneira como fui usado.

Mais tarde

Hoje me sinto abandonado, desterrado, como quando fazia uso da mescalina, só que pior.

Se eu morresse amanhã, o que teria deixado para trás? Alguma coisa de valor? Alguém que eu tivesse ajudado? Ou meus atos podem ser distribuídos aos necessitados como a propina que dei na estação? Qual a autenticidade do meu trabalho? Estou disseminando terapias como se fossem band-aids? Ou ainda pior. Talvez esteja usando a psicologia em meu próprio benefício. Para adquirir *status*.

Tento dar um cochilo. Não consigo dormir. Espero o poente. Fecho os olhos, esgotado pelo esforço de rememorar, e acho que estou sentindo as paredes do estômago esfregando-se umas nas outras. A água do cantil provê meus interiores. Posso percebê-la, descendo. Fecho os olhos, e recomeço algo que não sou capaz de acabar.

Alugando uma casa no bosque com Victoria. Trabalhando no tema da minha tese de graduação e brincando de ser um garoto rebelde. Um tratante romântico com alma de poeta. Ela me conhecia bem.

Eu me deixava enganar.

Abro os olhos. O sol banha meu pequeno reduto e metade do meu rosto está ardendo de calor. Estou suando e com câimbra no pescoço. Tomo água.

Estou faminto, e suficientemente tolo para achar que sei o que é passar fome. Até o sal de minhas lágrimas me refresca. Sou um mimado e continuo a mimar-me.

A fome é o maior mestre. Não é de admirar que a psicologia ocidental seja oral e anal. Estamos cheios demais.

Em algum momento naquela tarde, percebi que comparado aos meus amigos eu era um sucesso, um *wunderkind* psicólogo de vinte e quatro anos, um asno protegido; no entanto, comparado à Terra, cujo granito me envolvia, eu era um parasita. Meus objetivos ainda mal estavam definidos; eu vivia para mim mesmo.

Então fui embora. Empacotei meu equipamento, e sentei-me por algum tempo para observar a rotação da terra, afastando-se do sol. Ainda faltavam uns trinta metros para subir, e eu não fazia a menor idéia do que me aguardava no topo. Será que Antônio estaria lá? E eu teria que me confrontar com os fantasmas do meu passado?

Não estava certo se conseguiria resgatar lembranças dos últimos dois dias e meio e, se pudesse, como seriam elas?

Às ruínas de Machu Picchu foram atribuídas muitas funções desde sua descoberta em 1911. Foram consideradas o último refúgio dos incas, a última capital inca, a Cidade Perdida dos incas, o esconderijo secreto das Mulheres Eleitas, as Virgens do Sol. Salcamayhua, o historiador peruano do século XVII, relata que o primeiro inca, Manco, o Grande, ordenou que fossem executadas obras no lugar em que ele havia nascido, e parte delas consistia de uma parede de alvenaria com três janelas. Essa estrutura indicou a Bingham que, antes de ser a última capital dos incas, Machu Picchu teria sido seu berço. Anos depois ocorreu-lhe que poderiam ter sido ambos, e que de fato ele descobrira Vilcapampa, a principal cidade de Manco e seus filhos, o derradeiro refúgio inca contra os espanhóis.

A escalada de meia hora conduziu-me a um promontório de granito, ao redor do qual havia um grupo de doze edificações com a fachada de pedra, cada uma delas da altura de um homem. Uma meia hora antes que o sol desaparecesse por trás da distante cadeia de montanhas, à direita de Huayna Picchu, dirigi-me a um dos terraços mais amplos. Aqui e acolá vi paredes de casas destruídas, vestígios da estranha arquitetura de granito da Cidade Sagrada. Uma enorme saliência de rocha projetava-se para a frente; embaixo dela, uma gruta revestida de pedras perfeitamente ajustadas, por cima e por trás, o Templo do Sol acompanhava a curvatura natural da rocha, habilmente recortada por escultores. Prossegui caminhando pelo declive da montanha, sabendo que me aproximava do limite do perímetro urbano, embaixo das ruínas. A altitude e a ansiedade contribuíram para que minha respiração se tornasse curta e ofegante. À minha frente, mais à direita, um morro coberto de mato erguia-se à distância. O brilho do crepúsculo iluminou seu pico: uma pequena estrutura coberta de sapé, um objeto de forma indefinida, e a figura de Antônio esperando por mim na penumbra. Percebi que havia esquecido de pegar a lenha, que negligenciara suas recomendações. Uma longa fileira de degraus de pedra iam até a base da montanha e contornavam os lados de um muro arruinado, coberto de musgo. Fui subindo, parando de vez em quando para catar galhos secos.

Passei pelo Portão do Sol sem olhar o que havia do outro lado, e dando as costas para ele, subi a montanha com passadas firmes. No meio do caminho parei para colher uma lasca de madeira num emaranhado de sementes. Voltei-me e perdi o fôlego diante do espetáculo que se descortinava diante de mim. Estruturas côncavas de edificações cobertas de vegetação, cantarias, templos, paredes de argamassa, praças e pátios, tudo em sombreados de flocos de granito branco e cinza, musgo verde e líquen em cor pastel. Uma centena de terraços. Mais ao norte, sobrepondo-se às ruínas, o pináculo de Huayna Picchu. Abaixo de mim, a oeste, o Templo do Sol e um fulgurante penhasco desmoronando sobre Urubamba. A leste, um pequeno templo destruído, com três grandes janelas voltadas para o sol nascente. A neblina vinha subindo do vale para o oeste, a direção de onde eu viera. Erguia-se na vertical e depois se curvava suavemente para leste, descrevendo um círculo sobre si mesma, como se quisesse abarcar a cidade toda, ou como uma mão tateando em busca de uma alça.

Antes da cabana com telhado de sapé no topo da montanha, a Pedra da Morte assentava-se, como uma canoa abandonada, uma miniatura alta e ressequida da arca no cume do Monte Ararat.

Antônio aguardava-me com um entusiasmado sorriso de boas-vindas. Minha provação deve ter deixado suas marcas.

— Você está com um péssimo aspecto — disse ele.

— *Gracias, profesor.*

— E vai precisar de mais lenha.

Desembaracei-me da bagagem e afastei-me para completar a tarefa. Onde teria estado Antônio esses três dias? Por duas vezes me flagrei olhando extasiado o cenário de minha aventura, uma fortaleza fossilizada, um castelo construído no meio de altos rochedos durante a civilização pré-colombiana, envolto em névoas como as ruínas na lenda do rei Artur. Lembrei-me das recomendações de Antônio para que escolhesse fragmentos em lugar de pegar só gravetos, o que me tomou mais de meia hora para apanhar duas braçadas. Quando cheguei ao topo, Antônio estendeu-me uma corda com a qual amarrei o feixe de lenha e coloquei-o de lado.

— Quando poderemos entrar nas ruínas? — perguntei.

— Você não pode.

— Não posso?

— Como turista pode entrar nas *ruínas* sempre que desejar, embora seja um ato de profanação nascido da ignorância. — Deu as costas para a Pedra da Morte e fixou o olhar nas ruínas abaixo. — Mas não poderá entrar na *cidade* até que tenha terminado seu trabalho do Sul e do Oeste, até que tenha aprendido a viver a vida do guerreiro espiritual, até que tenha se libertado do seu passado e enfrentado a morte, até que tenha se desprendido do seu corpo físico, como fazemos ao morrer.

— Então por que estamos aqui?

— Para que inicie seu trabalho do Sul, só que deverá fazê-lo fora dos limites da cidade. Há uma caverna sob o Templo do Condor. — Fez um gesto indicando o lado direito, na extremidade das ruínas.

— Para desempenhar totalmente o trabalho do Sul, você tem que aplacar o seu medo. O medo é o reino do Oeste, onde vai se defrontar com a morte. Entretanto, não poderá exorcizar a morte enquanto não completar o trabalho do Sul. É como um círculo vicioso, um moto-perpétuo...

144

— Uma armadilha sem saída.

— Seu trabalho do Oeste virá mais tarde. Esta noite apenas incluiremos a morte na agenda, e nos prepararemos para o seu ritual. A Pedra da Morte tem o formato de uma canoa, com a proa voltada para o oeste. É aqui que o espírito do neófito abandona o corpo e ruma para o Oeste, para as regiões do silêncio e da morte. Dizem as lendas que ele retorna do Leste, onde o sol se levanta e uma nova vida vem à luz.

— As lendas?

— Sim, as lendas. Deite sobre a pedra, com a cabeça de frente para a proa. Espere alguns minutos até se sentir relaxado.

Estendi-me no piso frio de granito e tentei imprimir ao meu coração um ritmo adequado à meditação. Antônio deixou-me sozinho, e em meio à penumbra fechei os olhos. A temperatura tornou-se agradavelmente fresca, e eu pude esquecer a lacuna em meu estômago. A quietude da noite que se avizinhava era completa, e o silêncio realçava o estalar do capim seco. Que estaria fazendo Antônio? Quando minha respiração tornou-se regular, ouvi-o assobiar, debilmente, quase sem fôlego. Senti sua presença perto de mim e ouvi seu canto, numa cadência polissilábica que reverberava como o vibrar de um diapasão. A temperatura estava caindo, e uma leve corrente de ar roçou minha testa, provocando um calafrio ao longo da minha coluna. Seria mais uma fria noite andina. Pelas pálpebras entreabertas, vi quando ele passou a mão da minha testa para a garganta e daí até o esterno. Estava desprendendo meus chacras; fez com que girassem no sentido anti-horário; abasteceu-os; girou-os no sentido horário; entoou através deles. Fazendo um balanço das minhas sensações, concluí que nada sentia além de relativa tranqüilidade, um abrandamento na minha ansiedade e expectativa, e certa preocupação pela ausência de uma sensação específica.

Não sentia nada.

O canto terminou com um categórico *"hoy!"*. Assobiou outra vez, docemente, e o assobio perdeu-se na brisa.

— Agora pode levantar-se.

Abri os olhos, e apesar de terem passado apenas cinco minutos, já era noite. Estrelas faiscavam acima dos cirros, e as ruínas estavam iluminadas pelo luar. Antônio estava agachado diante da sua *mesa*, alguns metros adiante.

— Sente-se aqui.

Sentei-me na frente dele com as pernas cruzadas, ao lado do tecido indígena.

Ofereceu-me a vasilha de madeira. Desta vez a quantidade de chá de São Pedro era maior. — O seu trabalho esta noite é com a serpente. Invoque o espírito do Sul, intime-o a comparecer aqui e ofereça um brinde às quatro direções. Já sabe como se faz.

Fiquei de pé e levantei a vasilha dirigindo-a para o sul, tentando lembrar-me da fórmula. "Invoco o espírito do Sul, a serpente Satchamama.

145

Venha, ajude-me a apagar meu passado." Soou melhor depois que Antônio acrescentou "Hei".

— Hei! — bradou ele. — Força, meu amigo. Tenha um propósito. Não precisa dirigir-se ao vento. Nem é necessário dizer nada. Pense, apenas. Convoque o poder e brinde aos Quatro Ventos, como se estivesse proferindo uma oração.

Foi mais fácil, assim. Da melhor maneira que pude, ofereci uma prece silenciosa a cada um dos pontos cardeais, e visualizei os animais que os representavam: o jaguar, o dragão e a águia. Depois saudei a Mãe Terra e o Grande Espírito, bebi metade do conteúdo da vasilha, retomei meu lugar e devolvi-a a Antônio.

— Beba tudo — ordenou ele, como Ramón havia feito.

Inclinei a cabeça para trás, esvaziei o recipiente e descansei-o sobre o pano. Em seguida fechei os olhos e respirei devagar, ritmicamente, tentando orientar-me para algum ponto central.

Quando abri os olhos ele não estava olhando para mim, mas para algo entre nós dois. O foco do seu olhar não estava no meu rosto, embora desse a impressão que olhava diretamente para mim. Os espaços que permeavam as coisas.

O que ele estaria vendo?

Transferiu o foco e olhou-me fixamente nos olhos, com a expressão de quem busca.

— Você tem evitado o poder todos estes anos — disse ele. — Não louvores ou reconhecimento (você barganha para tê-los regularmente), mas adquirir poder diante da natureza. Antes de entrar em contato com seu poder, precisa despir-se do seu passado. E o passado deve ser recapturado antes que se liberte livremente. — Estendeu-me a pequena garrafa de óleo doce e pegou o bastão esculpido em osso do chão.

— A espada de fogo, de luz — continuou ele, e entregou-a a mim. — Atribua-lhe sua incumbência. Segure-a em suas mãos e invoque seu poder. Do Leste, do local da visão e do sol nascente. Sopre o óleo sobre ela.

Coloquei o líquido na boca. Era forte, demasiadamente picante para minhas papilas gustativas, mas mantive-o dentro da boca e, levantando o objeto, espirrei o óleo doce através dos lábios sobre ele e sobre minhas mãos.

— Fique com ele. Segure-o com a mão esquerda. Se pressentir o perigo, agarre-o firmemente com a mão direita. É para interromper suas conexões com o passado.

Ergueu o feixe de lenha do chão, pegou meu braço e conduziu-me para longe da *mesa*, morro abaixo. Meu coração palpitava de ansiedade. Não sentia nenhum efeito do chá de São Pedro.

— Depois que terminar o ritual posso entrar nas ruínas? — perguntei.

— Você não vai terminar — respondeu-me.

— Para onde o senhor vai?
— Tenho meu próprio trabalho.
A entrada da gruta estava escondida numa dobra do granito, ao lado da montanha, sob o Templo do Condor. No piso em frente à entrada, havia uma pequena pilha de lenha e capim seco.
— A caverna tem a forma de um L — disse ele. — Vá até a parte extrema da curva e use esta lenha para fazer seu fogo. Não a fogueira do homem branco; não deixe que toda a lenha queime de uma vez. Forme-a de quatro em quatro camadas. Coloque suas recordações no fogo, uma a uma. Não ponha um galho nas chamas, a menos que ele possua alguma lembrança.
— Está certo.
— Fique de frente para a parede. Concentre-se no fogo — recomendou Antônio. — Cuidado para que ele não se apague. Não tire os olhos dele. Você pode se perder se sua atenção for desviada. Invoque a visão da águia. A canção do Leste é: *hoy, hoy, charaguay, charaguay, hoy.* — Apoiou a mão no meu ombro. — Eu o verei amanhã cedo.

Encontrei o ápice da caverna, iluminando-a com seis ou sete fósforos. Devia haver duas entradas, porque uma brisa agradável ventilava o recinto. Depositei o bastão no chão sujo da caverna e fiz a fogueira como Antônio havia me ensinado: quatro lados com quatro grupos e quatro toras, e capim seco no centro. Já havia quase esgotado meu suprimento de fósforos quando acendi a pequena pira. O capim crepitou, os gravetos pegaram fogo e as paredes de granito se iluminaram. Lembro-me de ter ficado em dúvida, se as chamas pareciam ligeiramente mais delineadas do que normalmente, ou se minha visão havia mudado. Seria efeito do chá de São Pedro? Não me recordava de jamais ter visto algo com tanta clareza.

Alimentei o fogo com pedaços de lenha da fogueira de Antônio, até me certificar de que o fogo havia pegado. Sentei-me atrás, mas quando eu olhava, as chamas mudavam, minha percepção mudava. Meu foco estava se modificando, e o que era nitidamente visível tornou-se luminoso, brilhante, como se eu estivesse enxergando através de uma gaze. Apanhei o bastão e testei minha vista observando toda sua extensão. Embora notasse cada detalhe, cada fenda e as imperfeições em sua superfície, a luz tremeluzia numa tonalidade opaca.

Fechei os olhos e respirei fundo, imitando o estilo de Antônio. A luz do fogo refletiu sobre minhas pálpebras e a sensação foi de atordoamento. Então as luzes começaram a piscar, do mesmo modo que aquela vez no altiplano, só que agora vinham acompanhadas de um som, um ruído áspero associado a minúsculas partículas de luz. As cores também eram vivas, em tons pastel, brilhando como brasas.

Abri os olhos. O fogo estava esplêndido, e seu brilho me proporcionou uma onda de conforto. Olhei a pilha de lenha que havia catado. Qual delas escolheria? Um pedaço velho de algarobeira chamou minha atenção. Macio como balsa, lembrava um passarinho que, com as asas pressionadas junto ao corpo, exibia seus contornos aerodinâmicos e estava pronto para um mergulho. Coloquei o bastão de lado, tirei o objeto da pilha e depositei-o bem no centro da fogueira. Seu peso exerceu pressão sobre os galhos queimados que arrebentaram. Meu olhar desviou-se, procurando por alguma imagem, sem saber o que esperar. Havia alguma coisa, um movimento perceptível através da minha visão periférica. Virei-me devagar, e nesse instante senti uma descarga de adrenalina invadir meu corpo. As figuras que dançavam na parede, desenhadas pela luz do fogo, haviam me pregado uma peça. Exalei o ar, quando me dei conta de que estava retendo a respiração. Todo meu corpo estava tenso, principalmente as costas e ombros, em virtude da expectativa. Estava me esforçando demais.

Respire.

Novamente cerrei os olhos para observar minha condição e avaliar os efeitos do São Pedro. As luzes continuavam ali a brilhar, porém com maior intensidade e maior luminosidade. Passavam rápido por mim, acompanhadas de um ruído de vento entre as árvores e com a regularidade do barulho das ondas no mar. Uma esfera incandescente flutua à minha frente. E mais um. Ergo a mão para afastar a rede de mosquitos que se aninhara no meu pequeno leito e encolho o corpo sobre o lençol frio, para fazer lugar à sua presença. Ela se move, paira diante de mim e percebo que sorri.

Não me lembro de ter aberto os olhos. O que sei é que de um momento para o outro tornei-me um garotinho deitado em sua cama aconchegante e, em seguida, estava de volta à caverna em Machu Picchu, diante do fogo. Olhei o relógio: 8h04? O pedaço de balsa em forma de pássaro havia queimado e refulgia nas cores preto e cinza. Será que eu adormecera? Uma imagem de sonho, a lembrança de um sonho. Uma experiência da lembrança de um sonho. O segredo de uma criança. De repente pensei em Tati. A imagem dela introduziu-se em meus pensamentos, e estendi a mão para uma oferenda, um galho de balsa recurvado, que ainda portava algumas folhas verdes em sua extremidade. Sentado, de pernas cruzadas, inclinei-me e coloquei-o no fogo.

Todo meu corpo tremia e se sacudia em movimentos espasmódicos. A adrenalina em meu estômago provocava náuseas. O medo agarrava-se em minha nuca, meus olhos perdiam-se no vazio e instintivamente tateavam a escuridão que se estendia além das sombras que dançavam e da fogueira. O bastão da luz. Com que mão deveria segurá-lo? Um bolo formara-se em minha garganta. Um bolo? De que, se eu não comia nada havia três dias... Tentei vomitar, tossindo convulsivamente, e uma corrente de ar frio soprou sobre as brasas, espalhando fagulhas. Fumaça, uma névoa com cheiro picante de incenso, de velas de oferenda e de charuto cubano barato, dispersou-se pelo ar. Tati está amarrada pela cintura, sua pele brilha de suor à luz das velas, enquanto se balança para a frente e para trás, sobre um recipiente de folhas defumadas. Está fazendo alguma coisa com a boca, mas de costas para mim.

— Venha cá, menino! — Sua voz é baixa e gutural como a de Rodolfo, o jardineiro.

— Tati?

Ela se volta para mim, e eu prendo a respiração. Seu rosto está retorcido, numa careta. Os olhos revirados para cima e as pálpebras caídas. Um charuto pende do seu protuberante lábio inferior.

— Venha cá — o charuto balança em minha direção. — Fique de pé aqui.

Tenho quatro anos de idade e ela é minha babá. Obedeço e me planto diante da vasilha ardente. Ela tira o charuto da boca, vira-o para o outro lado, recoloca-o na boca pela ponta em brasa, inala, enche os pulmões de fumaça e exala-a, soprando diretamente em meu rosto, purificando-me. — Você é um bom menino, um garoto forte e bondoso. Vou visitá-lo em seus sonhos.

— Tati?

— Não.

Estendo o braço para tocar sua pele cor de mogno.

— Queria tomar um pouco de leite, Tati. Traga-o para mim. Agora.

As folhas de balsa chiaram, assobiaram e formaram bolhas sobre as brasas. Senti meu rosto e toquei-o com a mão para ter certeza. Estava molhado. Meu rosto estava molhado e com barba de três dias por fazer. Uma lágrima ficou presa no canto da minha boca e eu provei seu gosto com a ponta da língua. Um soluço agitou meu peito e percebi que estava chorando. Isto não é sonho. Não, não é sonho. Nitidamente visível. Direto nos centros... límbicos de percepção. Alucinação? Também não. Nenhum tipo de fantasia, excentricidade ou delírio alucinatório. Fique com essa sensação.

A lenha partiu-se e seus fragmentos caíram no meio do carvão incandescente.

O galho seguinte era mais pesado do que devia ser. Ou era eu que estava mais fraco? Bobagem. Mas era um ramo tão pequeno... Coloquei-o no centro da fogueira. Flamas circulares e azuladas flutuavam por cima e em volta das brasas mortas. Haveria chama suficiente para queimar essa lenha? Como pude deixar que o fogo chegasse a uma altura tão baixa? E... o que é isto na palma da minha mão? Olhei assombrado para a pequena concha cônica listada de branco e marrom que ocupava toda a palma da minha mão infantil. Grãos de areia molhada colam-se à minha pele, nas delicadas rugas da minha pequena mão. A concha movimenta-se e faz cócegas. Uma perna pontuda e coberta de pele, como um minúsculo dedo, arrisca-se a sair de sua casca. Seguro meu pulso com firmeza. Não posso assustá-lo. A concha muda de posição e uma miniatura de caranguejo aparece. É um paguro. Pernas fininhas e presas delicadas. Corre de lado, com passinhos muito leves através da minha mão aberta, rola e tomba na areia à beira da água. Olho minhas mãos. A direita estava cerrada, e a esquerda, sobrepondo-se a ela, estava encostada no meu estômago. Abri os dedos, trazendo-os para junto da minha face. Estava molhada de suor. Sem areia. Era minha mão familiar, de adulto. Olhei para cima. As paredes da caverna pareciam ter se modificado, fechando-se de todos os lados. Eu estava no centro de uma casca de ovo de granito. O medo subiu pela minha barriga e espalhou-se pelo peito, atingindo o coração e a garganta. A luz da fogueira parecia pulsar, à medida que sua cor mudava do amarelo para o alaranjado, e a escuridão ameaçava extingui-la totalmente. Não podia permitir que o fogo se apagasse, embora só me restasse o feixe que eu havia recolhido. Não tinha uma escolha, mas uma pilha de escolhas.

Sem tirar os olhos das brasas, alcancei cegamente a lenha, colocando um ramo de balsa e outro de um minúsculo ramo de urze no meio dos carvões antes de relembrar as advertências de Antônio. Um de cada vez.

Meu pai. O desespero que se apossou dele quando perdeu sua fortuna, sua terra, seu lugar, seu mundo. Apoiando a cabeça entre as mãos ele soluça, e eu procuro tocá-lo através das chamas. É uma vítima da personagem que tudo perdeu, de quem tudo foi tirado, mas que ainda assim se apega a todas as coisas, convertendo-se em prisioneiro da própria identidade. Lá está ele, à minha frente, separado de mim apenas pelo fogo que me consome. Eu me seguro, apertando o bastão de marfim contra o peito, e movimento o corpo para a frente e para trás, lamentando o peso do orgulho dele e meu próprio anseio desesperado em agradá-lo, em compreendê-lo, em adaptar-me ao mundo dos *seus* valores, dos *seus* padrões e conceitos. Percebo que jamais se libertará do seu orgulho, e eu desisto de competir com ele. Enxugo a lágrima que escorre pela minha face. Renuncio à idéia de tê-lo como exemplo e me distancio do seu desdém, no entanto, minha *abuelita*, minha avó, maneia a cabeça. "Cuide dele, Bombi". Meu apelido de infância. "Não o abandone."

Daí em diante não pude mais parar. Alimentei o fogo com retalhos do meu passado, e os vapores emanados pela fogueira giravam, contorciam-se e cabriolavam num balbuciar de momentos e emoções.

Entre todas as minhas experiências relacionadas a processos de cura e percepção, as doze horas que suportei no interior do Templo do Condor talvez tenham sido as mais pungentes. Sua recordação tem me acompanhado desde então.

Algum dia hei de apagá-las. Reunirei aquelas doze horas e as lançarei nas chamas de uma outra fogueira. Mas no momento, vejo-me sentado, de pernas cruzadas diante das brasas que queimam com serenidade, rindo e chorando, mergulhado no sofrimento dessa catarse que infligi a mim mesmo. Fui deixando arder cada fio de cabelo, cada célula, cada dedo e cada membro do meu corpo. Amigos e conhecidos, pacientes, sob o olhar atônito dos índios huichol, neste mapa do mundo desenhado na areia. Houve instantes em que achei que tudo havia terminado, o fogo agonizava, então eu invocava o canto de Antônio, chamando a visão da águia, soprando as brasas, reavivando a fumaça e as fagulhas antes de depositar outro ganho ou tora no meio das chamas. Uma corrente de ar dispersava a fumaça, mas as imagens ainda permaneciam ao meu redor, suas presenças me atravessavam.

Seguiram-se outras emoções não identificáveis, uma mulher que eu não conhecia embora seu rosto me fosse familiar, imagens que não eram minhas, que nada tinham a ver com quem eu fora, e, com elas, a urgência de despejar na fogueira minha lenha restante.

Em algum momento durante a manhã, o fogo extinguiu-se. O julgamento terminou e as paredes da gruta eram novamente as paredes da gruta.

Saí, segurando o bastão de marfim. Antônio estava sentado sobre uma pedra, e sua silhueta destacava-se à luz do sol. Lembro-me que ele pousou a mão sobre meu ombro.

— A lenha que você levou foi suficiente?

— Foi, ainda sobraram algumas.

— Sempre sobrarão — replicou.

Juntos, galgamos a montanha até o Templo do Condor, na extremidade das ruínas. Um ônibus lotado de turistas chegara, e nós os observamos descer a escarpa da Pedra da Morte e entrar na Cidade Perdida dos incas. Antônio então conduziu-me por uma trilha, afastando-se das ruínas.

— Você ainda voltará aqui muitas vezes — disse ele. — Na próxima vez entrará na cidade, e as pedras esculpidas pelas mãos dos nossos ancestrais falarão com você.

Eu estava cansado demais para refletir sobre o sentido de suas palavras.

28 de março

Talvez existam dois tipos de memória. Todas as que carregamos conosco e que podemos trazer para o nível consciente, como as que recordei enquanto jejuava. São memórias subjetivas. Sons, imagens, sentimentos, detalhes simples que as tornam mais vívidas, à medida que lhes atribuímos importância, com a ajuda das percepções. São lembranças retrospectivas.

Sob hipnose um adulto poderá recordar-se da cor do seu berço. É a memória objetiva. Como aquelas com as quais me defrontei e lutei. Elas tinham vida própria. Como no sonho, fora do nosso controle consciente, elas corriam soltas, independentes de mim. Não um retrospecto, mas um retroespetáculo.

Porém, não me sinto em condições de escrever sobre isso. Estamos numa pequena hospedaria em Aguascalientes. Aqui existem fontes de água quente na base de Machu Picchu.

Recordo-me que Albert Einstein definiu a ciência como uma tentativa de se fazer a diversidade caótica de nossas experiências sensoriais corresponderem ao sistema logicamente uniforme do pensamento.

Então, de que maneira abordar o que me aconteceu, dentro de um molde científico? Daqui a dois dias parto para a Califórnia.

Minha caneta está ficando pesada e minha escrita perdendo a qualidade, mas ocorre-me que a natureza das nossas experiências sensoriais se modificam, portanto, o mesmo deve acontecer à nossa ciência, à definição do nosso sistema de pensamento e à nossa maneira de pensar.

Pensarei a esse respeito amanhã cedo.

OESTE

11

Você não pode tratar de uma mente enferma, colher da memória um pesar enraizado, e extinguir do cérebro os problemas nele gravados. E, com o doce antídoto do esquecimento, limpar o peito dessa perigosa substância que pesa sobre o coração.

William Shakespeare

O aeroporto de Cuzco estava interditado. O céu estava baixo, as nuvens se instalaram sobre a cidade. A visibilidade no aeroporto era medida em pés; o último avião partira havia duas horas, e os vôos estavam sendo transferidos para a manhã seguinte, quando me certificaram, com um sorriso latino e um definitivo gesto de afirmação, que a neblina estava "programada" para subir.

Voltei a Cuzco e encontrei no hotel um recado para mim. Embora não estivesse mais registrado lá, por um punhado de *soles* na recepção, entregaram-me um endereço e um número de telefone em caso de emergência. Havia também uma carta de Brian. A mensagem por telefone era do meu pai. Minha avó materna havia sofrido um derrame. Talvez, ele sugeria, eu devesse voltar à Califórnia via Miami.

Reservei uma passagem aérea, jantei com Antônio e, no dia seguinte, ele me acompanhou ao aeroporto.

Balancei a cabeça, pendurei a mochila sobre um dos ombros e disse:
— Não se pode "programar" a neblina.

Ele olhou o relógio. Agora era o professor Antônio Morales Baca, como o conheci no primeiro dia. Calças folgadas, camisa branca puída, gravata escura, cabelo penteado para trás e bolsos cheios. Em impecável desalinho. O rosto estava mais queimado pelo sol do altiplano, e havia uma saudável brandura em suas maneiras, um rejuvenescimento que aparecia no canto dos olhos e da boca, quando ele sorria.

— Vai clarear — anunciou ele — dentro de meia hora.

Olhei nos olhos dele e sorri — Você acha?

— É lógico que sim.

— Como pode saber? — perguntei.

Fez um trejeito com os lábios. — Porque sou índio.
Dei risada. — Tinha me esquecido que os índios sabem de tudo.
— De tudo, exceto como viver num mundo ímpio, rodeado de objetos físicos e ângulos retos. — Pôs a mão no meu ombro. — Preciso ir andando. Tenho que dar aula à uma hora.
— Obrigado — disse eu.
— Obrigado a *você* meu amigo. Somos bons companheiros de viagem.
Abri a boca, mas as palavras não saíram.
— Você sentiu o gosto do conhecimento — acrescentou ele. — Logo terá uma experiência do poder. Mas não espere por ela.
— Adeus — eu disse.
Estendi a mão, porém ele apenas olhou para baixo e sacudiu a cabeça.
— Dizem que os xamãs dão adeus uma única vez.
Mantive a mão esticada diante dele. — Quem diz uma coisa dessas? — indaguei.
— Nós — retorquiu. — Nós dois dizemos. Para nós sempre será *hasta pronto*. Até que nos encontremos outra vez.
E pegou minha mão.
Meia hora depois as nuvens se dissiparam: O céu clareou sobre o aeroporto e uma jovem com uniforme da Aero Peru anunciou o embarque do vôo de Cuzco para Lima.

Passei um dia em Miami. Meu pai mediu-me de cima a baixo. Seus olhos estavam cansados, e ele franziu as sobrancelhas diante do meu cabelo comprido, do bigode e da roupa amarrotada. — Você deveria ir ver sua avó — disse ele.
— Foi para isso que vim, papi — exclamei.
Fiz a barba, e Soledade, empregada dos meus pais há quarenta anos, deu-me uma camisa de meu pai, passada e engomada. Levei minha avó para almoçar.
O derrame tinha sido pequeno, apenas um acidente cerebral vascular sem gravidade. Sua fraqueza era devida à idade. Ela segurou meu braço e eu a levei a um restaurante alegremente iluminado, à beira-mar.
Conversamos sobre coisas em geral. Ela estava entusiasmada comigo e compartilhava do meu entusiasmo. Eu estava com boa aparência, disse ela, que gostou do meu cabelo comprido. Ela estava apertando muito os olhos, e perguntei o que estava acontecendo.
— Está muito escuro. Deviam acender mais luzes.

Através da mesa retirei-lhe os óculos de lentes grossas e limpei-os com o guardanapo de linho. Depois recoloquei-os, inserindo as hastes no seu cabelo grisalho e sobre as orelhas.

— Agora sim — exclamou ela, rindo com gosto. Tínhamos o hábito de rir assim quando estávamos juntos. Sua mão procurou a minha sobre a toalha, e ficamos ali sentados, numa mesa para dois, de mãos dadas como namorados. Essa mulher, que me acalentou na infância e apareceu para mim diante da fogueira em Machu Picchu, possuía um forte espírito, porém seu corpo estava desgastado pelos muitos anos de vida. Não voltaríamos a sentar juntos novamente. Na ocasião pude sentir isso, e hoje sorrio ao lembrar-me dela.

Voltei para a Califórnia. Era inverno quando parti, e a primavera começava quando regressei. Comecei a compilar as anotações para minha tese, reassumi meu trabalho na clínica de saúde mental, obtive uma subvenção da Repartição de Desenvolvimento da Criança para ampliar programas de saúde mental para Head Start School System, abri uma pequena clínica particular e me apaixonei por Stephanie.

A paixão de Brian não o levara a lugar algum. A minha era um bilhete só de ida, um pacote turístico para um lugar no qual já estivera, e ao qual retornaria inúmeras vezes. Sim, a experiência humana depende dos pares de opostos, do *yin* e *yang*, e a luz e as trevas agarram-se umas às outras; as trevas realçam a claridade e a claridade define a escuridão. Os centros de prazer e de dor situam-se lado a lado no cérebro humano, e dificilmente experimentamos um, sem estimular o outro. Ao amar Stephanie, compartilhávamos a angústia e o êxtase de estarmos juntos e de estarmos separados.

Como eu suspeitava, ela iria dar trabalho: uma romântica teimosa e uma feminista sensível. Ainda estava se recuperando de uma separação traumática, um relacionamento de dois anos com um estudante de odontologia chamado Edward, quando nos apaixonamos. Curtimos um ao outro naquela primavera. E no verão concordamos com a monogamia.

Na época, meu trabalho era único em sua diversidade. Comecei a reunir os apontamentos sobre minha tese num livro, *Realms of healing*, que escrevi juntamente com Stanley Krippner. Na clínica, deparei-me com psicoses graves: distúrbios de múltipla personalidade, esquizofrenia (condições mal definidas), colapsos nervosos socio patogênicos e tentativas de suicídio. No meu consultório particular, ajudei pacientes a enfrentarem estados de depressão, problemas sexuais, abuso de drogas e traumas. Na Head Start School presenciei quais os critérios essenciais adotados em relação aos padrões de normalidade do jovem. Observei que uma minoria de estudantes carentes e crianças de diferentes culturas ajustavam-se à nossa cultura e assimilavam nosso sistema educacional. Crianças acostumadas a se encaixar, a servir ao programa de modo que o programa pudesse servi-las. Devia ser o contrário. Uma avaliação de um sistema orientado para perguntas e respostas, e um ensino que deixou de funcionar junto às forças pessoais e culturais de cada criança estava, do meu ponto de vista radical, produzindo sistematicamente jovens mentalmente retardados.

Não levou muito tempo para que em meu trabalho no consultório eu adquirisse a reputação de extravagante e excêntrico, assim como impetuoso e arrogante no que dizia respeito à educação.

O curioso era que embora estivesse bastante consciente dos efeitos do meu trabalho com Antônio, quase não falava sobre isso. Pensava nele com freqüência nos primeiros meses, e até me esforcei em encontrar um local nas colinas de Sonoma, um refúgio na natureza, uma cascata a uma hora a pé até as colinas, aonde eu poderia ir nos fins de semana para meditar e exercitar minha visão. Mas na maior parte do tempo meu trabalho do Sul restringia-se à minha consciência e às páginas do meu diário.

1º de junho de 1974

Voltando da clínica. Um copo de vinho e... Pensei que iria abrir o diário e encher uma página. Faz muito tempo. Glória foi readmitida esta noite. Assunção. Terça-feira. Primeiro a quarta-feira de Cinzas, depois a sexta-feira da Paixão. Eles a salvaram outra vez e amanhã de manhã é a minha vez. De volta à prancheta de desenho.

Ainda me sinto centrado e forte. Seriam os efeitos do meu trabalho em Machu Picchu? Ritual que arranca as entranhas e queima a alma — uma tarde em um estado de consciência no qual os elementos da minha história pessoal foram tratados direta, visual e catarticamente. Lá vou eu, tentando identificar o material do qual os sonhos são feitos. Atribuo-os ao cérebro límbico. Este é o problema. Não existem linhas retas, nem teorias satisfatórias, nem nichos onde guardá-los. De que maneira então posso incorporar minha experiência? Sei que o resultado do trabalho equivalente a uma terapia entre doze e vinte e quatro meses foi atingido numa única noite. Se eu tive acesso ao meu inconsciente, terei necessidade de explicar por que processo cheguei lá? Se eu quiser que alguém o entenda, sim. Se a credibilidade é importante para mim... a quem estou tapeando? A ciência vem determinando a natureza da nossa realidade desde a idade da razão, e não podemos aplicar o método científico à consciência, sermos objetivos com

158

relação àquilo que é a verdadeira essência da experiência subjetiva. Tenho que me contentar em passar pelas experiências, *servir às* experiências e coletar "dados".

Soa a amargura e cinismo. Por quê?

Stephanie não telefonou.

Glória está de volta.

Glória Pierce quase uma freira, uma noviça de férias de um convento perto de Napa. Tinha vinte e três anos e era uma Maria Madalena contemporânea: o sensualismo com o toque da compaixão. Havia dado seus votos no dia primeiro do ano, depois de vinte e três anos de preparação. Cristo aparecera à mãe dela durante o trabalho de parto, e a devoção de Glória a Deus havia sido encomendada durante a gestação.

Os votos de uma freira são votos de núpcias, sua cerimônia matrimonial com Jesus. Ali estava uma jovem que tinha sido prometida a Ele desde seu nascimento. Um casamento arranjado. Sua devoção era genuína e apaixonada, e sua paixão, seu inferno. A emergente sexualidade de Glória tomou-a de surpresa, e foi maior do que ela pôde agüentar. Sua libido exacerbada era a causa do seu desespero. Em seus pensamentos era uma virgem vivendo em pecado. Então, numa quarta-feira de Cinzas cortou os pulsos em forma de cruz.

Seus pulsos foram costurados, e ela enviada com urgência à clínica de saúde mental para que um dos meus colegas avaliasse seu estado e lhe oferecesse uma sessão de aconselhamento. Na sexta-feira Santa ela tentou novamente. Eu fui chamado.

Fui alvo de muitas críticas por causa das minhas "abordagens". Usávamos o hospital como nosso ambiente terapêutico: a sala de emergência, a unidade de terapia intensiva e a ala da maternidade. Trauma, morte, nascimento. Escapávamos sorrateiramente para dar longos passeios pelos bosques de Sonoma, e aos poucos ela começou a se abrir, compartilhar a angústia de suas sensações lascivas e seu amor por Cristo, a agonia dos orgasmos que provocava a si própria.

Logo sua história começou a tomar pé, e assim que saímos da emergência entramos fundo no seu passado. Suas feridas principiaram a cicatrizar. Uma delas, cor de ostra (quarta-feira de Cinzas), a outra uma delicada tonalidade rosa. As sessões diárias passaram a sessões semanais. Em seguida ela faltou uma vez, depois mais uma. Não respondeu ao meu telefonema do dia anterior. Não conseguira. Tentara suicidar-se.

Agora as cicatrizes estavam se formando no lado de dentro. O veneno havia queimado as mucosas da sua garganta e estômago.

Nunca me esquecerei o dia que entrei no seu quarto. Ela não levantou os olhos. Tinha-os fixos na parede e estava agarrada no travesseiro como a uma criança ou a um amante. Seu olhar transmitia medo, e, nesse instante, me deu um estalo. Disse-lhe que se ela quisesse morrer, poderia usar meu canivete suíço, mas teria que fazer o corte *para baixo,* e não atravessado. E mais, teria que fazer o sinal-da-cruz em cortes nos seus pulsos. Enfiei a mão no bolso e tirei o canivete. Algumas moedas espalharam-se pelo lençol e caíram no chão.

— Pronto — bradei, e atirei o canivete sobre os lençóis. — Faça a coisa bem-feita.

Ela o jogou de volta para mim.

Sentei-me à beira da cama e segurei-a até que os soluços se transformaram em risos, e percebi que eu tinha muita coisa a aprender. Nada que lhe haviam dito, até então, fizera a menor diferença. O momento decisivo surgiu espontaneamente do medo, através de uma situação dramática.

Teve alta na semana seguinte. Logo depois saiu do convento. Fui chamado ao escritório do chefe da psiquiatria e energicamente recriminado pela minha conduta nada profissional. Argumentei que nossa profissão havia se tornado um paliativo. Éramos psicoparamédicos, remendando a mente das pessoas até a próxima crise. Alguns meses depois encontrei-me com Glória, quando ela me chamou para apresentar-me seu noivo.

Numa sexta-feira, em junho, me dei conta de que tinha um fim de semana livre. Stephanie estava visitando uns parentes em Santa Bárbara; eu havia atendido meus últimos pacientes na clínica e no consultório, e embora pudesse passar alguns dias trabalhando em minha tese, resolvi preparar um pouco de chá de São Pedro. O cacto em si era bastante comum, fácil de encontrar e, apesar de eu pouco saber da sua preparação, cortei umas fatias, fervi por algumas horas em um litro de água, passei pelo coador, coloquei num cantil e me dirigi ao meu local no bosque, uma caminhada de uma hora, a partir da estrada poeirenta situada bem no fim de um vinhedo particular.

As chuvas tinham começado tarde na primavera daquele ano, e ainda havia água fluindo pela superfície da rocha de dez metros de altura para dentro da poça rasa, que ficava ao pé de sua base, e ao longo do leito de um riacho para o interior da mata. Sentei-me sobre uma pequena duna de areia no meio do riacho: a areia áspera, as pedras lisas, as folhas e galhos pendentes de um salgueiro me rodeavam. Ali sentado, meditei ao som da água que escorria sobre as pedras. Tordos disputavam sementes de *piracantha*. O aroma do carvalho, da aveia selvagem, da terra da região do vinho, o sol banhando meu rosto...

Era como se tivesse retornado para junto do meu ambiente natural. Sentia-me mais próximo da vida em meu pequeno refúgio como jamais estivera antes. E como se eu tivesse aprendido a me sentir à vontade no meio da Natureza no Peru, e houvesse trazido para casa a lição. A vida do altiplano era de Antônio, e esta era minha.

À tarde, tomei uma xícara do chá de São Pedro. Rendi minhas homenagens às quatro direções, invoquei os espíritos dos arquétipos dos Quatro Ventos, para que se sentassem a meu lado e bebessem comigo. Apesar de ter saído com o estômago vazio, depois de uma hora eu não estava sentindo nada. Minha sensação de felicidade era devida unicamente à minha expectativa com relação aos efeitos da minha infusão. Comecei a pensar sobre os comentários de Antônio sobre a destilação de plantas e o uso de "ervas purificadoras". Foi então que notei, lá no fundo, que estava recordando suas últimas palavras, referentes a uma experiência de poder.

Anos mais tarde aprenderia que apenas certos cactos São Pedro, que eram plantados, cuidados e benzidos pelos xamãs em "lugares de poder" nas montanhas produziam algum efeito. A variedade que eu havia preparado no jardim americano não produzia nada além de uma indisposição tóxica estomacal.

O dia estava quente. Os raios de sol refletiam a superfície da água que se encrespava delicadamente em ambos os lados da duna de areia. Tirei a camisa e fiquei de pé. Testei minhas sensações. Alguma coisa estaria acontecendo? Estou sentindo alguma coisa? Esqueça. Estou ficando preocupado com as drogas e isso está bloqueando meu caminho. Eu estou bem. Relaxo e sinto a força de um corpo que está à vontade. Vou dar uma volta até a cascata. Pela água. Nesta altura minhas botas já estão molhadas, além do que elas estão horríveis. Não estou caminhando, estou de pé no riacho. Retiro-as e jogo-as sobre a duna, sobre minha *mesa*. A água cai cuidadosamente sobre as pedras, escorrega vertente abaixo e desliza pela superfície macia das algas que recobrem as rochas de... dez metros de altura? Posso subir até lá. Deve haver um bom lugar ali depois do riacho. É fácil. Posso subir rapidamente e com elegância usando as mãos e os pés.

Depressa. Como um felino.

E lá estou eu sentado, onde o córrego despencou sobre o penhasco de pedras, no mesmo nível que as copas dos grandes carvalhos, minha duna de areia e minhas botas parecendo muito pequenos ao longe.

Não havia nada de particularmente místico. Nenhuma grande epifania, apenas um moderado estado de euforia pelo feito realizado, uma sensação de estar voltando para casa e sentindo-me completamente presente ali.

Não sei quanto tempo se passou até que eu percebesse minha real situação, percebesse que não me lembrava de ter galgado aquela pedreira. Estava começando a escurecer quando meu cérebro racional passou a funcionar, e dei uma olhada na encosta íngreme do penhasco. Fiquei surpreso ao verificar que não havia qualquer tipo de apoio, nem meios que me permitissem descer. À direita, por onde corria a água, havia uma película orgânica e musgosa. À esquerda, e diretamente abaixo, uma queda vertical de dez metros de altura. Minhas botas estavam lá, assim como meu bornal, cantil e as chaves do carro. Sem a menor idéia de como havia subido, sabia que precisava descer, e à medida que o sol se punha, aumentava o frio no meu estômago. Havia certos movimentos nas árvores abaixo. Luzes e sombras. O medo que sentia era palpável, intensificado pela aproximação da noite. Refleti sobre que atitude tomar e decidi resgatar a força e poder que tivera pouco tempo antes. Visualizei meu felino.

Meu felino. Por alguma razão, o pensamento sobre esse animal de poder surgiu dentro de mim. Eis a grande oportunidade de comprovar, pensei, invocando-o. Fechei os olhos e imaginei-o emergindo da selva... não, do bosque, desses bosques, movendo-se com firmeza, com um objetivo determinado, a cabeça baixa, próxima ao chão, o ritmo dos passos em perfeita cadência, as patas avançando, pesadas, infalíveis no seu deslocamento, uma após outra, em movimentos fluidos e frouxos à direita e à esquerda, intuindo sem pensar, para a frente, inexoravelmente, polegada a polegada.

E então chegou o momento de tamanha exaltação, de tamanha intoxicação de poder, que não obstante possa ser sentido, não pode ser descrito. Foi apenas um átimo, um sopro de tempo, e a incrível sensação do felino tomando consciência de ser felino.

Prendi a respiração, resvalei por um estado racional e lá estava eu, três metros acima do fundo do penhasco, olhando para baixo, num ângulo de 45 graus, a palma de uma mão apoiada contra a rocha, a outra numa saliência oculta pela água corrente, e eu caí de cabeça e me firmei na mão esquerda deslocando o pulso, e rolei para dentro da poça. Fiquei rapidamente em pé e me sacudi para tirar a água. A dor não era nada comparada ao estado de exultação. Por um instante, um imensurável momento, eu me transformara num felino.

No dia seguinte, domingo, recebi um telefonema de Miami. Minha avó tinha tido um enfarte. Tentei alcançar Stephanie, em Santa Barbara, mas ela não estava. Deixei um recado com sua mãe e fui a Miami.

14 de junho

Os hospitais pertencem à noite. À noite morta. São lugares estranhos. Alvamente esterilizados, desinfetados e fluorescentes. É o local que "visitamos" até nos internarmos para morrer.

Uma sala de espera. Nela esperamos e ela espera por nós. Aqui esperamos nos sentir melhor, esperamos morrer e esperamos livrar-nos dos nossos distúrbios. Os pacientes cultivam a paciência e a paciência é a arte da esperança.

Maria Luísa está morrendo. Meu pai encontrou-a, aplicou-lhe um tipo de ressuscitação cardiopulmonar e tirou-a da beira da morte. Agora ela está respirando por meio de aparelhos.

Quatro tubos. Um tubo central no seu pescoço para introduzir drogas e líquidos, um em cada braço para facilitar: no braço esquerdo um tubo arterial para retirar o sangue e injetá-lo num aparelho para a leitura constante da pressão sanguínea. Um tubo nasogástrico que vai do nariz ao estômago. Está enganchado a um aparelho de sucção que serve para drenar constantemente as secreções estomacais para que ela não as aspire e regurgite pela traquéia. Um outro tubo endotraqueal desce por sua garganta — uma espécie de ventilador porque ela não consegue respirar confortavelmente sozinha. Não tem energia para isso. Recebe doses diretas de morfina, nitroglicerina e Valium. Está sedada, para que a ansiedade não acelere os batimentos cardíacos e com isso aumente a necessidade de oxigênio. Estão fazendo de tudo para poupar os músculos do seu coração. Que ansiedade? Ocorre-me que a única coisa que pode provocar-lhe ansiedade é toda essa droga que estão injetando dentro dela, todo esse desconforto que lhe estão causando. Ali está ela deitada, presa a seis diferentes plugues ligados a um sistema de suporte à vida, num cubículo alvamente estéril, desinfetado e fluorescente.

E ela estava em sua própria casa.

Ela me disse isso. Ela me viu. Quando me debrucei sobre seu rosto, cujas pálpebras pesavam por causa dos sedativos, ela olhou dentro dos meus olhos e balbuciou: — Eu estava em casa.

E ao pegar sua mão ela apertou a minha com uma força que me surpreendeu, depois soltou, e com o dedo indicador começou a tamborilar sobre a palma da minha mão, uma espécie de tique nervoso, e principiou a chorar. Novamente sua mão pressionou a minha, confortando-me em sua dor.

Depois tive que me retirar, porque iam inserir em sua garganta o tubo endotraqueal, que geralmente requer certo esforço para fazê-lo entrar, quando a pessoa está consciente.

Meu Deus! Tememos a morte de tal maneira, que chegamos a pegar uma mulher de oitenta anos, pronta para morrer, arrancamos ela de sua própria casa e a conectamos com a tecnologia que inventamos para preservar a vida porque qualquer coisa, *qualquer coisa* é melhor do que a morte.

É uma crueldade. Onde está a humanidade nisso tudo? Todos esses internos e residentes, esses rapazes e moças espertos, todos esses profissionais da saúde que disseram amém aos seus professores de filosofia que discursaram sobre vida e morte, o grande círculo, caveiras da morte, a natureza das coisas, o círculo natural. Eles entenderam, não entenderam? Ou simplesmente anotaram em seus cadernos e indicaram a questão correta no seu teste de múltipla escolha no dia do exame final?

Será que eles sabem? Será que qualquer um sabe o que é enfrentar a morte com dignidade?

Será que eu sei?

Sei o que é exalar livremente o último suspiro, em lugar de retê-lo, retê-lo dentro de si, retê-lo tão firmemente dentro da vida a ponto de oprimi-lo e sufocá-lo.

A morte não é uma tragédia. A tragédia é o modo como a enfrentamos. É patológico.

Ah, Maria Luísa, como posso ajudá-la a morrer?

Não pude. Fiquei lá muito tempo depois que meu pai saiu. Tivemos uma discussão. Fora ele quem iniciara o tratamento. Chamara a ambulância e pedira aos paramédicos que fizessem todo o possível, e eles fizeram exatamente isso. Adotaram o modelo de atitude padronizada.

— Ela está pronta para morrer — argumentei.

— Como você sabe? Salvei-lhe a vida.

Cometi o engano de tomar uma posição contrária à dele, e, relembrando-me de que ela era sua mãe, saiu furioso.

Entrei no quarto de minha avó e ouvi o barulho do aparelho de sucção drenando secreções do seu estômago, e o chiado de um ventilador. Ela estava completamente insensível. Segurei sua mão e lembrei da missionária, naquela noite no altiplano, e da elegância da sua morte. O contraste era insuportável, e foi quando uma enfermeira entrou empurrando a porta e me perguntou o que eu estava fazendo ali. Expliquei-lhe que eu era médico, neto de Maria Luísa, e que tinha vindo da Califórnia para estar com ela. Mas o horário de visitas havia terminado. Como ela estava disposta a argumentar, fiz sinal para que saíssemos, e no corredor pedi que chamasse o médico residente de plantão, e voltei ao quarto.

Meia hora depois ele apareceu. Outra vez ficamos de pé no corredor. Sua aparência era péssima, faltavam quatro horas para seu plantão de trinta e seis horas. Cansado, com os olhos vermelhos, não tinha tempo para conversar comigo. Com diplomacia e paciência tentou fazer-me compreender que ela passaria bem a noite; havia chances de ela resistir por um bom tempo.

— Não acho que ela esteja bem — insisti.

— Sinto muito, mas não creio que você esteja habilitado para...

— Sim, eu sei — retruquei. — Estou lhe enchendo o saco.

Ele sorriu de leve. — A condição dela é estável. Se tiver algo contra, tem que falar com o parente mais próximo. Agora tenho que ir. — Deu-me uns tapinhas no braço, numa espécie de apoio, depois virou-se, deu alguns passos e parou. — Sinto muito — disse, e então seus sapatos rangeram pelo corredor afora, e seu avental branco ondulava em suas costas enquanto caminhava.

Voltei para o quarto. Disse a minha avó o quanto a amava e beijei sua fronte e sua mão. Duas enfermeiras estavam à minha espera na porta, decidindo se chamariam ou não a segurança. Despedi-me delas e saí para a noite quente de Miami.

Subindo a ladeira, e à minha direita, uma ambulância com o motor ligado estava parada perto da sala de emergência. Dois paramédicos, movendo-se com rapidez profissional, puxaram de dentro dela uma maca de aço inoxidável. Um médico plantonista que os esperava na porta colocou a mão no peito do recém-chegado.

Maria Luísa morreu dois dias depois, não obstante todas as tentativas para evitar que se fosse.

Meu retorno da Flórida foi marcado por um incidente peculiar que serviria de prelúdio para os fatos que estavam para acontecer. Stephanie havia prolongado sua estada em Santa Bárbara e só voltou alguns dias depois da minha chegada. Eu me sentia particularmente sensível. À medida que o tempo passava, ia me tornando cada vez mais dependente dela. Sentia sua falta quando estávamos separados, e a atitude ambivalente que ela adotava a respeito da sua separação de Edward estava me corroendo.

Jantamos em minha casa.

Fizemos amor à luz de uma dúzia de velas que eu havia acendido na sala de visitas. Por mais de uma hora nos perdemos em jogos amorosos, provocamos nossos corpos com sensações excitantes, com carícias que sondavam possibilidades... aqui? ou... aqui. Que tal... assim? Tudo se torna fácil quando nos abandonamos desinteressadamente, nos rendemos aos prazeres, compreendemos nosso corpo e nos concentramos nas sensações táteis... Corri meu dedo da sua testa até a ponta do nariz, acariciei seus lábios e desci por sua garganta, por entre os seios... até que, sacudido por um tremor, eu vi um homem.

Por um rápido instante pude vê-lo e perceber sua total presença.

— Não pare... — sussurrou ela.

Prendi a respiração o maior tempo possível.

— Não pare agora...

Eu estava consciente da sala, das velas e do suor frio que banhava meu corpo.

— Que foi? Que aconteceu?

A adrenalina, ansiedade e taquicardia provocadas pela sensação de perigo são fatores de proteção que abastecem de força nosso corpo quando mais precisamos dela. Quando nos sentimos ameaçados. Não foi apenas a percepção da presença dele, mas a certeza de que ela se entregara a outro homem. Há pouco tempo. Recentemente. Eu estava tão seguro como um cão de caça que sabe para onde fugiu sua presa.

— Com quem você esteve? — perguntei, e o tom da minha voz quebrou o erotismo do ambiente. Como se uma casca tivesse rachado.

— O quê?

— Você foi para a cama com alguém.

Seus olhos arregalaram-se e as sobrancelhas e orelhas moveram-se para trás num espasmo involuntário.

Afastou-se de mim, encolheu-se junto aos travesseiros e sentou-se, com as costas apoiadas no sofá. — Que foi que você disse?

— Você ouviu o que eu disse.

— O que *significa* isso? — Mostrando raiva. — Que está fazendo?

— O que estou fazendo?

Fiquei de pé, vesti as calças e me retirei. Peguei um copo de água e inclinei-me sobre o aparador de cerâmica da cozinha. Coloquei a mão sobre o peito e senti a palpitação. As extremidades dos meus dedos formigavam e minha respiração estava ofegante. Meu corpo inteiro reagia. Circulação sistêmica. O demônio do ciúme emergindo do meu estômago, avançando pelo meu peito, garganta... Um minuto depois ela estava atrás de mim, com uma toalha enrolada à sua volta e presa na altura do busto.

— O que está acontecendo aqui! — bradei. — Como você pôde...

— O quê? Como eu pude *o quê*?

Stephanie balançou a cabeça e olhou para o chão, como se tivesse perdido alguma coisa. — Você mandou que me *seguissem*? Depois esperou. Esperou para me acusar quando estivéssemos fazendo amor?

Um riso nervoso saiu da minha garganta e sacudi a cabeça. — Não diga isso. Não torça as coisas. — Despejei a água do copo. — Não mandei ninguém segui-la.

— Torcer as coisas? Torcer *que* coisas? Não posso acreditar nisso!

Superamos essa fase, mas ela estava com razão. Ela não acreditaria numa coisa dessas, de que eu fosse capaz de descrever o homem e a forma que ele a tocara. Isso a assombrou e, ironicamente, não creio que ela jamais tenha confiado em mim daquele dia em diante. Um mês depois tornou a acontecer, porém não toquei no assunto. Apesar de concordarmos na tentativa de manter o relacionamento, que acabou durando um ano, de vez em quando eu a flagrava olhando para mim, examinando-me com o rabo dos olhos. Alguma parte dela sempre suspeitaria que eu fosse meio maluco.

2 de janeiro de 1975

Um sonho.

Estou sentado num pátio, diante de uma mesa branca de ferro fundido em estilo espanhol, com Stephanie. Falamos bobagens sobre *Alice no País das Maravilhas*. Digo-lhe que pode optar entre dormir comigo (ou casar?), ou dormir com outros caras (há uma obscura figura em cinza por todos os lados). Em seguida me vejo entrando num quarto onde Stephanie está deitada na cama. Estou descendo do telhado pelas paredes como uma aranha e entro no pequeno quarto. Sei que ela tem uma dívida sexual para pagar. Uma dívida sexual?

Estamos na cama fazendo sexo. Ela está em cima de mim, mas de frente para os meus pés, agachada. De repente ela se vira, e olhando-me por cima do ombro diz: "Agora podemos ter o bebê que você está querendo".

Mas eu penso: não, teríamos que estar fazendo amor de frente um para o outro. Precisamos estar frente a frente antes de termos um filho.

Em Machu Picchu, na pequena elevação ao lado da Pedra da Morte, Antônio e eu "pusemos a morte na agenda" e, curiosamente, a morte foi minha companheira naquele ano. É interessante como os temas vividos, os padrões que se inserem nas entrelinhas da nossa existência, são luminosos quando olhamos para trás.

Lembrava-me com freqüência da Roda da Medicina, a jornada dos Quatro Ventos. O mítico Sul, onde exorcizamos o passado que nos persegue, nos prende e nos restringe. O Oeste, onde perdemos o medo ao enfrentar a morte e nos libertamos do futuro desconhecido. Contudo, embora não tivesse a menor idéia de quando voltaria ao Peru, se iria reassumir meu trabalho, rever Ramón e engajar-me no trabalho do Oeste, senti a presença da morte por mais de uma vez.

Continuamente estava me confrontando com seu espectro, e a cada confronto eu aprendia uma nova lição. Principiou com a morte da missionária, que aprendi presenciando, e descobrindo algo sobre minha visão e sobre a *viracocha*. O romântico envolvimento de Glória com a morte ensinou-me algo sobre o drama da cura psicológica. E depois foi a vez de Maria Luísa, uma surpreendente e dolorosa demonstração da morte no mundo ocidental.

22 de agosto

Uma cama hospitalar também espera por mim.

Maria Luísa estava com oitenta e dois anos. O residente que a atendeu tinha mais ou menos trinta. Portanto, daqui a vinte e cinco anos, quando estiver nos meus cinqüenta, nascerá uma criança que se formará em medicina e ligará os tubos em mim.

Como será minha morte? E de quê? De acordo com o conceito da progressiva evolução da vida, imagino que vou morrer do coração, ainda jovem. Ou, talvez, aquela criança já tenha nascido, e me vejo deitado numa cama de hospital, cercado de familiares que não querem me dizer a verdade.

Negar.

Negar.

Negar.

Por quê?

A morte é assustadora. Nós nos encolhemos de medo diante dela e a negamos quando surge. Contudo, ela vive incubada dentro de nós como um germe.

Por que um problema de coração? Qual o problema do meu coração? Já o abri verdadeiramente a alguém? Já permiti que alguém chegasse bem perto dele? Quem sabe estou me preparando para morrer de amor? Sim, deve ser isso.

Tenho que fazer alguma coisa.

Obtive algum êxito ao ajudar Holly e sua família a suportar sua morte iminente, incutindo-lhes um sentido positivo da vida. Foi mais fácil para Holly do que para seus pais. A mente dela ainda não tivera tempo de armazenar as marcas indeléveis das tradições e dos tabus. Ela está ansiosa, pronta a explorar a morte, transformando essa proeza numa experiência de vida. Seus pais estão de tal forma deprimidos com a idéia de perder a filha, que provavelmente não irão apreciar o presente que ela está lhes oferecendo, a lição que gostaria de lhes deixar. Mas o sofrimento é o grande obstáculo. Já tentei de tudo. Equilibrar sua energia, técnicas de visualização — fechando as válvulas da dor — ou descarregando-a para dentro da Terra. Hoje, num simples estado de meditação, ela enxergou uma banana.

Holly estava com dezessete anos, e morrendo em virtude de um câncer de ovário. Ela me foi recomendada por um amigo da University of Califórnia Medical Scholl, onde trabalhamos juntos por seis semanas. O câncer havia se disseminado, apesar da químio e radioterapia. O que restava era somente a dor e a morte.

Depois de um mês, ela pediu se podia trabalhar sozinha comigo, sem a família, e no meu desespero concluí que essa decisão era um sinal de progresso. Sua solicitação não era uma rejeição aos pais, mas uma prova de sua necessidade de trabalhar a dor em face da morte, sozinha. Demonstrava uma atitude saudável em relação à doença. Conversamos sobre a importância de rever seu passado, seus males, seu sofrimento, eximindo-se de obrigações, dos laços que a mantinham presa a este mundo, do desejo desesperado de seus pais para que ela continuasse viva. Pedi a eles que me permitissem levá-la uma tarde até minha casa. Ali, no quintal dos fundos, na beira de um bosque, construímos uma pequena fogueira e destinamos às chamas cada detalhe do seu passado que ainda a perseguia. Ela os caracterizava um a um, através de palavras ou de desenhos que fazia em folhas finas de papel de seda, que ela dobrava ou torcia. Ficamos sentados durante umas três horas, e, diante do fogo, rimos e choramos juntos.

Porém, a dor interferia quase o tempo todo. Um dia, quando finalizávamos uma sessão de terapia, na qual prosseguíamos com o trabalho sobre o estado de transe auto-induzido, ela viu uma banana. Na semana seguinte, viu o cacho inteiro. Começou a sonhar com uma bananeira e, ao encontrar-se num leve estado de meditação, pôde visualizar a imagem. Esse era o único material com que contávamos para trabalhar, por isso, encorajei-a a fixar-se nesse símbolo e comecei a guiar sua imaginação quando, finalmente, surgiu a árvore toda. Nenhum de nós tinha noção do seu significado, e eu a dissuadi de tentar analisá-lo, embora ambos estivéssemos curiosos.

31 de agosto

Ultrapassei os obstáculos com Holly.

Meu supervisor clínico continua insistindo em dizer que a banana é um símbolo fálico, significando uma repressão sexual. Meu Deus! Vamos colocá-la no nicho de uma escrivaninha freudiana tradicional.

Hoje a bananeira adquiriu raízes. Pedi-lhe que se concentrasse nelas, que as visse se expandindo, forçando suas extremidades translúcidas e delicadas a penetrar lentamente, cada vez mais fundo, através do solo e dentro da terra.

— Um regato subterrâneo — eu disse. Seus olhos estavam fechados. A cabeça, coberta com um lenço azul em tom vivo, estava ligeiramente curvada para a frente. A respiração perfeita, no estômago, as mãos pendendo dos pulsos, frouxas. Ela sabia relaxar bem. — Um regato subterrâneo de água mineral rica e fresca, água da nascente correndo por um veio de terra, um canal na pedra e no solo, com paredes refulgentes revestidas de quartzo, brilhando fosfóricas, e a água escorrendo por elas sem cessar. Olhe para cima. Veja onde as raízes de sua árvore penetraram o solo, rachando-o. Pedacinhos do solo caem e são levados pela corrente perene da água do regato. Suas raízes, as raízes da sua árvore, sedentas, buscando aquela água, querendo desembocar no radiante, fresco e acalentador veio de terra, e alcançá-la... Sinta-a! Novas células estão se formando, raízes se alastrando, suavemente alcançando... quase... ali...

Lágrimas escorriam pela sua face, e dando um profundo suspiro ela abriu os olhos e sorriu.

Holly faleceu seis meses depois, em plena consciência. Naqueles seis meses ela conseguiu reduzir sua dor de 50 a 60%. As raízes de sua bananeira cresceram, penetraram muito fundo na terra, nutriram-na com sua água fresca da nascente que encontramos lá, e ela foi capaz de amenizar seu sofrimento através daquelas mesmas raízes, que voltaram à terra. Seu pai a levara às montanhas de Napa para correr pelos campos de papoulas, e tempos depois, suas cinzas foram espalhadas lá.

Naquele mesmo ano viajei ao Brasil, e os resultados do meu trabalho e das minhas experiências foram documentados no livro *Realms of healing*. Durante aquela viagem, e no decorrer da minha última pesquisa sobre o espiritismo brasileiro, experimentei uma existência digna de um fenômeno paranormal, conheci o dr. Hernani Andrade, físico e diretor do Instituto Brasileiro de Pesquisas Psicobiológicas, e nos tornamos grandes amigos. Tendo Andrade como meu guia, comecei a investigar as religiões espíritas do candomblé, da umbanda e da banida quimbanda, as técnicas de mediunidade e assombrosas habilidades de cura, embora o tempo todo estivesse atento a uma diferença fundamental entre o espiritismo do Brasil e o credo xamanista. As práticas do espiritismo conservam um estreito relacionamento sujeito/objeto com o sobrenatural e o "mundo do espírito". As curas e compreensões são alcançadas através de um médium, pessoa que encarna um espírito e se torna o instrumento desse espírito. Os estados de cura e de êxtase no xamanismo são específicos do indivíduo, e os elementos do "espírito" são instrumentos da consciência do xamã. O médium cede seu corpo e sua voz para serem usados por um espírito, mas o xamã nunca perde o controle. O xamã é um guerreiro espiritual, e mantém habilmente contato direto nos planos que ele visita em "vôos espirituais".

11 de outubro
São Paulo

Sonhei novamente com Antônio. Caminhando pelo altiplano. Ele segurava a semente de mimosa. Brincando de esconde-esconde. Lembro-me de ter tido um sonho parecido quando estive lá. Só que desta vez eu tinha que achá-la, pedindo ajuda às árvores. O vento sussurra através dos pinheiros, e que brilham com sua própria luz. Dirijo-me a uma árvore. "Onde está a vagem?" Antônio ri, e diz que pareço um bobo, parado na frente de uma árvore e conversando com ela. Fico zangado e saio batendo os pés; mais tarde pergunto sem perguntar, somente penso na questão e uma moita começa a brilhar uns trinta metros à minha frente. Vou até lá e encontro a vagem.

Esta noite Andrade convidou-me para assistir a uma sessão espírita. Telefonei a Stephanie. Ela me pareceu tensa.

Mais tarde

São duas da manhã. Estou exausto, mas preciso escrever antes de dormir. A sessão. Todos médicos e psicólogos interessados em encarnação. Reúnem-se todas as quintas-feiras à noite, como se fosse um jogo de pôquer. Andrade explicou-me que o motivo das sessões era trazer paz a certas pessoas que haviam morrido, mas cujos espíritos ainda estavam atados às suas experiências biológicas. Pessoas que haviam falecido inconscientes e foram "pegas entre este mundo e o outro". Ainda sentiam dores e os sintomas causadores de sua morte. Andrade atuava freqüentemente com uma espécie de espírito terapeuta. Havia uma médium, uma bela mulher de meia-idade chamada Regina. Nós todos nos demos as mãos e ela entrou em transe profundo, incorporando diversos espíritos. Andrade conectou-os num tipo de diálogo psicoterápico. Apresentaram-se três casos, e em cada um deles a voz de Regina sofria uma notável mudança. A sessão era conduzida em português.

Terminada a sessão, Regina mostrou-se cansada e confusa. Todos recitaram o Pai-Nosso e as luzes foram acesas. De repente, Regina começou a falar em espanhol. Uma voz meiga e trêmula murmurou: "Meu Deus, onde estou? Ajude-me...". Andrade principia uma conversa com a médium. Ela se mostra inquieta, parece amedrontada, seus lábios estão secos e o peito encovado. Andrade explica-lhe que agora ela se encontra além da morte, e não mais no seu corpo anterior.

— Não estou entendendo...

— Olhe! — brada Andrade. — Olhe para baixo e sinta seu corpo. — As mãos de Regina percorrem seu vestido.

— Essas mãos e esses seios são os seus?

— Não... estes são de uma mulher jovem.

Andrade lhe diz que ela está ocupando o corpo de uma médium, que seu espírito recobrou a consciência e despertou de um pesadelo que se havia apoderado dela quando se encontrava entre a vida e a morte.

Regina, então, olha para mim e sua respiração é ofegante.

— Bombi! É você, meu filhinho? — Fico de pé, derrubo a cadeira e Regina atira-se nos meus braços. — Ajude-me, por favor, ajude-me!

Fico estupefato. Andrade e mais uma pessoa afastam-na de mim, e

Andrade lhe faz algumas recomendações. Eu ouço, atônito. Somente minha avó me chamava por esse nome. Enquanto escuto, Andrade a estimula, pede-lhe que olhe ao seu redor e observe que existem outras pessoas que podem ajudá-la, que pode sentir-se segura em se desprender e ser guiada para o outro mundo. Ela começa a ver coisas, e passa a reconhecer sua mãe, seu pai, seu marido — meu avô — e pronuncia o nome de cada um.

As dores e a aflição diminuem, e ela se sente rejuvenescida e mais forte. Andrade explica-lhe que está deixando o mundo físico, o reino obscuro que permeia os dois mundos.

Ela se volta em minha direção e diz:

— Obrigada por estar aqui. Vou amá-lo sempre e sempre estarei a seu lado. Cuide de seu pai.

Ninguém, nesse grupo, conhecia Maria Luísa.

Talvez Regina fosse uma sensitiva. Talvez tenha tido a percepção de minhas perdas e captado os nomes e as informações telepaticamente. Atualmente não sei mais nada do que soube na ocasião, pois não me senti compelido a analisar a experiência. Andrade mostrou-se compreensivo, mas não deu muita importância a isso. Eu me sentia profundamente comovido, e confesso que também aliviado em pensar que minha avó tinha sido libertada do seu sofrimento e obtivera permissão para morrer.

Mas eu estava farto da morte.

13 de outubro

Será que eu poderia ter feito mais por ela? Aliviado seu sofrimento e tê-la ajudado a morrer, em Miami?

Estou voltando ao Peru. Sinto-me cansado de ser perseguido pela morte, por felinos e por águias. Fiz uma reserva no vôo São Paulo — Lima — Cuzco.

Tenho a impressão de que o meu "trabalho do Oeste" começou na época do altiplano. Vou retornar para terminá-lo.

12

*Ainda que eu tenha provas de que minha obstinada
crença na imortalidade da alma não passa de mera
ilusão, ao menos é uma doce ilusão, e eu a
acalentarei até meu último suspiro.*

Cícero

As notícias sobre a doença do professor Morales me chocaram, e eu as considerei totalmente inconcebíveis. Não podemos entender como determinadas pessoas possam não estar bem.

Um homem de aspecto jovem, usando óculos com aro, assumiu o lugar de Morales, embora a universidade estivesse novamente em greve. Eu me apresentei, e ele me informou que o professor estava ausente por mais de uma semana, com pneumonia.

— Pode me dar o endereço dele?

Ele atirou a cabeça para trás e me examinou. — Vocês são amigos?

— Somos — respondi. — Muito amigos.

— Desculpe, mas não sabe onde ele mora?

— Não. A maior parte do tempo que passamos juntos foi viajando.

Seus olhos se arregalaram por trás dos óculos. — Ah, eu o conheço. É o psicólogo da Califórnia, não é?

Apertamo-nos as mãos, e ele me indicou uma casa a uns dez quarteirões da escola. Era uma casa antiga, de alvenaria, e as paredes tinham pelo menos noventa centímetros de espessura. Janelas pequenas, piso de ladrilhos e telhado vermelho. Bati na porta que foi imediatamente aberta por um homem gordo, de meia-idade, com bigodes fininhos. Com a cabeça meio virada para o quarto, ele estava às voltas com o fecho de uma velha maleta de couro preto.

— *Penicillium notatum!* Mofo, meu amigo! Surge em frutas podres e queijos fermentados, e se você não tomar a medicação provavelmente vai surgir em você! Só porque está concentrado em pequenas pílulas não significa que não lhe fará bem. — O pequeno tubo de borracha amarela do estetoscópio ficou preso entre as alças da maleta, e o homem empurrou-o para dentro.

Ouviu-se uma tosse e a voz de Antônio: — Pare de me proteger.
— Então pare de se portar como um beato tolo! Você tem uma visita. Virando-se para mim, o homem desculpou-se, dirigiu-se para a rua e foi embora. Empurrei a porta, que se abriu. O quarto estava guarnecido com apenas algumas cadeiras e uma mesa de jantar simples, de madeira. O teto era forrado de ripas e as paredes cobertas de prateleiras abarrotadas de livros antigos e objetos. Pela janela descortinava-se uma vista de Salcantay e das ruínas da fortaleza inca de Sacsayhuaman. Antônio estava de pé ao lado da janela. Estava usando as calças de viagem e camisa de *manta*, e amarrava um pequeno fardo com um pedaço de barbante. Estava pálido, magro e com olheiras, mas seu rosto brilhou quando me viu. Atravessou o quarto com três passadas e me abraçou. Ele tinha, mesmo, perdido peso.

Afastou-se de mim e observou-me estendendo os braços. — Então, está pronto para viajar?

— Viajar? Como, se você está doente.

— Não, não. Estou convalescendo.

— Quem era aquele senhor?

— Doutor Barrera. Um velho amigo. Estamos sempre discutindo. — Pegou o poncho que estava sobre o pequeno sofá. — Como Bernard Shaw, gosto da convalescença. Valoriza a enfermidade.

— O senhor está tomando penicilina?

— Claro. Penicilina e outras ervas que eu mesmo preparo. Disse ao Barrera que não estava tomando, e isso o deixa muito irritado. — Deu uma risadinha. — Estou longe do campo há muito tempo. Meus pulmões inflamam quando não os oxigeno.

— Aonde iremos?

Retirou de um canto perto da porta um comprido cajado de madeira.

— Visitar um homem que já morreu.

17 de outubro

Segundo trecho da jornada. Segundo ônibus. Apesar de manifestar bom humor, Antônio está cansado. Adormeceu, na outra fila de assentos deste calhambeque. Já andei de ônibus pela maior parte dos países da América Latina, mas este aqui está sendo um desafio. A caneta está pulando sobre a folha de papel, e, sem nada melhor a fazer, estou feliz em ter onde me sentar. No primeiro ônibus cedi meu lugar a uma velha índia com gases, e passei duas horas de agonia enquanto ela se aliviava e Antônio dormia.

O objetivo de nossa viagem era encontrar um professor de Antônio, que vivia num pequeno vilarejo ao norte de Cuzco. Soube-se (não sei como) que esse velho estava morrendo e Antônio quis vê-lo. Suponho que o homem com quem ele quer se encontrar (se chegarmos a tempo) foi seu mentor. Antônio se refere a ele como "o homem que me ensinou".

Morte. Novamente.

Desta vez viajamos só durante o dia e carregamos pouca coisa. Uma pequena sacola foi o suficiente. Muito animador.

Paramos na estrada. Num árido altiplano. Nenhum sinal, nenhuma construção ou campo arado à vista. Somente três mulheres, um garotinho, um porco e duas galinhas. Só há dois lugares no ônibus. Lá vamos nós de novo.

Duas horas e meia mais tarde descemos num lugar parecido ao anterior. Embora ainda estivéssemos no altiplano, a característica da terra me lembrava o chaparral do México: moitas densas, poucas árvores e formações rochosas de granito. Acompanhamos a trilha seca do leito de um rio até o pôr-do-sol, e então armamos acampamento num pequeno vale.

Construímos uma fogueira, e sua luz saltava alegremente sobre as paredes do arroio.

— Existem atos de poder — disse Antônio —, atos de confrontação com o espírito, com a natureza, com o inconsciente e com a vida. A decisão que tomou de abandonar os métodos tradicionais e se aventurar ao domínio do desconhecido para você foi um desses atos. Seu confronto com o passado em Machu Picchu também foi.

— E meu trabalho com Ramón?

— Não — ele sorriu. — Aquele foi um ato de ousadia, de imprudência, mas mesmo assim, instrutivo. É curioso como a busca por um estado de exaltação pode conduzir alguém a enfrentar a morte.

— Os centros de dor e prazer situam-se lado a lado no cérebro límbico — comentei. — Assim como o medo pode nos paralisar, pode nos estimular. Veja os guerreiros e heróis da Antiguidade.

— O medo é uma emoção volátil. — Ele retirou da sua sacola uma romã, com a casca verde e manchas escuras. — Nada subtrai tanto a força da mente quanto o medo, e como disse Sêneca, a humanidade é tão cega, que alguns homens são levados à morte, exatamente por temê-la. — Ele rachou a fruta no meio e me ofereceu um pedaço. — Você não deve enfrentar a morte criando experiências que o aproximem dela. A morte é o ato mais poderoso de um xamã. O vôo do espírito, o estado de êxtase, é uma jornada além da morte. Aprender a morrer é aprender como viver, pois se a vida nos solicita, da morte nada podemos solicitar. De certo modo, uma pessoa de poder passa a vida toda aprendendo a morrer.

— Uma pessoa que já morreu — acrescentei.

— O xamã é um guerreiro espiritual que não possui inimigos nesta vida nem na próxima, e está livre dos desejos e do medo: os desejos são criados pelas nossas experiências passadas, e o medo da morte apavora nosso futuro. Os xamãs nascem duas vezes: uma da mulher, outra da Terra.

— O trabalho do Sul e do Oeste.

— Sim. Realizando a jornada do Oeste e enfrentando o jaguar em sua vida, o guerreiro espiritual não apenas se liberta para viver integralmente o presente, mas sabe que caminho tomar quando a morte vier, e ela também o reconhecerá. É no Oeste que o corpo e o espírito, a *viracocha*, se separam.

— Antônio limpou as mãos num lenço grande e colorido. — Isso significa morrer com consciência, de olhos abertos. É a maneira de deixar este mundo, vivo.

— Imortalidade?

Ele deu de ombros. — O corpo é uma veia de consciência, de vida... —

— De energia — completei.

— Sim. — Ele se acercou do fogo e lentamente passou as mãos em concha sobre as chamas, depois fechou o punho e o ergueu diante de mim.

— Quando morremos com consciência, deixamos para trás o invólucro e nos identificamos com seu conteúdo.

Abriu a mão e, juro por Deus, pensei ter visto a luz.

— E isso é...?

— E isso é Deus. — Ele sacudiu os ombros. — Força de vida, energia, chame-a como quiser. É a matéria de que são feitos os sonhos e o cosmos.

Mais tarde

Viajamos não só para estar com o velho professor de Antônio, mas para partilhar seu rito de passagem, e participar do último ato de poder de um xamã.

Estou sentado à beira do fogo, sobre o leito seco de um rio. Antônio desculpou-se e saiu para dar umas voltas e exorcizar sua tristeza, para que pudesse estar totalmente presente na hora de celebrar a morte.

Falta meio dia de viagem para chegarmos à casa do homem. Descemos do ônibus porque, como sempre, a maneira como chegamos ao lugar para onde vamos é tão importante como o que faremos quando estivermos lá.

Manifestei minha preocupação em chegar tarde demais, mas Antônio garantiu-me que não, ainda havia tempo, e eu perguntei como ele sabia.

— Ele vai esperar por mim — respondeu.

Estou pensando em Maria Luísa.

E no meu pai.

E sobre mortalidade.

Morrendo para nossa carne, renascendo para o espírito. O corpo é o invólucro do espírito, da energia, da consciência. Lembro-me da comparação entre a psique e a lagoa. A lagoa é o lugar onde o rio se alargou e aprofundou, mas o rio flui através dela. Estou sentado sobre o leito de um rio, mas onde se encontra a matéria que ele armazenava? Onde está a água que corria entre estas paredes? Alguma coisa deteve seu curso, e aquilo que uma vez existiu continua a existir. No oceano? E suas partículas subirão aos céus com a evaporação e retornarão à Terra em algum outro lugar para fluir novamente sobre o leito de outro rio, ou para bifurcar-se com um novo rio em algum canto longínquo do mundo? Para nutrir uma planta, para fluir através de uma minúscula folha.

Correntes, correntes de consciência.

Sento-me sobre o cadáver de um rio.

Agora, bem ao longe, ouço o canto de Antônio. Que espécie de música é essa? Bonita, delicada, melancólica.

Estou cansado. Vou dormir.

Partimos na manhã seguinte, e havia uma leveza, uma determinação serena nas atitudes de Antônio, que eu jamais vira antes. Percebi que a maior parte da manhã nós passamos subindo, e as árvores começaram a aparecer. A paisagem parecia mais familiar.

Ao meio-dia paramos perto de um eucalipto solitário e comemos iúca com fubá e frutas. Antônio limpou um pequeno espaço na base da árvore e cavou um buraco. Retirou da sacola o pequeno pacote que embrulhara ao sair de casa.

— O que é isso? — perguntei.

— Comida de peixe — Abriu o pacote e colocou-o embaixo do meu nariz. Riu da cara que fiz. Colocou o pacote embrulhado em papel no fundo do buraco, cobriu-o com terra e jogou água em cima, com sua bota.

— Que história é essa?

— Que história é essa! — Voltou a sentar-se sobre os calcanhares e seu rosto abriu-se num amplo sorriso. O cansaço havia desaparecido. Era como se seu rosto tivesse readquirido vida, saúde e personalidade. Inclinou-se para a frente e deu um tapa no meu joelho. Estava feliz por estarmos novamente juntos.

— A história, meu amigo, é que você me dê alguma coisa em troca.

— Em troca de...?

— Você sabe, ou pelo menos imagina, que tanto as plantas como os animais possuem espírito. Quando se usa uma planta com objetivos sagrados, entramos em contato com seu espírito. Esse contato adquire um sentido todo especial para nós. Na noite passada comuniquei-me com o espírito da planta de São Pedro, para que ela me ajudasse a invocar meu poder, e eu pudesse assistir meu amigo. Em sinal de reconhecimento ofereci-lhe esta comida. Devemos sempre deixar alguma coisa: esconder um pedaço de cristal na natureza, plantar uma semente, enterrar uma moeda numa encruzilhada e, até para honrar a dádiva, dar algo em troca daquilo que recebemos. A comida de peixe é um excelente fertilizante encontrado na orla marítima. — O senhor usou São Pedro na noite passada? — Quase nada. Só um pouquinho, em dose homeopática. — Ele se levantou e estufou o peito com o ar do platô. — Meus pulmões estão ficando limpos. Vamos embora.

Pensei que nos dirigíamos a uma aldeia, porém, antes do entardecer, chegamos ao cume de uma colina, rodeada de pinheiros. Defronte às árvores havia uma *casita*, com paredes baixas de pedra, formando um estábulo para galinhas e cabras. Dois ou três burros pastavam atrás da casa, e um garoto indígena estava retirando a sela das costas de um cavalo, através de uma abertura na parede.

Antônio pediu-me que esperasse, e eu o vi descer a colina e desaparecer dentro da casa. Comecei a sentir-me constrangido. Tinha dúvidas se seria apropriado eu estar ali. Vi gente entrando e saindo do estábulo. Quantas pessoas haveria ao todo? Quem eram elas?

Eram amigos. Alunos, curadores, xamãs. Constituíam a família do *El Viejo* e lotavam a sala inteira, sentando em cadeiras e bancos improvisados ao redor de uma cadeira de balanço no centro da sala. Sua única parente consangüínea era sua neta, de uns cinqüenta anos, que estava servindo bolinhos de gergelim aos presentes.

A maioria eram índios, beirando os sessenta anos, como Antônio. Contei seis mulheres e quatro homens. *El Viejo*, o velho xamã, estava sentado na cadeira de balanço. Encolhido pela idade, era um homem pequeno, e trazia em volta do corpo um cobertor de tecido indígena feito a mão, de cor viva. Suas mãos, manchadas com pintas senis, eram exageradamente grandes e as unhas muito compridas. O nariz fino e arqueado parecia começar no alto da testa, que também era alta, inclinada e acentuada pela calvície. Seu cabelo ralo e esbranquiçado estava puxado para trás, num rabo de cavalo, e emoldurava-lhe a cabeça. Os olhos, embaixo de sobrancelhas espessas, eram suaves e acinzentados. A pele, delicadamente enrugada, parecia uma folha de papel e estava pálida, quase translúcida. A única cor, um rosa manchado como papel sujo de vinho, localiza-se nas suas maçãs do rosto. Tinha um aspecto notável.

Duas visitas, um homem com uma camisa branca abotoada até o pescoço e uma moça com um xale vermelho, cederam-nos seus lugares e foram sentar-se sobre sacos de juta encostados à parede. Senti-me um intruso e me queixei a Antônio.

— É um lugar de honra — ele sussurrou. — Aceite de boa vontade.

Antônio acomodou-se numa cadeira ao lado do velho e eu me sentei num banco atrás dele. Perto de mim estava uma mulher idosa, uma feiticeira peruana, com cabelos grisalhos divididos ao meio e presos numa trança cuja ponta estava amarrada por uma fita.

O velho piscou os olhos para o meu companheiro, assentiu com a cabeça num gesto de boas-vindas e o canto de sua boca externou um sorriso. Antônio colocou a mão no ombro do seu mestre e falou com ele em quíchua. Mencionou meu nome, e os suaves olhos cinzas desviaram-se na minha direção, embora dessem a impressão de que não estavam me vendo. Como o olhar de um cego, a visão estava fora de foco. Sorri para ele, que sussurrou algo para Antônio, que confirmou dizendo que sim. Senti o sangue subir pelo rosto provocando-me uma sensação de tontura e embaraço. Antônio apoiou sua outra mão sobre meu joelho. Um cheiro picante espalhou-se pelo ar e ouvi o ruído de alguma coisa estalando. A velha estava acendendo um cachimbo, com o fornilho esculpido com a cara de uma coruja esquisita e cabo de chifre de veado. Ela deu umas baforadas no fumo sem tragar, e a fumaça ficou flutuando sobre o meu rosto. Tocou o ombro de Antônio que pegou o cachimbo e ofereceu-o ao mestre. O velho ergueu-o, e lentamente levou-o aos lábios, inalando a fumaça do tabaco incandescente.

Exalou primeiro pelas narinas, como um dragão, dois jatos de fumaça branca, depois expeliu-a pela boca, sendo que este último jato encontrou-se com os primeiros e juntos foram parar no centro da sala, onde havia uma cama. O piso era de tábuas. Havia uma lareira de adobe ou fogão num canto, e em cada uma das quatro paredes via-se uma grande janela fechada por uma aldrava de madeira.

O velho estendeu o cachimbo a Antônio, e quando ele aspirou a fumaça para dentro dos pulmões, pensei na sua recente pneumonia. Devolveu-a para a velha feiticeira, que desta vez tragou e passou-o ao homem à sua esquerda. *El Viejo* fechou os olhos enquanto o cachimbo ia passando por entre os convidados, e a sala encheu-se de uma fumaceira penetrante, de cheiro mais forte que charuto, ainda mais forte que o fumo de Ramón na selva, mas as janelas permaneceram fechadas. O silêncio era total. Exceto Antônio e o velho, ninguém havia emitido um único som desde que chegáramos, e, quando o cachimbo completou o circuito e voltou às mãos da feiticeira, ela tocou meu braço e ofereceu-o a mim. Ela sorriu, rachando a pele em volta da boca, eu o peguei e olhei para o velho xamã. Ele abriu os olhos e inclinou a cabeça. Segurei o objeto de osso, inalei, e pensei que meus pulmões iam explodir.

Tive um ataque de tosse e precisei curvar o corpo num espasmo incontrolável. A velha virou-se para sua vizinha e fez algum gracejo referindo-se ao *jovencito*, e todos caíram na gargalhada. O gelo havia se quebrado, ela deu umas batidinhas no meu ombro e pegou o cachimbo de volta.

— O que *é* isso? — murmurei, não por falta de respeito, mas porque ainda estava engasgado, tentando recuperar o fôlego.

— O mais poderoso tabaco *huaman* — respondeu Antônio. — Seu espírito é o falcão, e é também visionário, apesar de ser apenas fumo. Você é um hóspede de honra.

— Obrigado. — Olhei ao redor da sala e eles estavam sorrindo. A neta do velho estava ao meu lado. Ofereceu-me um bolinho de gergelim e eu agradeci. Ela foi para perto do avô e cochichou alguma coisa no seu ouvido. Ele concordou e levantou a mão, num sinal de que havia compreendido as palavras dela. Houve um burburinho em quíchua atrás de mim. Ao virar-me de lado, vi um casal de meia-idade de mãos dadas, as cabeças se tocando, olhando para mim de maneira divertida. Sorri e acenei-lhes com a cabeça, e eles retribuíram o sorriso meio acanhados. Então Antônio tocou meu braço, limpou a garganta e chegou mais perto de mim.

— Temos que efetuar uma cura espiritual — ele disse.

— Ahã...

— A sala foi purificada com salva e tabaco, e todos os presentes já se lavaram e se prepararam para a morte de *El Viejo*. Quando ele realizar sua derradeira viagem para o Oeste, terá que ir sozinho. Esse momento será só dele.

— E então?

— Algumas pessoas do grupo notaram a presença de outra, não convidada.

— Vou sair — declarei, ansioso por não atrapalhar.

— Não, não. Você foi convidado. É um hóspede de honra. Não é você, mas o espírito que o está acompanhando.

— O quê?

— Uma mulher que morreu. O espírito dela ainda está preso ao seu chacra cardíaco. — Ele encostou a mão no meu peito. Ao meu lado, a feiticeira retirava um punhado de fumo de uma bolsa de tecido e enchia o cachimbo.

— Eles estão vendo?

Ele fez que sim com a cabeça. — Uma bolha opaca está presa a você por um cordão, como um cordão umbilical iluminado. *El Viejo* pediu para realizar uma cura simples e libertar essa alma. Eles concordaram.

Olhei as pessoas sentadas atrás de mim. Foi uma das mais estranhas sensações que já senti. Seus olhos fixavam-se não em mim, mas em algo que estava na minha frente, na altura do meu peito. Maria Luísa? O cachimbo da velha mulher já estava aceso e ela aspirava com força a fumaça para dentro dos pulmões, com os olhos fechados. Nisso ela os abriu e expeliu a fumaça em direção a um ponto que ficava a cerca de quatro metros do meu pescoço. Ouvi um som de batidas, e notei que o velho, o xamã que estava à morte, golpeava o braço da cadeira com a unha do seu dedo médio. Tap... tap... de dois em dois segundos.

— Vire-se — exclamou Antônio, e eu mudei a posição do banco para ficar de frente para o grupo. A feiticeira começou a emitir um som com os lábios fechados, um som baixo, ressoante e sem melodia, que fez coro com

180

um som similar uma oitava mais alta que vinha da segunda pessoa que iria soprar a fumaça contra o meu peito, passar o cachimbo e fechar os olhos. Os outros estavam acendendo seus cachimbos, enchendo-os com o fumo da bolsa da feiticeira, inalando a fumaça picante, e logo me vi envolto numa densa nuvem de *huaman*, e a sala inteira vibrava ao som sobrenatural do canto dos xamãs.

— Feche os olhos — bradou Antônio. — Concentre-se nesse espírito. Pratique sua visão.

Fechei os olhos que lacrimejavam por causa da fumaça e senti que Antônio descrevia, com pancadinhas, um pequeno círculo em minha testa. Pensei em Maria Luísa e na sessão em São Paulo... Havia uma conversa na sala, e pude ouvir que algumas pessoas emitiam suas opiniões e outras concordavam.

— O que está acontecendo? — perguntei a Antônio sem abrir os olhos.

— Estão mandando energia para ela. Ela está cintilando em virtude do amor deles. Estão recarregando seu espírito para que se liberte de você.

O rumor agora se generalizava.

— O que eles estão dizendo?

— Essa mulher está zangada com você. Você tirou-lhe alguma coisa.

— Senti depositarem o fornilho quente do cachimbo entre minhas mãos. — Aspire a fumaça e dê a ela. Você permitiu que ela morresse sem dignidade num hospital.

Coloquei o tubo entre os lábios, suguei a fumaça para dentro da boca e exalei. *El Viejo* tossiu.

— *Hurgó los huesos...* — Você mexeu nos ossos.

Você mexeu nos ossos de alguém que ainda não tinha morrido. Ela ainda não se libertou — explicou-me Antônio.

Abri os olhos, e lá estava a fumaça, em forma ovalada e do tamanho de uma melancia, suspensa diante de mim.

— Você lhe tirou alguma coisa...

Num ímpeto, encostei a mão sobre meu peito. Minha algibeira de remédios, uma algibeira de couro, presente de Stephanie.

— ... A cabeça dela...

Agarrei a tira de couro pendurada no meu pescoço, arranquei a algibeira que estava por baixo da camisa, abri a aba e tirei de dentro um *slide*, um *slide* de microscópio envolvido em plástico, contendo uma fatia finíssima do cérebro de Jennifer. A feiticeira aspirou o ar através dos dentes, provocando um ligeiro assobio. Numa atitude de assombro, o grupo silenciou.

O homem de camisa branca levantou-se.

— O que é isso? — indagou Antônio.

— Um *slide*, para microscópio. Um cérebro humano.

A sobrancelha dele arqueou-se: — Por que carrega isso com você?

— Eu... uma amiga me deu.

— Você o usa como objeto de poder — interpretou Antônio.

— É — continuei. — Para mim... Aprendi mais deste cérebro... segurando-o entre minhas mãos...

— Consegue ver o espírito dela? Percebe como ainda está apegada a ele?

— Não. Pensei ter visto...

— Precisa fazer as pazes com ela e libertar seu espírito, pois agora ela está pronta. Permaneceu junto a você porque por seu intermédio encontraria seu descanso final. A culpa não é sua. Os espíritos são impelidos para a luz, como mariposas diante de uma lâmpada acesa. Vá. Vá até o bosque, oferende isso a ela, devolva-lhe o que lhe pertence e solte-a. Ela pode ir agora. Você efetuará sua derradeira cura espiritual.

Olhei suplicante para ele.

— Explicarei a eles o que houve — afirmou ele. — Volte quando tiver terminado.

Fiquei de pé. A sala oscilou, moveu-se vertiginosamente, e eu tentei equilibrar-me apoiando-me no ombro de Antônio.

18 de outubro

Temos que descobrir nosso próprio ritual. Descobrir nossa própria cerimônia e como ter acesso aos reinos da consciência que existem dentro e fora de nós.

Escrever tornou-se um ingrediente do meu ritual, e eu o realizo com muita fé aqui, dentro da fileira de árvores deste pequeno bosque ao lado do rancho do *El Viejo*. Estou aguardando na escuridão.

Jennifer, uma mulher que não conheci, que jamais conheceria, porque não se pode encontrar a essência da vida ou do ser, mexendo nos ossos dos mortos. Não sei como você morreu, mas imagino que foi numa cama de hospital, enquanto seres humanos vivos e saudáveis faziam de tudo para mantê-la no mundo deles.

Você devia conhecer bem a vida, porém a morte lhe foi algo estranho e chegou cedo demais, você deve ter lutado contra ela, pois provavelmente ainda estava presa ao seu corpo material, a veia que a retinha, sinto muito. Sinto que não tenha morrido com dignidade, que não a ajudaram a libertar-se antes de ter sido contaminada. Faz parte da nossa tradição.

Agora, tenho certeza que seu corpo foi queimado, que o sol abandonou sua carne e tudo o que restou foi apenas um fiapo do seu tecido.

Entretanto, seu ser como um todo não deixou de existir, e é de admirar que seu espírito tenha seguido o último remanescente da sua matéria, até encontrar a liberdade aqui, tão longe de sua terra natal, na companhia destes extraordinários homens e mulheres.

Quebrei o *slide*, removi seu conteúdo e o enterrei aqui, ao pé de um pinheiro.

Percebo sua presença.

Este local pode ser uma referência para você?

Agradeço o que me ensinou. Acalentarei com carinho o conhecimento em minha mente e levarei seu espírito em meu coração. Para sempre. Estou começando a entender o que é sagrado.

Passei mais de uma hora no bosque com Jennifer. A lua havia passado entre a Terra e o Sol. Era lua nova, e a noite estava excepcionalmente escura. Quando retornei à casa do xamã, a sala estava cheia de velas. As janelas tinham sido abertas, mas o vento não perturbava os mais de cinqüenta pontos de luz. O velho estava deitado na cama, no centro da sala, e a feiticeira cantava uma melodia singela. Sentei-me no mesmo banco, entre ela e Antônio, a pouco mais de um metro onde se encontrava deitado o velho homem. Antônio virou-se para mim quando sentei, fixou seus olhos nos meus e minha mente tornou-se subitamente vazia, vazia como seus olhos cinzentos. Depois ele tossiu, uma tosse seca e fraca, desvirou a cabeça, ergueu os olhos para o teto e fechou-os.

O som de uma matraca, um *shch-shch* parecido com um assobio que se usa para chamar passarinhos, veio de algum lugar atrás de mim, e uma canção começou a ser murmurada. Esse canto simples converteu-se numa espécie de veículo investido da paz que se instalou sobre o quarto. Debrucei-me ligeiramente para diante e vi que os olhos de Antônio estavam fechados. À nossa frente, o tórax do moribundo subia... e descia, e um leve tremor tomava conta do seu corpo. Tive vontade de tomar seu pulso, mas me contive e, fechando os olhos, deixei que meu corpo se acomodasse ao ritmo da matraca e do canto... Senti que me transportava a um levíssimo estado de serenidade, perfeitamente harmonizado com a canção...

Só bem mais tarde, ao abrir os olhos, tive a sensação de haver sonhado. Despertei para o sonho da sala, dos rostos, do homem que morria diante de mim. O ritmo da matraca era constante. A respiração do velho era lenta e regular, e a matraca vibrava treze vezes para cada respiração. Dava tempo de contar as respirações, de sentir a textura do ar, seu peso e sua doce intensidade. As velas tinham queimado devagar, desde que eu fechara os olhos.

Havia um enlevo no ar, na face dos homens e das mulheres, nos alunos do *El Viejo*, e esse êxtase era tão tangível como o mágico aroma das noites de abril.

Então Antônio virou-se meio de lado para olhar para mim, e me dei conta de estar encarando o velho, a subida e descida do seu peito, o número de vezes que a matraca soava, e de estar respirando com o doente. Antônio esticou o braço e tocou minha têmpora esquerda com seu dedo médio, depois deu pancadinhas com a ponta dos dedos sobre o círculo em minha testa.

183

— Olhe — sussurrou ele. — Olhe atentamente.

Relaxei o foco e transferi meu olhar para um ponto situado a uns quinze centímetros do peito do xamã, e lá estava, a forma intangível, uma vaga nuance de violeta, ali... e desaparecia... de novo, desaparecendo a cada inspiração prolongada, alçando-se a cada expiração.

A feiticeira apertou minha mão esquerda. Virei-me para olhar para ela, depois para sua mão escura, áspera e fria. Cobri sua mão com a minha e assenti. Seus olhos enrugaram-se num sorriso. Levou o cachimbo aos lábios, inalou e soprou a fumaça em mim, abaixou a cabeça e o pescoço e, começando pelo meu colo, foi subindo e soprando a fumaça no meu peito e rosto. Havia algo de belo no rosto dela, na maneira como curvava a cabeça e pescoço, algo suave e afetuoso, quase erótico.

Colocou o cachimbo entre as palmas suadas das minhas mãos. O som da matraca cessou e o silêncio tomou conta da sala.

Ao virar a cabeça, pude ouvir a cartilagem do meu pescoço estalar. Não enxerguei o corpo energético; o brilho se fora. Vi o corpo do velho estremecer em contrações uma, duas vezes, e suspirar no silêncio.

Elevei os olhos até uma esfera, uma bola cintilante de luz opalescente, cordões de luz espiralavam de sua testa e enrolavam-se em volta dela, misturando-se, um ovo radiante suspenso por uma hélice de espirais luminosas. Se eu olhasse direto para elas, desapareciam, por isso focalizei um espaço vazio, que podia ser pressentido mas não visto.

Então, Antônio pegou o cachimbo das minhas mãos. Eu havia esquecido que o estivera segurando. Deu algumas baforadas, e as últimas brasas brilharam e acenderam o fumo seco. Ele ficou de pé e soprou a fumaça sobre a fronte do homem morto, e, como se eu estivesse enxergando através da parte de cima dos olhos, vi a *viracocha* pulsar e estilhaçar-se em milhares de pontos de luz, como aquela luz que percebemos ao fechar os olhos e apertar as pálpebras com força. Os pontos luminosos espalharam-se pela sala deixando rastos, trilhas de luz, e pareciam tocar as cabeças dos alunos do xamã. O som da matraca voltou a propalar-se, e quando olhei de novo a esfera reapareceu, flutuando no centro da sala. Antônio e a neta do xamã estavam parados ao lado do corpo, mergulhando os dedos numa vasilha de ervas e tocando seus chacras, a rótula dos joelhos, a sola dos pés, os cotovelos e as mãos.

Duas mãos seguraram as minhas. A da velha feiticeira à esquerda e a do homem de camisa branca à direita. Os outros juntaram-se a Antônio e à neta, e, todos nós, de mãos dadas, formamos um círculo, enquanto a velha cantarolava uma música plangente. Sua voz se assemelhava a uma flauta, e reconheci a canção fatídica. Eu a ouvira na noite anterior, entoada por Antônio no meio da escuridão. Era a canção dos bosques, dos altos platôs, a canção para invocar os espíritos das matas e dos pinheiros, e como Antônio explicou-me mais tarde, eram os elementais, as forças da natureza

184

que os animais de poder do *El Viejo* haviam libertado. Vi o corpo energético, a luz dessa velha alma que rodopiou e se dissipou como uma gota de tintura num copo de água em torvelinho. Antônio conduziu-me depois até a janela, esfregou minha testa, estimulou minha visão e disse: — Respire. Respire fundo e olhe rapidamente!

Por alguns instantes o bosque estava vivo, iluminado como aquela noite na selva, halos radiantes contornando a silhueta das árvores com um pontilhado de luzes, parecendo pirilampos semeados, piscando faroizinhos e brincando nos espaços entre as árvores, as copas dos pinheiros gingavam delicadamente, e a brisa varreu o perfume dos eucaliptos para dentro da sala. As velas oscilaram e a fumaça evaporou-se. A canção emudeceu.

13

Toda despedida é uma antecipação da morte.

Schopenhauer

Na manhã seguinte à morte do velho xamã, as pessoas regalaram-se com iúca frita, frutas, pães e fubá. O ambiente era festivo, todos conversavam principalmente sobre moléstias e problemas locais. Antônio comentou que essa gente viera de muito longe para participar do nascimento do xamã no mundo espiritual, que eram xamãs, curandeiros, todos abençoados pelos ensinamentos de *El Viejo*. Ele sorriu diante do bom humor do grupo. Sua alegria provinha do conhecimento de que o espírito de seu mestre agora estaria plenamente com eles, e que ele se libertara dos confinamentos deste mundo.

A *mesa* do velho mestre estava posta, e cada um dos alunos aproximou-se para pegar um objeto: um cajado, uma peça de cristal, uma pedra, antigos objetos de poder; não havia disputas, nem hesitações, nem indecisão. Antônio contou-me que os objetos haviam sido dados a eles durante a morte do velho. O espírito do xamã lhes havia dito a qual aluno pertenceria determinado objeto.

19 de outubro

Perto das 11 horas reiniciamos nossa caminhada. Falamos sobre imortalidade.

A certeza de que somos constituídos de substância somática e espiritual é fundamental para a experiência xamanista. Se durante a existência aprendermos a nos separar do corpo físico, a tomar conhecimento de que somos "seres de luz", a descobrir o vôo do espírito, poderemos morrer com consciência, morrer para a carne e renascer no espírito — no espírito que reivindicamos e com o qual já tivemos contato. Se não morrermos com consciência, nosso corpo energético retorna para o "Grande Poço da Consciência".

Quando indaguei Antônio a respeito desse Grande Poço, ele balançou a cabeça. Eu odeio quando ele faz isso.

— É a metáfora do mito — explica ele —, uma manifestação poética de um conceito. Deixa pra lá. Se não ficou satisfeito com essa imagem, invente outra, meu amigo, mas não se baseie na experiência dos outros.

— Está certo — concordei. — Mas essa... *individuação* do espírito: significa que se morrermos com consciência preservaremos nossa individualidade depois da morte?

— Individualidade? — perguntou ele. — Este conceito me parece meio obscuro. Se insiste em reduzir tudo a fórmulas teóricas, devia expressar-se com maior precisão.

— Caramba! — Parei, tirei a mochila do ombro e deixei-a cair no chão. — Estou tentando compreender com os meios que conheço!

— Eu sei — retrucou Antônio. — Você está numa posição muito delicada. Está na trilha da experiência. A que o levará ao reino do conhecimento. Hoje se sente encurralado entre dois mundos: o de estar desperto e o de estar sonhando. Já provou a experiência do poder, mas ainda está confuso entre aquilo que experimentou e aquilo em que crê realmente. No entanto, suas crenças se fundamentam nas teorias dos outros.

— A teoria é importante — bradei. — Pelo amor de Deus! A teoria é o que nos permite exercitar nossa previsão! É o que impulsiona a raça humana em direção ao futuro: pensar com antecipação, prever uma possibilidade, testá-la, prová-la, caminhar para a frente. O pensamento neocortical, a lógica, é um fato, o foro do pensamento ocidental. Não pode ser descartado só porque outras culturas se aproximam do mistério do cosmos, de uma direção diametralmente oposta! Além do mais, a ciência ocidental está chegando cada vez mais perto do domínio do misticismo. Veja a física quântica...

— Ver o quê? — ele perguntou.

— O que você já sabe. Que a consciência é um fator determinante da realidade. Que o resultado de um evento é influenciado pela observação desse evento. Que o fóton, uma luz subatômica, não é uma onda nem uma partícula, embora seja ambas ao mesmo tempo. É surpreendente! Todo o processo do método científico ocidental baseia-se no reducionismo... — Comecei a enumerar os pontos, ticando nos meus dedos. — Tentamos explicar as funções do cérebro, estudando a biologia nuclear do sistema nervoso central. A biologia nuclear é estudada através da física atômica, e a física atômica pertence ao domínio da mecânica quântica, o princípio da incerteza: a observação de um evento influencia seu resultado, a mente do observador é fundamental para determinar a natureza da realidade.

187

— Portanto — concluiu Antônio — o reducionismo científico reduziu-se a si mesmo à consciência. Os físicos estão se tornando poetas.

— É, o estudo da mente humana volta-se, inevitavelmente, para a consciência de quem a estuda.

— E os futuros xamãs virão do Oeste.

— O quê?

— Eu tive um dia essa visão — refletiu ele.

Ergueu minha mochila do chão e estendeu-a a mim. — Agora — disse ele —, para o bem da teoria, digamos que podemos preservar não nossa *individualidade*, mas a integridade da consciência depois da morte.

Deixei a mochila escorregar sobre os meus ombros. — Está certo — concordei, e nós continuamos.

— O que isso lhe sugere?

— Imortalidade — respondi.

— E...?

— Não tenho certeza. É como se fosse o infinito. Como você resolve este conceito de modo prático?

— Como você aplica a mecânica quântica à vida diária? — ele me desafiou. — Será que a teoria dos *quanta* lhe ensina como caminhar pela Terra? Como mudar o tempo? Como se identificar com um princípio criativo, com a natureza ou com o divino? Será que o ensina a viver cada momento de sua vida como um ato de poder? Não, não creio. Isso é teoria. É lógica. Conceitualizações. Jogos para nos divertirmos com algo que transcenda toda a pesquisa humana e todo pensamento consciente. — Agora era a vez de Antônio parar e encarar-me.

— É na experiência da vida através da morte que nos tornamos guerreiros espirituais e nos identificamos com a força da vida. — Ele levantou a mão com o punho fechado na minha frente, lembrando-me do fogo de duas noites atrás. — Meu velho mestre morreu para sua carne, mas ainda assim conservou a integridade de sua consciência. Você, por outro lado, manteve a integridade do seu corpo. Exercita seu corpo enquanto sua consciência se atrofia. *El Viejo* conhecia a verdade de quase toda sua vida, e caminhou pela neve sem deixar rastros. Não literalmente, meu amigo, mas miticamente, poeticamente.

Colocou a mão sobre meu ombro. — Nossos cérebros não são relógios para setenta e dois anos. Não estamos conectados a esta Terra por um período finito de tempo, entre o nascimento e a morte. E Deus não vem de algum lugar lá em cima, Ele existe além do tempo e do espaço, e impregna a vida. A Terra é nosso lar, e uma vez que transcendemos o jogo das sombras, ao qual denominamos de realidade biológica, e nos identificamos com a força divina, percebemos que não temos escolha, e nos transformamos em cuidadores da Terra. — Ele se virou e foi andando.

— Cuidadores da Terra? — exclamei, alcançando-o.

188

— É nossa responsabilidade. Nossa. — Ele abriu os braços e abrangeu a paisagem à nossa volta. — Honra tua mãe e teu pai. Mãe Terra e Pai Sol. A pessoa de conhecimento não tem escolha.

— E os futuros xamãs virão do Oeste?

— Naturalmente — respondeu ele.

20 de outubro

Ontem à noite, depois de comermos, Antônio tirou de sua pequena mala uma vagem de sementes de mimosa.

Olhei para a beirada do pequeno bosque de pinheiros, onde estávamos acampados, e a reconheci através dos meus sonhos. *Déjá vu.*

— Você já tinha imaginado isto?

Olhei para a vagem, seca e enrugada, de uns dez centímetros, torta. — Sonhei com ela — eu disse.

— Você a imaginou — retrucou ele. — Nós a imaginamos juntos.

— Sonhamos juntos.

Ele concordou. — Um xamã freqüentemente começa a lição a partir de um nível elementar.

— Conscientemente? — perguntei.

Inclinou a cabeça sobre a planta em sua mão, e seus cabelos prateados brilharam à luz da fogueira. — Essa palavra começa a perder seu significado, não acha?

— Não, não acho. Ainda sei quando estou consciente. O que perdeu sua definição foi a realidade da minha experiência.

— Os planos da realidade — observou ele, sem levantar a cabeça — são os níveis de possíveis consciências. Pode-se escorregar entre eles. — Levantou a cabeça e encarou-me. — Quando se quer.

Debruçou-se e depositou a vagem no fogo. Havia ainda certa umidade sobre ela, que evaporou com o calor da fogueira. Então a vagem entortou-se, contorceu-se pela metade e sua superfície encrespada escureceu antes que as chamas a devorassem.

— Você precisa voltar à selva e completar o trabalho do Oeste.

— O do Sul já terminei, não é?

— Não. Nunca terminamos. Lembre-se do círculo na Roda da Medicina. Uma grande espiral. Você ingressou no mundo do mito e encontrou elementos do seu passado. Precisa começar a desfazer-se da pele do pensamento racional que vem usando todos estes anos. O passado está perdendo o domínio sobre você, e a morte o vem perseguindo como aquele felino.

O olhar dele se desviou, e virando a cabeça para trás, vasculhei com os olhos a escuridão.

— A águia está esperando para apanhá-lo em suas garras. Você tem que voltar para Ramón, voltar para a lagoa.

Concordei, assentindo com a cabeça. — Não tente enganar-se a si mesmo — advertiu-me-Antônio. — Não pense que porque se reconciliou com o passado e libertou-se da morte e do medo do futuro, estará vivendo como um guerreiro, pisando firme no presente como se fosse uma criatura de poder. Não se permita cair na armadilha pela simplicidade desta teoria. O presente não dura. Converte-se em passado assim que o expomos. É a sombra que produzimos. É a nossa sombra.

— Mas a pessoa de poder, de conhecimento, caminha pela neve sem deixar rastros. Não produz sombras.

— Muitos que navegam pela Roda da Medicina se deixam seduzir pelo poder. Poucos completam o círculo, comungam com seus ancestrais no Norte e, superando esse poder no Leste, tornam-se criaturas de conhecimento, filhos do Sol. — Sorriu para mim, do outro lado da fogueira. — Se quiser entender literalmente essa metáfora, pense na única coisa que não produz sombra.

— O que é?

21 de outubro

O sol é a única coisa que não produz sombra.

A energia e a consciência são a mesma coisa? A energia do sol é a energia de toda e qualquer vida — de toda matéria, portanto — uma energia que forma todas as estruturas assim como há uma consciência que informa todas as vidas.

Regressamos a Cuzco, e fiz uma reserva para o vôo a Pucallpa, para a manhã seguinte.

24 de outubro

Vim ao Peru para experimentar a *ayahuasca* e sou apresentado à morte. Vim ao Peru em busca de um xamã e encontro um monte deles. Amanhã volto à selva, volto ao jardim.

Oitenta mil anos atrás adquirimos o cérebro pensante, a máquina de raciocinar que nos apartou da natureza. Num único longo salto quântico, o cérebro dobrou de tamanho. Pudemos avaliar. Raciocinar. Pensar. E a mão da natureza uniu-se à mão do homem.

Há um volume da Bíblia de Gedeon na gaveta da mesinha de cabeceira no quarto deste hotel. "E Jeovah continuou e disse: 'Vejam, o homem igualou-se a nós ao tomar conhecimento do bem e do mal, e agora também não pode estender a mão e colher o fruto da árvore da vida e viver eternamente'. E assim, Jeovah expulsou-o do jardim do Éden, para que cultivasse o solo do qual ele havia sido banido."

Eu estou de volta ao jardim, para estender a mão e comer o fruto da vida eterna.

Falei com Stephanie. A voz dela soou-me muito distante. Tenho de retornar aos Estados Unidos para uma edição de última hora do *Realms of healing*, portanto, vou restabelecer-me da minha estada na selva, durante o vôo para casa. Vou encontrar Antônio no aeroporto para me despedir. Por quanto tempo?

Antônio não apareceu.

Telefonei para a escola, mas ninguém atendeu. Esperei até o último momento, depois embarquei no avião de dois motores para Pucallpa. Planejava voltar dentro de cinco dias. Teria algumas horas livres em Cuzco antes de pegar a conexão Lima—Estados Unidos. Com certeza o veria nessa ocasião. Tomaria um táxi até a escola e o veria antes de partir.

Entretanto, sentia-me inquieto. Por que será que ele não viera? Tínhamos tanta coisa para conversar...

14

*Os olhos não são os responsáveis quando
enxergamos com a mente.*

Pubilius Syrus

Estava na hora de eu tomar o ônibus no campo de aviação de Pucallpa. Hora de refrescar-me sob o velho ventilador Westinghouse e tomar um drinque de *cuzceña* no bar. O garçom lembrava-se de mim.

Desci no quilômetro 64 e procurei a bananeira que indicava a entrada da trilha, mas ela havia crescido tanto que não consegui identificá-la e tive que adivinhar.

Havia algo no ar, algo que penetrava até no melancólico bagaço da floresta. Algo que se situava na clareira em volta da casa de Ramón. Ele se encontrava lá, de costas para mim, curvado sobre um tronco de árvore grosso e retorcido. Endireitou o corpo quando me viu surgir de dentro da selva, virou-se, e notei que segurava um facão. Ficamos de frente um para o outro, parados, olhando-nos a uma distância de uns dez metros. Sorri, e ele me olhou com os olhos meio fechados, depois ergueu-os e inclinou a cabeça para trás para olhar o céu. Não demonstrou surpresa nem esboçou um gesto de reconhecimento, nem de cordialidade. Fungou uma ou duas vezes e fixou os olhos em mim.

— O que aconteceu? — perguntei.

— Está queimando — respondeu ele. Balançou a cabeça e olhou para o chão.

25 de outubro

Em algum lugar ao sul, trinta ou quarenta quilômetros ao sul, a selva estava em chamas. Correntes são jogadas entre os tratores e a vida na selva está sendo despedaçada e queimada para a criação de pastos para o gado. Carne para a cadeia de supermercados americanos. E a perda é preciosa — exóticas madeiras de lei.

Embora Ramón seja um homem de poucas palavras, está particularmente taciturno. Uma névoa escura o circunda. Está sozinho aqui, e vacilo em perguntar sobre sua mulher e filha. Mas ao fazê-lo, ele apenas curva a cabeça para a frente. Precisamos de chuva — diz ele, e está chovendo agora, uma tempestade nas trevas negras como piche. O tipo de chuva descrita no Velho Testamento. Seria para deter o fogo? Ou para expulsar o homem branco?

Como estará ele se sentindo? Com raiva, magoado. Sou recebido de má vontade.

A selva está queimando em algum lugar, e um homem branco surge do meio das árvores e dirige-se para a casa dele.

Estou apreensivo. Se continuar a me sentir assim amanhã cedo, vou embora.

Dormi até muito tarde. Era quase meio-dia quando acordei. A chuva havia cessado e a floresta estava evaporando. Alguma coisa assava sobre o braseiro, na areia, e Ramón não se encontrava mais ali.

Perambulei pelos arredores. Fui até a curva do rio onde me banhei e escrevi no meu diário anos atrás. Acompanhei o pequeno riacho, andando dentro dele nos trechos onde não mais existia praia, onde a selva sobrepujara o brejo e as dunas de areia. Depois de vagar sem rumo por uma hora, deparei com outra duna, uma extensão de areia e uma vereda, que se prolongava por cerca de trezentos metros para dentro da mata. Lá havia uma ruína, uma espécie de construção, talvez um pequeno templo, revestido com a ornamentação própria da floresta, cujo crescimento vem acontecendo há oitocentos anos, trepadeiras sobre blocos lisos de granito. A fricção do tempo. Era a cena de uma litografia feita por um explorador do século XIX. Havia vestígios de uma fogueira no centro da clareira, molhada agora pela chuva da noite passada. Quem teria estado aqui? Ramón?

Atravessei a clareira em direção à ruína. De repente, a selva emudeceu. O zizio da cigarra parou. O timbre agudo da cacofonia dos pássaros e dos insetos, a tagarelice e o zumbido que preenchem o calor e palpitam na atmosfera densa da Amazônia cessaram, subitamente. O último ruído foi o som abafado dos meus passos calcando a lama. Parei, e ouvi o silêncio.

26 de outubro

Estou sentado na areia, à beira da lagoa. A tarde já vai alta, e observo dois patos abrindo caminho sobre as águas. Na outra margem eles se alimentam, rolam para a frente, o rabo para o céu, depois de costas, sacudindo a água da cabeça e movimentando o bico.

O lugar é paradisíaco. A selva está fervendo ao meu redor.

Sh-sh-sh-sh, ssssss.

Fecho os olhos e me deixo embalar por esse som, abrindo-os depois para esse pequeno corpo líquido que para mim se tornou um símbolo. Na minha imaginação fiz deste local um mito, santifiquei-o e ele se transformou num local de poder, um pouco sagrado. Coisas mágicas acontecem por aqui, mas são reais em minha mente, e a melhor hora é a do crepúsculo. Seria a paisagem da minha imaginação ou da minha consciência? O fato é que estou aqui agora. De verdade.

Uma interpretação racional.

Estou aqui, escrevendo.

Uma interpretação conceitual.

Mas eu estou aqui, de verdade.

Assim como estou escrevendo neste diário.

Posso existir aqui por um momento, perceber que estou aqui, escrever que estou aqui, embora a escrita represente a realidade duas vezes mais além.

Há um ponto aqui a ser ressaltado, que tem a ver com a diferença entre a filosofia, que compreendemos com nossa mente racional através da leitura, e a filosofia aplicada, que é a experiência direta. A experiência do abstrato acontece num plano diferente. Talvez porque envolva o cérebro todo, o corpo todo e toda a consciência, e não apenas uma parte, aquela fração que utilizamos ao pensar.

Afinal, quem tem acesso à experiência direta? A elite? Homens e mulheres que são impelidos a ir adiante e tocar o mistério tornam-se intermediários da mitologia e da religião e, através deles, grande parte da humanidade vivencia o espírito. São os heróis. A diferença entre a experiência e a fé.

Naturalmente. E, embora Buda e Cristo, Mohammed e Black Elk, talvez tenham tocado o Divino, experienciado o poder e se deixado levar pela corrente da consciência que impregna todos os seres vivos, a universalidade de suas experiências foi perdida ao ser relatada, ou talvez pela obrigação de relatá-las. Experiências e conhecimentos que deveriam congraçar toda a humanidade acabaram por dividi-la, porque a mesma experiência, comum a todos, foi transmitida de modo diferente.

Locais sagrados.

Existe um lugar na selva, a uma hora daqui. Alguma coisa lá provocou arrepios. Alguma coisa em mim...

Vou voltar a esse lugar, embora a idéia me assuste. Medo. Foi para isto que vim. Acho que irei.

— Você comeu?

Não o escutei aproximar-se, mas ele se encontrava ao meu lado. Sentou-se perto de mim na areia. Fechei o diário e respondi que não havia comido nada. Ele assentiu com a cabeça e fixou o olhar na lagoa.

— Você é bem-vindo aqui — ele disse.

— Obrigado — respondi. — Não tinha certeza...

Balançou a cabeça. — Eles... — virou-se para o lado sul — não estão vendo — completou ele lentamente — a natureza... — olhou dentro dos meus olhos — ... das coisas.

Mais tarde

A *Natureza das coisas*.
Ramón é um homem de poucas palavras.

— Uma águia está seguindo você.

Mudei de posição na areia para fitá-lo.

— Eu sei — respondi —, sinto muito.

Franziu as sobrancelhas. — Sente muito...?

— Sua filha...

Olhou de lado, estranhando minhas desculpas. — Ela se sentiu honrada — declarou ele, esboçando um sorriso.

— Honrada? Mas a águia... — Fiquei de pé, de costas para a lagoa. — Não foi você que a mandou seguir-me?

— Não — respondeu simplesmente.

— Mas me disseram, e... eu *sinto* que ela não é minha.

— E não é — continuou ele. — É de um homem de grande poder. Um homem do Norte. Um homem com quem você trabalhou.

— Antônio?

Sacudiu os ombros e confirmou o fato com a cabeça.

— Ele me disse que *você* tinha enviado a águia!

Os olhos de Ramón se arregalaram. Soltou uma risada abanando a cabeça, na tentativa de livrar-se do sorriso que repuxava sua boca. Levantou, foi até o braseiro e se abaixou para remexer as brasas. Foi a única vez que vi Ramón rir. De dobrar o corpo, com as mãos apoiadas nos joelhos. Acho que foi a coisa mais engraçada que ele ouviu na vida.

Passei a tarde ao lado dele, observando-o preparar o *ayahuasca*, cortar e macerar plantas, raízes e vinhas.

— Volte para aquele lugar — disse ele, quando o sol começava a afundar dentro da selva.

— Que lugar?

— Onde você esteve.

— Esta manhã?

195

— Sim.

— Que devo fazer lá?

— Sentar-se. — Despejou numa vasilha de madeira o caldo da panela que estava suspensa sobre as brasas, e eu o acompanhei até a árvore de *chihuahuaco*, em cujo tronco havia um buraco escavado. Dentro dele Ramón depositou o *yagé*. — Prepare-se. Invoque o seu poder. Tomaremos o *yagé* amanhã à noite. Volte quando tiver terminado.

As sensações naquela noite foram muito intensas. Refiz meus passos ao longo da duna do rio, através da água e pelo atalho, quando enfim o sol se pôs, e o jogo de sombras dentro da selva decidiu-se pela escuridão. Procurando adaptar os olhos, pisei com cuidado na pequena clareira diante das ruínas com formas indistintas, camufladas pelas trevas, pois a lua ainda não despontara.

Cercado pelo medo que sentira à luz do dia, volto agora, em noite fechada. Tão pesado como o ar, era o sexto sentido do medo. Lembro-me de ter cheirado as costas da minha mão, e meu braço, cujos pêlos macios estavam emplastados de suor. Era o medo que eu estava cheirando? A floresta emitia seu próprio ruído noturno, sons bem distintos, *vibrato*, *staccato*, e o agudo e prolongado zumbido. A única coisa que se interpunha entre mim, a escuridão e as outras criaturas que ali viviam era a roupa que eu vestia.

Perdi o medo ao me entregar, ao me oferecer, arrancando roupas com as mãos trêmulas, desajeitadamente, e...

O que é que estou fazendo?

Parado, nu, no meio da selva amazônica. Tremendo, com todo o calor da atmosfera, indefeso na claustrofóbica escuridão, recendendo a medo e suor, ao mau cheiro do repelente contra mosquitos, que está se espalhando pela clareira.

Penso que a insensatez, esse tipo peculiar de humilhação que senti, foi um sintoma do meu medo: uma maneira de substituí-lo. Meus olhos disparavam de um lugar ao outro. A lua já surgira e eu começava a enxergar coisas através da minha visão periférica. Nuances diferentes de escuridão.

Sentei-me sobre a camisa, fechei os olhos e meditei sobre os sons, procurando separar o gorjeio dos pássaros do zumbido dos insetos, e os agudos cantos longínquos das cigarras mais próximas...

Se diante de uma orquestra sinfônica observarmos fixamente o violinista, seremos praticamente capazes de distinguir o som de determinado instrumento dos restantes, por isso, respirei pelo estômago e mentalizei imagens, visualizei as criaturas da selva, fiquei atento aos seus sons: o tic-tic-tic dos besouros, a tagarelice dos papagaios gigantes, ao longe, em algum lugar... e o plaft de uma gota d'água sobre a folha enorme da orelha de elefante... Filtrando os ruídos, ouvi como o resto dissipou-se na escuridão... silenciando.

E havia o som da minha respiração. O palpitar do meu coração. Cada vez mais rápido. Passando pelas folhas, pela vinhas, rente ao solo.

Eu estava me movendo. E respirando.
Podia farejar meu próprio cheiro, além de absorver a umidade da selva.
Movia-me como uma sombra.
Sentado, suando, nu sob a luz da lua.

Dormi lá naquela noite. Quando acordei, a lembrança do felino e a lembrança do que se passou comigo fez com que me levantasse depressa. Enfiei-me dentro das calças, amarrei a camisa na cintura e segui o caminho para o rio.
Tomei banho, acompanhei o riacho como se fora um fio do novelo de Ariadne, e saí do emaranhado da selva, de volta à casa de Ramón.

Começou com um som.
Deitei-me sobre a areia num local plano, perto do braseiro, a uns seis metros da lagoa. A temperatura era quente e úmida. Os mosquitos zoavam ao redor das chamas das velas fincadas na areia. A fumaça do cachimbo de Ramón pairava sobre mim. A fumaça sufocante aliava-se à umidade do ar e tornava-se muito pesada.
Sentia-me bem. Jejuara o dia inteiro, sentado na curva do rio, escrevendo, revisando e revivendo o passado recente. Tirei a roupa e purifiquei meus chacras com a água que fluía da lagoa e ao redor da curva, e esfreguei meu corpo com folhas que ajudavam a espantar mosquitos, conforme me aconselhara Ramón.
Fiz um inventário de todos os meus pensamentos e sentimentos. Atribuí um objeto a cada um deles: minha curiosidade clínica. — Será que o ritual dessa noite será a repetição do primeiro? — para este foi uma folha rasgada do meu diário, dobrada em forma de triângulo. Para a segurança que senti, a coragem de enfrentar a escuridão e o jaguar na noite anterior, foi um fragmento pontudo de madeira. Para minhas expectativas e desejo de uma experiência transcendente, confeccionei uma trança com três tiras de folha de palmeira. A certeza de que eu iria voltar, que iria além do momento próximo à morte e depois retornaria à vida, foi uma folha com cinco pontas, parecendo uma mão. Coloquei esses objetos na corrente de água, como teria feito se os estivesse oferecendo ao fogo. Contemplei-os flutuar para

longe. A folha de cinco pontas encostou na extremidade da duna, virou, e fez uma rotação de 360 graus antes de desaparecer na curva do rio.

Agora, na areia, sinto meu vigor, embora minha preparação me deixe inquieto. Tenho que separar meu desejo de servir ao ritual, da minha experiência. Ramón demonstrou satisfação ao estender-me a xícara com *yagé*, e novamente agora ao soprar a fumaça em cima de mim. Será que ele percebeu minha força?

Olhando as estrelas recordei-me do momento em que a luz encontrou o teto na cabana de Ramón, e despencou, escancarando suas mandíbulas. Isso foi há muito tempo. Como seria isso desta vez?

Isso? Isso o quê?

Espera. Estou esperando por isso. As estrelas estão em seu lugar. A lua cheia ilumina a clareira, com naturalidade. Ramón dançou em círculos, na areia, e purificou-me com o fumo, fumamos juntos, tomei o *ayahuasca* e tudo o que sinto é o desconforto de uma lembrança associativa: o gosto amargo do *yagé* que permaneceu na minha boca e a recordação de uma náusea que não sinto. Esta vez. Pare de comparar. Expectativa. Curta o momento apenas com a sua presença.

Olhe para você! Está acordando! E olhando para Ramón como quem pergunta, Está tudo bem? O que está acontecendo comigo? Alguma coisa está acontecendo comigo? Deite-se. Deite-se de costas. Mas os olhos de Ramón... ele é um bruxo. Observe seu olhos! Ele não é somente um xamã, um mentor do Oeste, um jardineiro do jardim do Éden. É um embusteiro. Pode fazer qualquer coisa comigo.

Você sabe o que estou pensando?

Faz que sim, inclina a cabeça para a frente, mas não é uma anuência. Continua olhando. Para baixo. A serpente ao lado da perna esticou-se em minha direção, em direção à minha perna. A cobra malhada de cinza abre a boca entre minhas pernas, sob o luar.

Começa com um som.

Como uma cascata. A água precipita-se para a terra. Uma grande cachoeira, rugindo suas águas mistificadas.

Precisei usar as duas mãos para agarrar a serpente pelas mandíbulas, a língua bipartida enquanto exibia a membrana rosada da sua boca. Eu conheço você.

Toda a musculatura da garganta está se insurgindo contra a força do meu aperto, e as escamas escorregam entre meus dedos e a palma da minha mão.

— Você não pode me conquistar do jeito que conquista as mulheres. Não pode me subjugar como subjuga a si mesmo.

Sacudindo-se para a frente e para trás, a enorme cabeça debate-se entre minhas mãos. Para a frente e para trás, ao som da música que Ramón está cantando. Poderoso Satchamama, encantador de serpentes, víbora, espírito

198

do Lago Yarinacocha, protetor do jardim, aquele que doa o fruto da árvore do conhecimento. Arquétipo, enroscado em minha perna, deslizando em minha direção, a perna da calça enruga-se, repuxada pelas escamas.

Solto-a, e a cabeça despenca, provocando um barulho surdo no meu estômago, um ruído que me provoca um mal-estar. Passe por cima de mim, para que talvez eu me purifique dessa podridão em meu estômago.

A selva em preto e branco. Um filme de terror. Banhado pelo luar. Ramón me faz parar na beira das árvores.

— Não; aqui!

Sigo a linha que vai do seu dedo até a areia, caio de joelhos e vomito, emitindo do fundo do meu estômago um rugido. Um som primevo que sai de uma boca escancarada e ecoa na parede de arbustos, um som de centenas de vozes gritando de volta para mim, enquanto Ramón sopra sobre meu corpo a fumaça, chegando cada vez mais perto, e abarcando-me com sua força, o corpo cantarolando em seu interior, como uma vibração sonora começando lá no fundo, um zumbido verde e lilás.

Neste momento estou de pé, e a selva que me circunda oscila, nauseada e úmida. Árvores, moitas, vinhas, folhas, todas agora verdes e luminescentes, liquefazem-se e correm em piruetas para a lagoa.

A floresta fluida escorre pela areia, deslocando-se rapidamente em cabriolas rumo à lagoa, e eu, de pé, contemplo, observo as águas até...

Só resta a lagoa, e suas águas elevam-se à medida que a selva penetra seu interior. A água sobe pelos meus calcanhares, aquece-me e revigora-me. Molho as mãos em sua fosforescência, a água cristaliza-se na ponta dos meus dedos e gotas de areia começam a pingar. Eu caminho para baixo, para dentro do deserto que se estende no fundo da lagoa.

Ali, abaixo da superfície, o céu construiu uma teia, uma sagrada arquitetura de estrelas conectadas por filamentos de luz cristalina, onde em cada ponto de junção há uma estrela, cada estrela é uma interseção de cada filamento, todas as estrelas estão conectadas entre si, cada uma delas refletindo o todo, formando o tecido que reveste o universo, um filigrana tridimensional, e eu sabia que havia percorrido aquele espaço infinito, no qual cada confluência significava um ato de poder, de escolha, conduzindo-me até a próxima... a todas as infinitas possibilidades.

Entreguei-me, totalmente seduzido. Por essa criatura, essa mulher sagrada, a sensual essência da Madona diante de mim. Ela está de costas, coberta por um manto de penas com olhos, milhares de penas marrons, as penas de uma coruja, pinceladas de prata, parada, bem ao meu alcance, virada para o outro lado, sua cabeça movendo-se, lentamente, o rosto oculto por um véu confeccionado com o mesmo tecido de estrelas. Estendo a mão para arrancá-lo, mas meus dedos varrem o ar a poucos centímetros de sua face.

— Quantas vezes preciso pedir-lhe que venha a mim, meu filho?

Mexa-se! Mais perto. Ela está imóvel. Mais um passo à frente. Estou prestes a alcançá-la, mas novamente não consigo. Estou bem próximo de ver a face atrás do véu, uma face que está rindo com a doçura de uma melodia, e eu, dominado por essa alegria, caio de joelhos no chão. De costas na areia, vejo que a teia do céu se esgarçou e está em pedaços. Alguma coisa movimenta-se entre mim e o céu.

É a águia outra vez. As asas estiradas, surge das trevas grasnando em minha direção, obliterando a arquitetura da noite, e para quê? Você não é um abutre, e esta carne está morta e fria. A lividez instalou-se, o sangue cessou de correr e busca as extremidades, agrupando-se nas veias, artérias, capilares, nas cavidades das minhas costas. Deitado, sinto as carnes gangrenarem, já mortas, convertendo-se em alimento para moscas condores, vermes e formigas. Serei dilacerado e levado embora, pedaço a pedaço, então por que você se incomoda, por que voa tão velozmente para tão longe?

Vejo o felino aproximar-se; a águia bate as asas e desaparece na escuridão.

Posso tirar duas conclusões imediatas, ou três. Posso ver uma infinidade de coisas simultaneamente, porque o tempo é como o céu, sem princípio nem fim, e um momento é o reflexo do outro. A visão não toma tempo. E *ela* onde está? Que foi mesmo que ela disse...?

Raios de sol apontam para mim como espetos na escuridão, produzindo um jogo multicolorido de formas na planura do deserto, perfurando a noite como um túnel no horizonte sem árvores, e pela vereda dentro da luz o jaguar caminha resoluto. Com uma poética fluidez, movendo-se sem remorso, tão negro que mal enxergo seu contorno, seus músculos embaixo do pêlo escuro, mas ele está ali! E quando a fonte do sol no fim do túnel incide sobre ele diretamente, o pêlo negro resplandece, dourado.

Ele fareja meu corpo, minhas carnes apodrecidas que não me pertencem mais e, satisfeito, vira-se de frente para a luz e eu o acompanho. Seguimos juntos, como já o fizemos antes, e nos sentimos um único e mesmo ser em busca da fonte de luz. Enquanto andamos em frente, viro-me para olhar para trás, mas estamos muito longe dentro do túnel, e o deserto está perdido numa miríade de cores.

Jamais retornarei. A luz está se apagando atrás de mim, e sei que jamais voltarei, pois o momento da morte já passou. Passou sem um suspiro sequer, e nem se fez anunciar. Delicadamente. Uma revelação. Aquilo foi a morte. Lá atrás, em algum lugar. Será que morri?

A respiração cessou.

Morri com consciência?

Vozes.

O som do coro amplia-se. Cantam para mim numa só voz. Os mortos. Familiares. Aqui a humanidade fala muitas línguas numa só voz.

200

Bem-vindo.
Êxtase.
Ali, ali existe luz. Brilha, brilhando cada vez mais. Estou piscando? Não, refletindo! É engraçado. É engraçado mesmo, não curioso. Não posso piscar, porque não tenho olhos. Este pensamento me faria rir, mas não tenho língua, e meu riso é minha última, minha eterna alegria.

Um estado de exultação origina-se em meu interior e expande-se. Ocupa o universo inteiro... espalhando-se... incluindo tudo o que já foi...

Consigo enxergar o tempo. Consigo senti-lo, seguir qualquer caminho, cavalgar sobre as ondas que se chocam nesta explosão, cujo centro é a luz.

Descubro que o futuro não está à frente, assim como o passado não está atrás. Nunca soube... Pensava que o tempo...

Era... o quê? Será que alguma vez eu soube?

Não me lembro. Memória. Memória?

Quando respirei pela última vez? Quando?

Perdido. Estou perdido nos longínquos reflexos de luz.

Contraindo-se agora.

Os reflexos estão contraindo-se. De lá para cá. Tudo o que se expande, contrai-se, entra em colapso.

E a Senhora está lá, coberta por seu manto de penas. A cabeça vira suavemente. Um felino, uma coruja.

Nunca esquecerei seu rosto, porque nunca pude lembrar-me dele depois.

Os olhos atrás do véu. As pupilas dilatadas... tudo o que se expande... contrai-se. A cabeça pende para trás, a boca aberta em êxtase.

Ela suspira e meu coração dói, meu peito está machucado.

Respire!

Arquejo, enquanto meu rosto rompe a superfície, e a água da lagoa inunda meus olhos. Sufoco um grito, e aspiro meu primeiro alento.

Não me recordo do que aconteceu em seguida.

Escutei um grito e acordei, arrepiado. O som dissolveu-se num uivo, num lamentoso uivo à distância. Eu estava inteiro ali naquele momento. Sabia que tinha viajado, passado a noite num ritual, e que estava desperto, deitado de costas no pequeno quarto com telhado de sapé, onde iria recuperar-me.

Uma quietude, pesadamente suspensa na noite carregada de umidade, esperava a chuva. Novamente. Bem longe. Agonizante. Ecoando no silêncio. Acenando no escuro. Assim como eu, a selva também ouviu o ruído, que não estava tão longe quanto imaginei.

Levantei-me e, despido mesmo, andei rapidamente pela casa. Precisava ir. Caminhei sem pensar, e parei bruscamente, ao sentir que meus dedos dos pés afundavam na areia lá fora, sobre a duna da lagoa. Segurava o facão de Ramón com a mão direita. Isso me fez parar.

Estaria sonhando? Não.

Lá estava Ramón, ainda fumando cachimbo. Uma única vela projetava na areia a sombra do seu perfil. Ele mal se dava conta da minha presença.

Parado na margem da lagoa, olhava para uma abertura entre as árvores, que demarcava o atalho até a curva do rio. Plenamente consciente? Meu Deus, sim! Imediatamente me adaptei. Olhei para o meu corpo que já estava reluzindo no ar liquefeito. Meu tórax foi se tornando pesado.

Era um felino, bramindo na noite, na curva do rio. Eu sabia, o tempo todo eu soube. Então o ar se mexeu, convertendo-se na doce brisa que precede a chuva, e soprou em minha direção o odor do animal. O odor de almíscar. Senti essa essência e a persegui, penetrando no interior da mata.

Eu caminhava agilmente, e meio agachado, ao longo da trilha. Acompanhando a essência e o triste lamento da fada da morte. Chegara minha vez.

Ao encalço do felino. Ele sabe que uma força poderosa o está perseguindo?

Estou indo ao seu encontro. Vou matá-lo. Talvez. Não tinha certeza, mas sabia que nada jamais fora tão importante.

Sabia que a minha essência, meu cheiro do século XX, emanava adiante e atrás de mim, e senti a tentativa da selva em retrair-se e expandir-se, sustendo a respiração, à medida que eu me deslocava num plácido silêncio, para perto do rio.

Quando cheguei bem próximo, afastei-me do caminho. Estava numa posição vantajosa. Entrei no rio, arrastei-me com esforço através da água, sem deixar rastros sobre o limo sob a superfície.

Ele estava ali, na areia prateada, bramindo, espreguiçando-se, contorcendo-se num enlevo de luxúria, negro como ébano, uivando eroticamente sobre a areia. Gemendo e chorando, cheirando a sexo.

Não sei o que ele está fazendo. Só sei que estou aqui de pé, nu, com água pelos joelhos, segurando o facão de Ramón, meu coração batendo furiosamente, o sangue me subindo à cabeça. Uma aragem mais fria desceu pelas minhas costas.

O vento mudou de rumo.

O firmamento ribombou.

Agora, a qualquer momento...

O jaguar agitou-se, esfregando a barriga na areia e, de repente, pôs-se de pé, as costas arqueadas, imobilizado, em posição de tocaia, as patas afundadas, absolutamente impassível. Então, seu longo rabo estremeceu. Uma,

202

duas vezes. Reflexo condicionado. Seus grandes olhos amarelos mantinham-se perfeitamente enfocados. A uma distância de cinco metros, nos encaramos.

Levantei a mão tentando alcançá-lo. Um tremor convulsionou seu corpo, eriçando seu pêlo da cabeça às ancas. As orelhas dobraram para trás.

A areia desliza pela água. O jaguar dá um salto, uma rápida investida para o lado, embrenha-se entre as folhas e desaparece no verde-escuro da mata. Ele se foi.

Espere! Não vá...

A brisa que soprou minha essência até ele carrega-me através da água até a areia. Caio de joelhos e toco as marcas, o local em que seu corpo deixou depressões, sulcos longos e profundos. Passo a mão pelas ondulações da areia, e pequenos grãos escorregam entre meus dedos. Encosto o dedo no nariz e aspiro o cheiro, o cheiro peculiar do animal. Abaixo-me, e chego mais perto. Minhas mãos acompanham as marcas, e os dedos afundam na areia.

Estrondos no céu.

Estico meu corpo, deito-me de barriga para baixo, rolo sobre a areia, esfregando contra ela o peito, as virilhas e as costas. Movimento as pernas para a frente e para trás e aspiro o cheiro sofregamente. Não estou cheirando, mas respirando. Rápido. Mais rápido. Há contrações na minha barriga. Respiro tão depressa que a respiração se torna curta e urgente. Stephanie...

Ela surge em meu pensamento. Deito de costas, fecho os olhos, passo as mãos em cima do corpo onde a camada de areia se depositou.

O ar que respiro preenche minha cabeça, e eu me desloco pela passagem estreita. O felino, movendo-se resolutamente, desce pelo atalho, uma visão noturna em branco e preto. Sem ser notado, entro sorrateiramente no quarto, sentindo o cheiro de suor de Stephanie, sua respiração curta e ofegante.

Stephanie e...

Stephanie geme, suspiros brotam de seu peito e, pressionando o corpo contra o homem, executa movimentos ondulantes. Paro onde estou, rente ao chão, sobre o tapete persa. Upa! Silenciosamente. Traiçoeiramente. Suba! Para cima da cômoda. Olho para baixo. Os lençóis cor de pêssego estão amarfanhados ao pé da cama e um travesseiro, jogado no chão. As costas do amante dela são largas e lisas, e a cabeça dele mexe-se para a frente e para trás, seu pescoço pende, frouxo, enquanto desliza para dentro e fora dela. É um desconhecido para mim.

Um rompante de fúria domina-me, uma fúria há muito retida inerte em minhas entranhas sobe violentamente para o meu peito, inunda-me a cabeça, o estômago é agora um buraco mas vibra sob o efeito da adrenalina e todo meu corpo se eriça. O lábio superior contrai-se em cima dos dentes. Estou pronto para matar.

Mate-o!

Posso fazer isso. Posso estraçalhar os dois, e deixar cada um deles deitado na poça de sangue do outro.

Engula. Contenha-se. Espere. Desço do topo da cômoda para o tapete, colocando primeiro as patas dianteiras pesadamente sobre o tapete persa. Devagar, dirijo-me para o lado da cama.

Será que reconhecerei você? Com seu rosto extenuado, os tendões tensos, lábios esticados por detrás de uma fileira de dentes brancos e regulares, enquanto está chegando ao fim em cima dela? Com os cabelos desgrenhados e o suor grudado em sua testa, parece um idiota.

Será que me lembrarei de você e do enjôo que estou sentindo? Do vazio deixado pela infidelidade de Stephanie e da fúria assassina que contive?

Meus soluços perdem-se na noite tempestuosa.

A última imagem que ficou: Stephanie empurrando-o para longe dela, e sentando-se assustada.

— Que foi? — pergunta ele.

Ela abana a cabeça.

— Nada... não foi nada.

Mas você sabe que não é verdade.

15

Esta é uma experiência essencial em qualquer realização mística. Morremos para a nossa carne e renascemos no espírito. Identificamo-nos com a consciência e com a vida da qual nosso corpo não é mais que um veículo. Morremos para o veículo e nos identificamos em nossa consciência com aquilo que está sendo transportado pelo veículo. Isso é Deus.

Joseph Campbell

Chuva. Chovendo torrencialmente no rio, calcando as folhas da floresta e marcando a areia como cicatrizes de varíola. De quatro pelo chão, castigado pela chuva, soluço.

Quando emergi, ensopado até os ossos, nu, com os olhos esbugalhados e tremendo de frio, havia um estranho na clareira. Um índio, homem de meia-idade, vestia uma camisa de mangas curtas, um velho jeans e um chapéu de palha escorrendo água; arrastava um monte de palha através da clareira, em direção à casa. Assustou-se ao ver-me. Dobrando os joelhos e colocando a palha sobre a areia, benzeu-se. A palha estava coberta com folhas de bananeira que pareciam enceradas e brilhavam na chuva. Ramón apareceu na varanda. Olhou para mim, desceu para a areia e, sob a chuva, encaminhou-se em direção ao homem. Trocaram algumas palavras, e Ramón ajudou-o a carregar a palha para dentro de casa. Junto à porta ele se virou, fez um sinal com a cabeça e, obedecendo ao sinal, fui para o meu quarto e vesti um calção.

28 de outubro

É bem cedinho. O sol não apareceu. O dia está cinza, escuro. A chuva parou. Foi Ramón que fez a chuva parar?

Não sei se vou acreditar nessas coisas, quando reler minhas anotações. Minha mente está limpa, a percepção aguçada. Estou sentado à beira da varanda, os pés na areia.

Deveria estar dormindo. Deveria estar morto, mas nunca me senti tão vivo. Sintonizado no momento, sensível à delicadeza da manhã.

Sei que o efeito do *ayahuasca* está passando, porque nada do que aconteceu na noite passada parece ter tanta importância como o drama que presencio ao escrever isto.

Há um índio aqui com um garoto, que creio ser seu filho. Deve ter uns dez anos. Foi mordido por uma cobra, uma serpente da selva. Está inconsciente e febril. Ramón fez uma fogueira na areia e o menino está estendido, nu, sobre a palha que seu pai costumava trazer não se sabe de onde.

Ajoelhado ao lado do garoto, perto da fogueira, Ramón trabalha em seu espírito, trabalha pondo as mãos em frente e sobre ele e empurra o ar para cima, liberando a energia do corpo físico para um plano mais elevado.

Como posso descrever essa cena?

Ele começou, insuflando fumaça dentro dos chacras, cantarolando a meia voz, e em seguida liberando o espírito do corpo. Agora o está curando. Nunca havia visto Ramón desse jeito. Seu rosto mostra-se sério e tranqüilo. Parece estar em transe, e com as mãos delineia o contorno do corpo espiritual que se encontra diante dele.

Agora, com a palma das mãos toca a fronte do garoto. Depois fecha a mão e escorrega o punho ao longo do seu corpo. Mais fumaça sai do cachimbo.

Ramón fala com o pai que está ao seu lado, surpreso e aflito. Parece ansioso. Ramón torna a dizer alguma coisa, e o tom de sua voz é áspero. O homem rapidamente volta a si de sua abstração e tenta desfazer o nó de um barbante que amarrava uma sacola suja de tecido.

Ramón arranca a sacola de suas mãos e abre-a. Tira de dentro uma cobra de um metro e vinte, toda malhada. Está morta. A cabeça deformada e sangrenta foi quebrada com sucessivos golpes.

Ele a carrega até a beira da floresta, ajoelha na areia e estende a cobra na sua frente. Ele a cura.

Passando as mãos por toda a sua extensão, ergue os punhos para as árvores e produz um "uuushshsh" agudo pela boca. Lida respeitosamente com o corpo da cobra.

Um objeto sagrado.

Novamente ao lado do garoto, Ramón corta a cabeça da cobra em fatias, com uma faca comprida. Acho que deixei seu facão lá embaixo no rio.

Ele pressiona a cabeça da cobra contra a perna do menino. Cobre-a com uma tira de folha de palmeira e amarra os dois lados com um barbante. Inclina-se, sussurra alguma coisa no ouvido do menino, e ele geme.

Encontro-me num outro mundo. Fiz o que vim fazer e descubro que há muito mais para ser feito. Há toda uma existência de trabalho à minha frente.

Dormi durante todo o dia e toda a noite. Foi o sono mais vazio que já tive. Um sonho sem sonhos. Estranho como me entreguei ao sono sem medo, despreocupado em relação aos problemas existenciais, abandonei-me a um estado parecido com a morte, permiti que meu corpo permanecesse dormindo enquanto a mente vagava... De qualquer modo perdi o dia e a noite. Só me lembro do despertar.

O garoto está se recuperando. A febre cedeu e ele está se alimentando. Seu pai me disse que a picada é geralmente fatal, e que Ramón era um feiticeiro.

Tenho todos os motivos para acreditar que o garoto sarou, que tanto ele como a criatura que quase o matou estão curados, que algum tipo de equilíbrio aconteceu, que Ramón restabeleceu a ordem na natureza.

Porém, quem sabe? Como podemos comprovar essas coisas?

No dia seguinte voltei a Cuzco.

30 de outubro
A bordo

Voando para Cuzco. Sinto-me possuído pela ansiedade que acompanha uma descoberta. Prestes a compreender algo fundamental, tinha de ser cauteloso para que minhas percepções não descambassem para o terreno intelectual. Uma situação delicada. Olhando daqui de cima a selva lá embaixo, sinto-me próximo àquele lugar, a tudo aquilo, ao poder absoluto da natureza.

Ao enfrentar a morte, sei que também enfrentei a morte da minha consciência racional, a morte do ego e da lógica. As coisas nunca mais voltarão a ser o que foram.

Talvez eu devesse dizer algumas palavras a este corpo antes de atirá-lo ao mar. Este corpo que deixei, deitado na areia daquele deserto, coberto por um manto confeccionado com um tecido celestial. Queimá-lo numa pira e enterrá-lo, que importa? Nada estará perdido, porque não passa de uma forma de energia, de uma interpretação da consciência que serviu a um propósito durante determinado tempo. Estou balbuciando. Não ligo a mínima, porque estou excitado com a força desse novo conhecimento. Sinto-me como uma criança. Morto na carne e renascido num mundo espiritual. Um bebê.

Lá embaixo, a selva afasta-se para o sudeste. É ali que a evolução começou e começa, continuamente. Não fomos chutados para fora do paraíso. Nós é que lhe demos as costas. Cortamos o cordão umbilical. Não consigo escrever depressa.

Organizar. Entender o melhor que puder tudo o que aconteceu, pois a experiência pela qual passei tem que ser transmitida, e de forma compreensível.

Homem primitivo. Com cérebro límbico e reptiliano, vivendo num ambiente animista, inseparável das árvores, pedras, animais e do nascer do sol. Não havia distinções — seu cérebro era *incapaz de fazer* distinção entre si próprio e o resto. Não havia dualidades, nenhuma relação sujeito/objeto. Não isto e aquilo. A Terra era um jardim, uma unidade sem limites, porque ninguém podia *entendê-la* de outra forma. Uno com a natureza, literalmente.

Depois, o neocórtex. A consciência auto-reflexiva. A habilidade de perceber as mudanças. A razão. Eu e tu. Surge a dualidade, a diferença entre isto e aquilo, sujeito e objeto.

O homem podia separar-se na natureza, distanciar-se das plantas e animais, avaliar a influência da natureza em sua *experiência*. Autoreflexão.

Comemos da árvore do conhecimento do bem e do mal e fomos para o Leste do Éden. Perdemos o contato com a natureza. Perdemos o contato conosco mesmos, como parte integrante da natureza. Perdemos nosso contato com o Divino.

O princípio cartesiano: Penso, logo existo. O pensamento através da percepção dá lugar a um raciocínio intelectual. Separação. Um cérebro racional, um cérebro com linguagem própria e definições, defendido pelas grossas muralhas da lógica, das visões que não podemos explicar. As leis são concebidas, escritas e programadas dentro da tábula rasa do neocórtex, a fim de explicar aquilo que queremos ver, mitos e religiões que se concentram em guias e respostas do inexplicável.

Será que simplesmente perdemos a visão? Nossa capacidade de ter acesso ao Divino dentro da natureza, dentro de nós mesmos?

Aqui estamos nós, ocidentais, obrigados a suportar o ônus do afastamento de Deus, nosso destino preso à eterna procura por fatos e respostas que se encaixem dentro de uma estrutura lógica. Limitamos as dimensões do que é ser humano.

No entanto, a natureza espera, pacientemente. Abaixo de mim está a selva. Dentro de mim. Eu já estive lá.

Se a consciência é energia, e nossa energia vem da mesma fonte (sem sombra de dúvida), se nossa origem biológica é a mesma, é de espantar que exista um nível de consciência comum a todas as coisas? E que um indivíduo adquira a habilidade de penetrar essas esferas inconscientes e estabelecer uma conexão com a realidade num nível básico? Separar o corpo espiritual do biológico e curá-lo? Ligue-se na porra dessa fonte!

A energia que o sol despeja sobre a terra corre através de mim como o sangue da minha mãe e do meu pai que flui pelas minhas veias.

A energia, a consciência, o Divino.

Essa é a mensagem do credo cristão.

O credo budista.

A cabala e o upanixade.

O princípio fundamental do mito e da religião. Princípios que um dia entendi e nos quais acreditei.

Porém a fé não tem significado, e as faces de Deus interpõem-se entre nós e a experiência do Divino.

Preciso ver Antônio. Começo a compreendê-lo.

Nunca mais vi Antônio.

Era uma sexta-feira à tarde, e disseram-me que ele havia saído cedo. Ele não estava em casa, e não pude esperá-lo. Precisava voltar.

Voei para Lima, e assim que o avião para Miami deixou a pista, tentei lembrar-me do nosso último momento juntos. Em frente ao meu hotel, quando regressávamos do altiplano. Era tarde, e eu me dirigi para o telefone da recepção a fim de fazer uma reserva no vôo da manhã para Pucallpa. Íamos nos encontrar no aeroporto. Ele não apareceu.

Na porta do hotel, ele colocou a mão sobre meu ombro, como já fizera inúmeras vezes.

E ele me disse adeus.

NORTE

16

*Você consegue experimentar o poder
e não se perder no processo?*

Antônio Morales Baca

Passaram-se os anos. De 1975 a 1979.

Voltei ao meu mundo e me rendi aos seus problemas.

Isso mesmo. Recém-saído da selva, confrontei Stephanie com sua infidelidade e tivemos uma cena. Foi além do que ela pôde suportar. Lembro-me de quão místico e moralista eu era. Ela justificava sua indignação, fazendo referências à minha "masturbação psicodélica".

Mudou-se para Los Angeles e, no final daquele ano, escreveu-me uma carta depois da publicação de *Realms of healing*. Felicitou-me, e sugeriu que nos encontrássemos na próxima vez que eu fosse ao Sul. Respondi a carta, e durante certo tempo mantivemos correspondência, até que perdemos o contato.

Soube que atualmente ela se dedica à psiquiatria numa universidade ao sul da Califórnia.

Formei-me, e consegui acrescentar um Ph.D. no final do meu nome, o que me proporcionou certas deferências por parte de mâitres-de hotel, gerentes de agências de turismo e organizações de crédito.

Meu livro *Realms of healing* foi bem comentado nas colunas de livros, bem recebido pelo público e bem vendido. Teve quatro a cinco edições, que me trouxeram notoriedade no campo do movimento do potencial humano, no final da década de 70.

Foi num encontro casual que conheci minha primeira esposa. Parece que o fenômeno de *serendipity** sempre acompanha o "era uma vez ..." que inicia o mito do amor romântico. Ela era psicóloga, autora de um livro de

---

* *Serendipity*: o dom de encontrar coisas valiosas e agradáveis que não se procura. (N. do T.)

213

sucesso, de vanguarda, sobre a sexualidade feminina. Era uma linda mulher, inteligente e pragmática que desafiou minha maturidade emocional e intelectual até o limite máximo do meu eu, e acabamos nos apaixonando. Eu a amava.

Montamos juntos nossa casa, que construímos na encosta de uma montanha em Marin County, Califórnia, do outro lado da Golden Gate de São Francisco.

Ela escreveu mais um *best seller*. Eu trabalhava na minha clínica particular e aceitava todos os convites para proferir palestras, pois tinha de pagar os empréstimos concedidos a mim enquanto estudante, à custa dos quais vivi e viajei durante anos.

Dei aulas e tentei transmitir todos os meus conhecimentos. Aceitei uma cadeira na Universidade Estadual de São Francisco, desenvolvi um curso de psicologia transcultural, teórico e conceitual, e levei para o laboratório minhas teorias e conceitos.

Fui muito bem-sucedido. Minhas classes eram ecléticas e, pelo menos por isso, populares. O Laboratório de Autocontrole Biológico, fundado por mim, foi um lugar para testes e trocas entre pessoas sobre a questão mente/corpo.

Minhas experiências "em campo" foram essencialmente viscerais. O que quero dizer com isso é que o local da experiência situava-se dentro de mim, nas minhas entranhas, de forma sistêmica e emocional, muito mais do que intelectual e cerebral. E, no entanto, depois da minha volta, descobri que as experiências que preservava com tanto carinho, como a mulher grávida segurando o seu ventre, subiu à minha cabeça. O que fora algo profundo e intenso em minha consciência perdeu vida ao transformar-se num conceito intelectual.

Como Pitágoras.

Eu explico. Existe música na natureza: uma harmonia densa e vibrante. A que se pode compará-la? A música e os efeitos que provoca em nós são como o amor, um mistério que se desintegra quando deixa de ser mistério. Num dos grandes triunfos do pensamento neocortical, um filósofo grego descobriu que a música continha uma estrutura e forma tão perfeitamente lógica que podia ser descrita matematicamente. Embora suas fórmulas não conduzam ninguém ao pranto ou riso, a partir de um estímulo interior.

E eu me sentia como um herói. O protagonista do mito retornou para cumprir sua responsabilidade social.

Joseph Campbell, proeminente catedrático e uma autoridade no campo da mitologia, uma vez definiu dois tipos de atos heróicos. Um, disse ele, é uma ação física, na qual o herói desempenha uma ousada façanha num campo de batalha, ou salva uma vida. O outro, é um ato espiritual, no qual o herói aprende a vivenciar a esfera sobrenatural da vida humana, e depois volta trazendo uma mensagem.

Minha ansiedade por expressar uma mensagem baseada nas minhas experiências consumia-me.

Utilizei o gume afiado da minha pesquisa mental para talhar minhas experiências. Ninguém tentou me impedir.

Comecei a raciocinar. Meu raciocínio tomou mais ou menos este rumo:

A mente humana tem a capacidade de criar qualquer configuração neuroelétrica imaginável, ainda que de início não saiba como fazê-lo. O neocórtex é uma tábua lisa, uma tábula rasa. A habilidade de programar o cérebro pensante não é instintiva, é aprendida (o instinto pertence ao sistema límbico e reptiliano). Os laboratórios de *biofeedback* demonstraram que os consagrados feitos dos iogues, desde como controlar a dor, até o caminhar sobre brasas, podem ser desenvolvidos por qualquer pessoa. A capacidade de autocontrole e autoprogramação do cérebro humano inspiram respeito, e suas implicações no processo de autocura e transformação pessoal causam espanto.

O ritual primitivo é uma fórmula, uma receita que transporta informações para o neocórtex, informações que estão codificadas em símbolos de dança, música e estímulos visuais, aos quais o cérebro límbico responde, informações que instruem os centros controladores do cérebro reptiliano para acelerar o que seria um processo normal de cura. Então, os circuitos do neocórtex são impressos com um conjunto de instruções curadoras, que podem ser transmitidas verbal ou simbolicamente, para acelerar a cura em nós mesmos ou nos demais.

Não obstante o acesso aos centros visionários de cérebro límbico ser vetado pelo racional e teoricamente orientado neocórtex, eles podem ser atingidos durante o ritual. O cérebro pensante, que controla e avalia nosso estado de vigília, limitando-o a uma fração daquilo que a mente está experimentando num dado momento, pode ser programado para atingir o inconsciente. Pode ser programado pela experiência. As drogas psicotrópicas, como a São Pedro e a *ayahuasca*, provêem os atalhos necessários para que se chegue a esses centros da consciência, e ainda constroem uma estrada para que se possa percorrê-la quando estamos despertos. A existência no cérebro de locais para receptores bioquímicos de mescalinas e harminas — complexos psicoativos obtidos na preparação dessas plantas — podem significar que o cérebro é capaz de produzir essas substâncias naturalmente *desde que ele seja programado para isso.*

Finalmente, os lobos frontais do neocórtex revelaram-nos uma nova faculdade de antevisão visionária, assim como o campo de ensaio einsteiniano e os conceitos da mecânica quântica revelaram a relatividade do tempo e espaço. O tempo pode ser visto como flexível, assim como o espaço não tem limites. Antigamente esses atributos foram desenvolvidos em alguns raros indivíduos, espontaneamente, e em geral contra a vontade deles.

Quando os homens de Neanderthal, com suas deficiências neocorticais, estavam a caminho da extinção, 50 mil anos atrás, o *homo sapiens* recebeu a incumbência de carregar a tocha da evolução. O neocórtex, que os havia apartado de seus ancestrais, teria evoluído e, eventualmente, desenvolvido as necessárias pistas neurais que lhe permitiriam tornar-se inteiramente funcional e navegar pelo curso dos eventos humanos. Os indivíduos que desenvolveram essas conexões neurológicas, quer por havê-las praticado, quer por acaso, foram considerados esquisitos ou geniais no seu tempo — os santos, os videntes e os milagrosos. A experiência do sublime tem pertencido ao domínio exclusivo dos profetas e místicos, figuras reverenciadas e perseguidas ao longo da história.

O neocórtex continua evoluindo, e seus circuitos continuam se formando. Devemos aprender a aproveitar seu poder a fim de criarmos uma saúde psicossomática. E os visionários isolados converter-se-ão em criaturas do passado.

Falei sobre isso nas minhas salas de aula, e testei em laboratório estados de transe. As catárticas transformações que experimentei no contexto de um ritual e em estados alterados, as curas que testemunhei desde o México até o Brasil e Peru, superaram em muito o produto final de minhas expectativas a respeito da terapia psicológica do Ocidente, e confundiram meus conhecimentos sobre medicina. Em todos os casos que observei, o denominador comum era o estado da mente, da única mente, a do xamã e do sujeito, e a do curador e do paciente.

Em minhas aulas, expus a idéia do indivíduo que, através de um treinamento específico, familiarizando-se com os múltiplos estados de consciência inatos na mente do homem, aprendeu como sintonizar esses estados para que ressoassem harmonicamente com a Natureza, como transcender o tempo linear e a tridimensionalidade do espaço, como mobilizar os mecanismos de autocura do corpo e despertar esses estados e mecanismos nos outros.

O processo de interpretar esses conceitos dentro de um contexto discursivo frustrou-me. Meu trabalho em laboratório, apesar de bem-sucedido, era visto com polido interesse, apenas por curiosidade. Até aí tudo bem. O que não estava bem era a natureza da minha preocupação.

Minha última experiência na selva tinha me arrastado e me sugado para as profundezas da percepção do corpo inteiro, da percepção cinestésica "do homem que já morreu". Senti-me totalmente aliviado das amarras do pensamento e da razão, das fronteiras do meu conhecimento. Tinha ido além dos limites anteriores, ultrapassando toda a experiência prévia de mim mesmo, tinha me identificado com uma energia, uma forma (felino? natureza? corpo? chame-o como quiser, exceto daquilo que deixei no fundo da lagoa no deserto). E, dessa maneira, aventurei-me numa odisséia através do tempo e espaço, andei dentro da luz e tive até um vislumbre do rosto da Senhora do mito, "senhora velada", que dizem conduzir-nos ao *nagual*, o transcendente.

Percorri a Roda da Medicina. Desvencilhei-me do meu passado e confrontei-me com o medo e com a morte. Permaneci no meu presente, pleno de mim mesmo e dos sonhos do futuro.

24 de março de 1976
Em casa

O passado não é imutável e a morte não é o fim, portanto, vamos moldar nosso futuro, forjar uma imagem do novo século, visualizar, conceituar, captar sua essência, como se fosse uma pintura sobre tela, uma pintura de areia, um "captador" de espíritos, uma arquitetura de luz.

Fui transportado. Não por desejo ou medo, mas por responsabilidade e ansiedade. Se Antônio estivesse perto de mim, ele teria me advertido, novamente, de que eu estava me precipitando.

Concebi e editei um livro, *Millennium: Glimpses into the Twenty-First Century* (*Millennium*: lampejos do século XXI), uma visão do futuro na concepção dos dezoito cientistas e filósofos mais visionários e criativos do mundo. Descobri uma curiosa dissonância entre os sonhos dos autores e as palavras deles, entre o conteúdo de nossas entrevistas e os capítulos que me enviaram.

Fiquei obcecado em traduzir mitos xamanísticos e modelos mentais na sala de aula, e produzir respostas bioquímicas e psicológicas mensuráveis para os estados mentais alterados, em laboratório.

11 de maio
Em casa

Qual a natureza do estado de êxtase, do estado "fora do corpo" e do estado de cura? Quais eram os mecanismos que dividiam nossa consciência entre estado de vigília e estado de sonho, separados pelo véu do sono? De que maneira a mente evoluiu? E mais: agora que estou convencido de que podemos ter acesso a ela, conscientemente, para onde e como nos conduziremos no futuro?

Alteramos irrevogavelmente o processo de seleção natural. A sobrevivência dos que possuírem melhores condições de adaptação ao meio ambiente já não é mais a regra de evolução das espécies. O triunfo do pensamento racional do neocórtex do Ocidente, em nenhum outro lugar está mais bem evidenciado do que nas conquistas da medicina do Ocidente. A ciência tirou queda-de-braço com a natureza e... ganhou. Bem, nós demonstramos que pudemos vencer a mortalidade infantil e fortalecer os geneticamente fracos, os desajustados e mentalmente enfermos. Ultrapassamos a regra número um da evolução da natureza, salvando a vida daqueles que de outra forma teriam perecido. E não há mais volta. A menos que surja um cataclisma. A experiência humana não está restrita a um relógio de setenta e dois anos. Deus, eu sei disso agora. A morte não é o fim da consciência individual, e as espécies precisam parar de tomar decisões rigorosas, baseadas num aluguel a curto prazo deste espaço. Estamos defecando sobre nosso próprio ninho. Se aquilo que conheço é imortalidade, então, definitivamente, só nos resta convertermo-nos em cuidadores da Terra. Agora compreendo por quê. Escrever um livro, *Futuremind*. Pesquisar as origens da mente. Fazer um traçado da evolução da consciência e extrapolar.

E assim por diante...

Sim, quando todas as concepções sobre espaço e tempo e sobre vida e morte forem exploradas, quando as garras do passado e o medo do futuro tornarem-se eles mesmos situações passadas, só então viveremos no presente de modo integral.

Mas eu não sabia como.

O presente é imensurável, rasgando o tempo e o espaço e dividindo o passado do futuro. E assim mesmo eu sentia que meu presente estava se expandindo, e comecei a enchê-lo de frustrações. Comecei a trabalhar no *Futuremind*.

No *Realms of healing*, minha prudência profissional obrigou-me a qualificar as experiências que relatei para dar suporte aos conceitos apresentados. Fui cauteloso ao expor um ponto de vista subjetivo dos incidentes que, de acordo com a ciência médica, eram objetivamente inaceitáveis. Em *Futuremind* quis evitar tais qualificações, apresentando um modelo evolucionário racional da consciência e hipóteses razoáveis, tendo em vista as capacidades e potencialidades da mente humana, assim como o salto quântico das espécies em direção ao futuro. Iniciei pelo começo dos tempos e fui indo passo a passo. Foi uma tarefa gigantesca, um projeto que poderia consumir seu criador, apesar de que, na época, não passasse de outro fragmento, o caco de uma experiência acidental num presente cada vez mais despedaçado. Eu lecionava, trabalhava no laboratório, dava palestras, escrevia, servia nos comitês, investia em interesses financeiros como se fosse um passatempo, tentava arrumar o ninho que estava construindo com minha mulher, e recusei-me a me entregar ao amor que tinha por ela, encontrando fraqueza em lugar de força.

Antônio disse-me um dia que eu me encontrava numa posição delicada: acuado entre dois mundos, equilibrava-me sobre o ponto de apoio pouco estável de uma alavanca. Isto também vim a compreender depois.

Minhas idéias e atividades viraram uma mixórdia. Minha mulher publicou outro *best seller,* e eu mergulhei numa atividade frenética. Nossa casa transformou-se num escritório. A distância entre nós foi se ampliando, em virtude de questões financeiras, competição, insegurança e dependência. Comecei a perder meu ponto de equilíbrio.

4 de novembro de 1977

Segunda semana. Hepatite. *Hepa:* fígado. *Tite:* inflamação. Vermelho, inchado, colérico. Segunda semana de cama. Segunda semana de febril exaustão, náusea biliosa, pele da cor de gordura de peixe deixada ao sol para amarelar, xixi cor de laranja e diarréia cinza. Segunda semana olhando da cama pela janela, admirando as plantas crescerem. Curar-me? Não tenho energia nem inclinação.

Meus sonhos também são cinzas. Cinzas e imprecisos. Formas amorfas, de certo modo horríveis, movem-se com uma falta intencional de propósito...

O adultério não é a única forma de infidelidade. Todos os adúlteros são infiéis, mas nem todos os infiéis são adúlteros. Eu sou ambos. Ela também. Eu a amo, mas o amor tem altos e baixos, como vagalhões. Para nós dois. Agora estamos na maré baixa. E eu estou angustiado.

7 de novembro

Sonho. Com areia. Areia suja. Como a marca da água na praia depois que a maré baixou, depositando ali todo o refugo. Meu corpo quebrado e inchado encontra-se lá.

A parte minha que está no Peru.

Indo hoje ao banheiro, parei perto da janela e olhei a cidade através da baía. Lugar da mente pensante. O local que construímos quando saímos do Éden. As linhas são retas, os ângulos precisos. Ambiente artificial. Segunda Natureza. Onde está o poder? No dinheiro e nas manifestações de riqueza. Objetos de poder tilintando nos bolsos como trocados soltos. O equilíbrio caracteriza-se pela quantidade de dinheiro depositado nas contas de poupança.

No Peru, não podia caminhar pela selva sem que ela parasse e me ouvisse, sem que sentisse a mim e à minha presença estrangeira. Alienígena, porque sou um ser dessa segunda natureza. É onde funciono, e não estou sendo funcional nem mesmo aqui. Agora. Agora, depois de todo o tempo que dediquei à busca de conhecimento, sendo usado por espertos artífices da sugestão, mercenários do misticismo. Terei sido eu o objeto de suas primitivas feitiçarias? Como um membro da platéia num espetáculo de mágicas? O voluntário que se levanta

da cadeira, vai ao palco e se submete à hipnose? Late igual a um cachorro. Submete-se a vexames, está vendo o que posso fazer com você? Eu o hipnotizo e, em troca, você deixa aqui no palco uma migalha de dignidade e um montão de humilhações.
Que doce vingança em cima do homem branco! Você queria aprender nossos segredos e nossas tradições? Queria meter o nariz e procurar o que vocês deixaram que sobrasse do nosso passado? Claro! Vamos partilhar isso com você. Vamos abrir sua visão, para que veja as loucuras que cometeu, ensinaremos você a fazer uma fogueira para iluminar os fantasmas do seu passado, lhe mostraremos o que é a morte, enquanto deixa seu corpo aqui conosco e retorna a sua terra, confuso e esquizofrênico, porque o mundo civilizado é incapaz de suportar uma mente livre de pensamentos. Você cortou o cordão umbilical que o atava à Mãe Terra, e ele se atrofiou, criou uma crosta nos lugares secos e empoeirados que você construiu. O lugar onde o relógio vem tiquetaqueando durante milhares de anos, marcando o tempo desde que você abandonou o jardim.
Mas a piada sou eu.

Cheguei a acreditar nisso. Tão fervorosamente quanto acreditei na validade das minhas experiências, nas tradições que trouxe comigo na volta, no amor que sentia pela minha mulher, acreditei ter sido vítima dos truques de Máximo, da singela sensibilidade de Anita e das bruxarias de Ramón. Acreditei na amizade premeditada de Antônio.

Sonho. A Águia. Mais velha do que estava anos atrás. Alçando-se acima do topo da colina, ela pairava, as pontas das asas vibrando, sendo carregada pela brisa ascendente até as alturas... então lembrei-me quando subiu em cima de mim, pernas separadas, fincando as garras nos meus ombros direito e esquerdo e pinicando minha cabeça. A idéia de voltar ao Peru está me infectando.
Duas caras, almas gêmeas, separadas. Profissionalmente muito requisitado, não consigo satisfazer minhas próprias necessidades.

Existe uma tradição entre os praticantes de Quimbanda, a magia negra do Brasil, que a alma de uma pessoa pode ficar retida eternamente dentro de um objeto de cristal. Tive um vislumbre da eternidade, ao ver seu reflexo nas estrelas sobre o céu da lagoa, e sei que uma parte do meu ser ficou cativa ali.

17

Dizem que poucos completam sua jornada de iniciação...
Muitos param ao longo do caminho e ficam satisfeitos em ser
curandeiros. Tornam-se donos de si mesmos. E há os que caem na
armadilha do poder. Perdem-se ao longo do caminho.

Antônio Morales Baca

O professor Antônio Morales Baca desapareceu. Sem deixar vestígios. Aposentou-se da universidade. Sua velha casa de adobe, numa rua sem saída perto do que correspondia ao rabo do jaguar no plano urbano em Cuzco, foi alugada a um comerciante chileno. Nenhum novo endereço. O balconista do correio olhou-me com desconfiança e abanou a mão num gesto de quem quer varrer do ar minha pergunta. Foi no antigo Café Roma, enquanto observava o café se dissolver lentamente no montinho de açúcar em minha colher, que pensei no dr. Barrera.

Encontrei sua clínica numa quadra próxima à Praça de Armas, e fiquei folheando uma *National Geographic* de dez anos atrás, na sua sala de espera. Não importava que eu só quisesse dar uma palavrinha com ele. A índia com a criança enrolada num poncho, o *campesino* com o olho tapado por uma gaze, a matrona espanhola com varizes nas pernas e o garoto segurando um pote de geléia com amostra de urina estavam na minha frente. Esperei minha vez.

— O professor Morales? — O bondoso médico arqueou as sobrancelhas e recostou-se em sua cadeira de couro. Era mais pesado do que me pareceu a primeira vez.

— Sim — disse eu. — Fui amigo dele, e se bem me lembro o senhor também foi.

— E ainda sou — afirmou ele, olhando-me com ar de censura. — Já nos conhecemos? Você e eu?

— Na verdade, não. Esbarramos um no outro na soleira da porta na casa dele. Há muitos anos.

Barrera pegou uma caneta de ouro do outro lado da escrivaninha e trouxe-a para perto do seu receituário. Cruzou os braços sobre o peito.

Depois estendeu a mão e alisou com a unha do polegar seu pequeno bigode grisalho.

— Ele se foi — disse finalmente.

Assenti. — Sabe para onde?

Balançou a cabeça. — Infelizmente não.

Assenti novamente, e olhei para o chão. — Ele se despediu? — Ergui os olhos do piso de linóleo xadrez branco e preto. Fez-se um prolongado silêncio.

— Sim — respondeu.

E isso foi tudo.

3 de janeiro de 1979

Macacos me mordam se Antônio não morreu.

O fato de duvidar de seus motivos, da pureza de seus propósitos e da autenticidade de nossa amizade, já é bastante ruim. Fico louco da vida em pensar que nunca saberei. Que não poderei vê-lo novamente, que me foi roubada a chance de enfrentá-lo. Deus do céu! Que terei feito a mim mesmo para sentir toda essa presunção? Mas é como se ele tivesse me deixado com essa águia nas costas, o coração partido e uma agonia na consciência. Como o filho que nunca teve a chance de...

Se alguma vez tive necessidade de centrar-me, realinhar minha essência com minha natureza e invocar meu poder de cura, o momento é este. Mas a poesia perdeu-se na prosa.

O que aconteceu comigo, que me fez perder a arrogância anos atrás no altiplano, ser informado da minha inocência, exercitar meu poder e me encontrar sobrecarregado de conhecimentos, encarcerado nesse lugar, entre dois mundos, e perdido em preocupações?

Onde eu errei? Onde perdi a luminosidade, a magia?

Se você deparar com Buda na estrada, mate-o. Pois ele não é o caminho. Não obedeça a ele nem àquilo que ele representa. Curvar-se diante dele é perder-se a si próprio, é prostrar-se diante de uma estátua, uma máscara de Deus. Portanto, se avistar Buda no meio do caminho, mate-o.

Antônio. Você me poupou dessa preocupação? Indo embora? Meu desespero é total.

Vou ver Ramón.

O avião para Pucallpa estava atrasado. Sentado no aeroporto, permiti que a miséria me revolvesse o estômago. Sentei-me com o traseiro no piso de cerâmica e encostei-me na parede. Ao meu lado coloquei a mochila brasileira de couro e minha sacola a tiracolo. Havia um homem na minha frente, magro, com a pele sardenta e queimada de sol. Usava calças de algodão e uma camisa amassada tipo safári. Ao lado dele, na próxima cadeira de plástico, havia uma mochila com armação com muitos bolsos úteis e correias de couro. Fazia uma hora que estava ali, e eu o vi conferir seu bilhete e olhar as horas, fumar dois cigarros, amassar um maço e tirar o celofane de outro. Na última meia hora ele ficou escrevendo na capa de um diário. Gostei de vê-lo escrever, sem pensar muito. Pressionou a ponta de trás da caneta, enfiou-a num dos quatro bolsos da camisa, puxou um elástico grosso que estava enrolado em seu pulso, passou-o em volta do diário e colocou-o entre as tiras que amarravam sua mochila.

Ele tinha uma aura azul-clara. Turquesa, na verdade.

Meus olhos voltaram rapidamente ao normal. Por que eu havia olhado? Não tinha tido essa intenção. Houve uma época em que estava habituado a olhar. Então resolvi mudar de idéia e pensar numa conferência sobre psicologia, em Monte Carlo, porque a energia dos passageiros estava curiosamente baixa e indistinta, bem próxima de seus corpos. (O avião apresentou problemas no motor e precisou aterrissar num local não-programado.) O interessante é que comecei a olhar, sem querer.

Ele retirou um par de óculos sem aro de outro bolso da camisa e colocou-o, prendendo as hastes atrás das orelhas. E pela quarta ou quinta vez, semicerrou os olhos e olhou para mim.

Assenti com a cabeça e esbocei um sorriso.

— Pucallpa? — ele perguntou.

— Mmmm-hmmm.

— Eu também.

Olhei para a exagerada armação que trazia na bagagem. — Engenheiro? — perguntei.

Balançou a cabeça e sorriu.

— Petróleo — disse eu.

— Também não.

— Você não é um rancheiro... — A lembrança do homem do bar no aeroporto de Pucallpa me deu vontade de rir. Ele só me olhava.

— Antropólogo — admitiu.

Mantive o olhar por alguns segundos.

— Eu o conheço — ele disse.

Era verdade. Ele havia assistido a um simpósio sobre saúde holística na UCLA, enquanto cursava a faculdade. Eu falara sobre xamanismo. Ele conhecia meu trabalho.

— Puxa vida! — exclamou ele. — Eu estive na costa, no Templo do Sol. Conheci com Eduardo Calderón.

O nome não me dizia nada.

— Um xamã-curador em Trujillo — continuou ele. — Um homem incrível. Teria passado mais tempo com ele, mas eu queria ir para a selva...

— Don Ramón Silva? — perguntei.

Suas sobrancelhas loiras levantaram-se. — Ele mesmo! — Franziu a testa. — Como você sabe?

Sacudi os ombros, e me dei conta de que não iria ver Ramón agora. E que não estava particularmente interessado...

— Creio que Eduardo está à sua espera — ele concluiu.

Olhei fixo para aquele homem. Depois, com mais suavidade. O azul estava mais azul, mais brilhante, mais vivo. Senti que havia alguma coisa mais. Podia ser um lobo: fidelidade, inteligência...

Ele continuou:

— Ramón não mencionou seu nome, apenas me descreveu você e perguntou-me se eu conhecia um homem com essas características. Eu disse que não, mas vendo-o aqui... deve ser mesmo você. Não acha?

Fiquei de pé. Talvez meu coração estivesse batendo um pouco mais depressa... Não me lembro do que senti. Agradeci e apertamo-nos as mãos.

— Dê um abraço em Ramón por mim, está bem?

— Pensei que você iria para...

— Eu também — respondi. — Mas não é importante.

Ele pareceu confuso. Tínhamos isso em comum.

— Não sei exatamente onde fica...

— Quilômetro sessenta e quatro — indiquei. — Rodovia Transamazônica, sul. Há uma trilha à esquerda. — Apertei a mão dele. — Mantenha-se nela — adverti, e saí direto para a luz do sol.

Debrucei-me contra a parede por alguns minutos, dispensei um motorista de táxi e respirei fundo. Então fui até o guichê da Aero Peru e comprei uma passagem para o próximo vôo para Trujillo.

Tudo tão adequado: que Antônio tivesse ido embora, que eu fosse impedido de ver Ramón pela presença daquele jovem americano, que eu viajasse à costa norte do Peru, onde Eduardo Calderón esperava por mim.

Sim, a habilidade de perceber o papel do destino na história é um truque de compreensão de fatos passados, e a compreensão de fatos passados é apenas outra forma de percepção, e a percepção é o *leitmotiv* da minha história. *Serendipity*, além de ser uma das palavras de sonoridade mais doce da língua inglesa, é sinal de bem-estar, uma garantia do caminho da verdadeira escolha.

Não obstante eu sentisse o delicado estímulo da velha mão da natureza, não obstante aquela aptidão denominada premonição tivesse contribuído para o nosso encontro, Eduardo Calderón ficou surpreso ao ver-me. Riu tão calorosamente quando desci do ônibus em Trujillo, que permaneci ali parado, agarrado à minha bagagem e retribuindo com um sorriso sua bem-humorada acolhida. Um sorriso diante da vaga sensação de atordoamento provocada pelo *déjà vu*.

— Compadre — exclamou ele, e segurou minha mão.

Não existe em inglês palavra equivalente a *compadre* nesse contexto. O inglês ainda não encontrou em seu idioma um vocábulo que expressasse intimidade. *Amigo* perdeu seu significado no meio de muitas definições.

Ele deu um passo para trás, e nos olhamos de frente. Se existir um xamã arquetípico, um espécime híbrido proveniente da transculturação de um curador nativo, imagino que Eduardo personificaria essa imagem. Possuía o sorriso e a barriga de Buda, os olhos asiáticos de Confúcio, um bigode cheio e comprido caindo para os lados e dividido ao meio abaixo das narinas intumescidas, o cabelo liso e negro puxado para trás e amarrado com uma tira de couro, caindo-lhe pelas costas. O próprio xamã risonho.

Parou de rir e seus olhos descreveram um círculo à minha volta, de cima a baixo. Sacudiu a cabeça e disfarçou um riso.

— Surpreso em ver-me? — perguntei, ainda perplexo com sua esfuziante cordialidade.

— Sim! — Soava como: O que você esperava? — Fico sempre surpreso quando uma aparição entra em minha vida. É um feliz acontecimento. E estou surpreso ao vê-lo tão carregado de sombras. Precisamos prestar atenção a isso.

5 de janeiro

Ontem à noite submeti-me a uma sessão de "regeneração" com Eduardo.

Um círculo feito sobre a areia com fubá amarelo e uma pequena pilha de capim no centro. Um círculo sagrado, lugar de rituais e magias. Eduardo desenhou-o com a concentrada facilidade de um pintor que prepara sua paleta. Expôs sua *mesa* sobre um tecido avermelhado, vindo das ruínas de uma *huaca* inca; um lugar de poder. Duas conchas em cada um dos três campos: *ganadero, justiciero, médio* — escuro, claro e neutro (o equilíbrio entre a luz e as trevas). Figuras de pedra, um chifre de veado, uma funda inca, fetiches, um apito em forma de pelicano, cristais e cerâmicas. Duas conchas achatadas. Bastões de poder fincados na areia defronte à *mesa*, punhais, bastões esculpidos em ossos e madeira, ao todo nove.

O céu estava claro. Uma meia-lua no aplanado horizonte do Pacífico. Nenhuma brisa que perturbasse o plácido fogo que queimava em cima da areia diante da *mesa*, mas havia na atmosfera um odor a mar.

Eu estava de pé, descalço e sem camisa, numa postura ereta, e autoconsciente no círculo de fubá. Segurava levemente na mão esquerda a espada de St. Michel, a espada de fogo. Eduardo sentara-se de pernas cruzadas ao lado da *mesa*. Pegou uma matraca, uma vareta e um cantil marrom e sujo, o mundo girando sobre seu eixo e ele sacudindo a matraca com o punho. Fazia um som de *tchi, tchi, tchi*, e ele cantava para que meu espírito comparecesse e se apresentasse. Cantava para os espíritos da terra, do ar, do fogo e da água, chamava os espíritos dos lagos, das lagoas, das montanhas e das florestas.

Mudei a espada para a mão direita, e Eduardo aproximou-se do círculo com a matraca em uma das mãos, uma concha de álcool, fumo e óleos doces na outra. Verteu a concha sobre meu corpo, na frente e nas costas, levantou-a através dos meus centros de energia, depois levou-a junto ao nariz, pousou a beirada acima do bigode e, jogando a cabeça para trás, derramou a mistura dentro das narinas. Cavidade nasal, próxima ao hipotálamo, cérebro límbico — torna a encher a concha e entrega-a a mim, ensina-me como erguê-la ao longo da lâmina da espada, espada que está novamente na minha mão esquerda. Minha mão treme quando seguro a concha, e derramo algumas gotas do seu conteúdo na areia. Sem controle nos movimentos, levo a concha até o nariz, inclino para trás a cabeça, e a mistura escorre para dentro das narinas, pela parte de trás do meu rosto, por baixo das orelhas, e sinto a glote fechar-se involuntariamente, com o impacto da ardência que o líquido exerce sobre meus sinus. Relaxo a parte posterior da garganta e deixo que ele penetre em seu interior, e a sensação que toma conta de mim não tem nada a ver com a poção, pois me arrebata num instante. O tremor das mãos passou para os braços e estendeu-se pelo corpo todo.

Posso recriar os eventos e documentá-los na palavra de um psicólogo jornalista que um dia eu fui, mas não consigo descrever a dor.

A angústia e raiva que brotaram e explodiram num grito. Caí de joelhos dentro do círculo e clamei, tomado de fúria, bati na cabeça e testa com o punho fortemente cerrado, chegando a ver estrelas. Vi as forças se reunirem à nossa volta, aparecendo bem do lado de fora do círculo de luz, vi a figura de um jaguar, a minha própria figura, andando em círculos pelo perímetro, protegendo-me, mas de... quê? Forças negativas esperando para reivindicar minha vulnerabilidade? Eram anônimas, mas de certa forma eu as conhecia, percebia suas intenções de acordo com a minha índole maléfica. De joelho, no nível delas...

Eduardo chamou-me pelo nome. Apertou os dedos em volta das alças da matraca e, num súbito espasmo, deu uma sacudida no objeto. Poder! Força! Levantei-me, e estirei lentamente os músculos que me mantinham

226

curvado numa contração quase tetânica. Eduardo captou minha atenção com seus olhos muito abertos, revelando imenso espanto. Depois contemplou o horizonte, e eu segui seu olhar que avistava a escura linha divisória entre a noite e o mar, vi a placidez do oceano, a superfície ondulada que serpenteava de lá para cá e os flashes prateados que eletrificavam o céu. Veios de luz faiscavam entre a nuvem e o mar, e uma nuvem passava suavemente sobre a lua.

— Fogo! — Ele se virou, catou uma brasa de dentro da fogueira e deixou-a cair no meio do capim aos meus pés. Ela ardeu, tornando-se mais viva, enchendo o círculo de fumaça. Lembro-me que olhei minha mão, a mão que segurava a espada, e vi a luz alaranjada do fogo brincando através da minha pele molhada de suor e maresia.

Senti o fogo preencher o círculo, preencher o espaço como se fosse uma redoma.

Passei por sobre a pira que queimava, cruzando-a de norte a sul e de leste a oeste e voltei ao meu lugar. Esfreguei as mãos e pés sobre o fogo, purificando-me em suas chamas, depois descalço dancei sobre as brasas, suplantando as chamas que haviam expulsado as trevas que escoavam pelos meus poros. Fiquei ali parado, fitando a areia e meus pés escurecidos pelo capim queimado. Eduardo sentou-se atrás da *mesa* com os braços cruzados. A nuvem passara e o céu clareou novamente, assim como o horizonte. Sob a luz do quarto minguante, ele olhou para mim, à minha frente e ao meu redor.

E disse:

Que eu tinha muito poder.

Que estava preso a um relacionamento com uma mulher que eu não sabia como amar.

Que o poder e a magia não eram nem brancos nem pretos, bons ou maus, mas apenas uma questão de propósitos e manifestações. Pela minha incapacidade de expressar poder, ele se tornara negro em meu interior.

Que eu havia caçado e sido caçado por uma águia, que se alimentara da minha carne. Eduardo viu o local em que ela tinha lacerado meu fígado que ficara preto e inchado de energia.

Hepatite.

Aproximou-se de mim, tomou a espada da minha mão e, de pé do lado de fora do círculo, fazendo a espada escorregar pelo meu corpo, foi cortando fora as conexões com fatos passados, que eram a causa das minhas doenças.

Que eu rompesse minhas conexões com o passado que originavam minhas doenças.

Que eu deixasse em paz os espíritos das mulheres da minha vida, para que não necessitasse buscar relacionamentos semelhantes para livrar-me dos antigos envolvimentos.

Que a águia que surgiu de uma poderosa fonte no meu passado, a águia que era também o espírito do Leste, me abraçaria e me conduziria em minha jornada para o Norte — para o *feminino*, ele disse.

Então, ele apontou a espada em direção ao céu, encheu a boca com água límpida, cuspiu-a sobre a lâmina, depois cuspiu para o Sul, Oeste, Norte e Leste. Em seguida sobre mim, para purificar meu ser.

Espero que tenha sido.

Alguma coisa começou a acontecer. Havia certo movimento dentro de mim. Me mobilizando. Vou acompanhar seu comando. Pois sei que sou eu, suscitando algo em mim mesmo.

A história do meu trabalho com Eduardo foi contada resumidamente inúmeras vezes, e repetida por muita gente, palavra por palavra, nestes últimos anos. Tudo começou com aquela cura na praia perto de Trujillo, embora Eduardo tenha afirmado, mais tarde, que começara seis meses antes, quando ele me viu num sonho pela primeira vez, e minha presença passou a introduzir-se em suas meditações. Tínhamos até viajado juntos em sonho, admitiu ele. Tínhamos ido a Machu Picchu e, diante da pedra de Pachamama, ele ficara sabendo que empreenderíamos uma jornada por sagrados locais legendários, onde as forças da natureza habitavam a paisagem dos lugares santificados por rituais executados durante milhares de anos. Juntos faríamos essa viagem como compadres.

Essa viagem estender-se-ia por anos. Anos que veriam a dissolução do meu casamento com minha primeira mulher, o *Futuremind* ser abandonado, a publicação de *Healing States* (Estados regeneradores) e o casamento de seis de seus quatorze filhos. Anos que passaríamos juntos na Europa e Estados Unidos, tentando traduzir e transpor para a nova "psicologia do sagrado" os conceitos xamanísticos.

Descrita tantos anos atrás por Antônio, incluída por Eduardo como mapa tradicional e abordagem consensual para a jornada dos Quatro Ventos, a Roda da Medicina seria também nosso guia. Os lugares sagrados de poder que as lendas haviam consagrado seriam nossas paradas de repouso, nossos locais de comunhão.

Viajaríamos até o Gigante Candelabra de Paracas, a árvore da vida com três ramos e duzentos metros de extensão, esculpida num dos lados de uma península inóspita, que se ergue das águas da Baía Paracas, trezentos quilômetros ao sul de Lima. Durante séculos, os xamãs e aqueles que estavam em busca de conhecimento iam para lá meditar para obter a visão, a visão transformadora que conferisse significado e propósito às suas existências. Naquele local, a águia que me perseguira, e por tanto tempo me oprimira, agasalhou-me entre suas asas. Eduardo teria visto um condor, o gigantesco condor que havia sido o animal de poder de seu mestre, don Florentino Garcia, o responsável pelas lacunas sagradas de Las Huaringas.

De Paracas fomos ao altiplano de Nazca, um deserto alto onde nunca choveu, onde artistas desconhecidos haviam rompido a crosta avermelhada do platô, expondo a areia pura e branca de sílica, para então esculpir figuras imensas de peixes, répteis, pássaros, mamíferos, figuras humanas e formas geométricas numa vasta área de trezentos e cinqüenta quilômetros quadrados. E ali, nessa *mesa* celestial, nesse "local de animais de poder", nós tomávamos o São Pedro, e Eduardo observava os espíritos do meu passado entrarem em combustão e queimarem-se nas chamas, enquanto eu desaparecia de vista, caminhando ao longo da margem de uma enorme espiral na areia. O trabalho do Sul. Foi ali que consignamos nossas almas um ao outro como compadres, como guerreiros do coração.

E fomos a Machu Picchu. Eu retornava à antiga Cidade Inca de Luz. Eduardo adentrava por seus portões pela primeira vez. Juntos começaríamos a descobrir seu significado.

18

O viajante segue o Caminho do Dragão do Norte para descobrir a sabedoria dos seus ancestrais e realizar a união com o Divino.

Antônio Morales Baca

29 de abril de 1979

A Pedra da Morte. Novamente. Preciso anotar a ternura desta lembrança.

Pedi a Eduardo que fosse à caverna que fica sob o Templo do Condor, fora das ruínas, no local onde há muitos anos realizei a cerimônia do fogo. Ele está profundamente emocionado. Como em seu sonho, Machu Picchu encontra-se agora abaixo e à sua frente em toda sua beleza em granitos e liquens verde-acinzentados. Ele perdeu o fôlego. Não pela altitude. Há alguma coisa ameaçadora no ar. Ambos sentimos isso, e duas vezes Eduardo olhou para mim com um sorriso maroto e conspirador. — Você sente a força, compadre? — Eu o amo como a um irmão. Às vezes, como a um irmão mais velho. É estranho, considerando que ele é o índio, com certeza, um simples xamã-curandeiro, trabalhando normalmente dentro do contexto de sua comunidade e, ainda assim, ao meu lado encontrou a oportunidade e meios de ir além de si mesmo e viver o drama das lendas das quais aprendeu.

Saiu e foi preparar-se para o seu trabalho do Oeste, aqui, na Pedra da Morte. Eu precisava ficar só por alguns momentos.

Agora, sentado na grama, tenho diante de mim a Pedra da Morte, uma perfeita canoa de granito achatada, flutuando sobre um mar de grama e flores silvestres amarelas.

Antônio. Uma lembrança panorâmica de ter estado aqui tantos anos atrás, carregando minha arrogância, meus preconceitos ocidentais, meu cepticismo. Vendo as ruínas incas da Cidade da Luz pela primeira vez, a penumbra, como agora, a neblina do Vale Urubamba elevando-

se sobre a borda do precipício. Deitado sobre a Pedra da Morte, ouço o canto de Antônio sobre meus chacras, seu assobio pungente e o farfalhar da grama. Foi aqui que "anotamos a morte na agenda".
Ele me disse que eu voltaria a este lugar. Que entraria na cidade e começaria a compreender seus segredos.
Onde está você agora? Não sinto sua presença. Mas sinto sua falta.
E aqui estou eu. Mais uma vez me desprendi do meu passado em Nazca. O Sul. Vou me deitar sobre a Pedra da Morte, novamente. O Oeste. Qual é o caminho do Norte?

Fechei o diário, enfiei-o dentro da mochila, sentei-me na grama no meio das flores silvestres, respirei profundamente pelo estômago e deixei que o ar fresco da noite aliviasse meu rosto queimado pelo sol.

Uma hora se passou.

Estou deitado na câmara ardente da Pedra da Morte. Eduardo cantarola sobre meu corpo. O granito é frio sob minhas costas nuas. Escuto, enquanto ele presta nossas homenagens aos Quatro Ventos, pede que meu espírito seja levado ao Oeste, às regiões do silêncio e da morte, soprado pelos ventos do Sul, para que possa voltar do Leste, onde nasce o Sol, a fim de que eu torne a nascer em espírito como um filho do Sol.

Ele teve a sua oportunidade aqui. Permiti que meu espírito liberasse seus chacras, retrocedesse e esperasse. Pensei ter visto algo vagamente luminoso, algo que era Eduardo, porém mais magro, mais jovem, talvez, desembaraçado de sua volumosa barriga que subia e descia em cada respiração. Depois eu lhe disse que carregava um peso excessivo e muita flacidez. Tenho freqüentemente a impressão de que seu trabalho do Sul não está terminado; ele se reconciliou com o seu passado, com sua origem, porém sua carga ainda pesa sobre ele.

Contou-me que se imaginou dentro da pedra, sentiu um tremendo medo na barriga, a claustrofobia de um sepultamento prematuro. Então, avistou ao longe uma luz tornando-se cada vez mais forte, chegando cada vez mais perto, e quando caiu dentro de sua prateada brancura, eu o trouxe de volta. Ele ficou impressionado com minha habilidade.

Agora ele está liberando meus chacras, tocando minha fronte, meu pescoço, meu coração...

E eu me pergunto: Qual a diferença entre nascimento e morte? Morte, a luz no final do túnel, o canal do nascimento, a luz no final, luz do mundo no qual nascemos. Talvez, penso eu, o medo da morte, além de estar associado ao medo da dor e da perda, é a memória residual do primeiro medo, o medo do nascimento, do desconhecido no final do túnel. Eu respiro, as batidas do meu coração são regulares e meditativas. O vento roçando a grama. Abro os olhos, sorrindo, viro a cabeça para olhar a figura ao meu lado, parada sobre mim, braços estendidos, palmas para baixo, um bracelete de ouro com uma pena pendurada, uma braçadeira de ouro macerado. Respiro fundo, seguro o ar no peito. O rosto: inca, escuro de traços marcantes, emoldurado por duas penas, brincos perfurando as orelhas do jaguar morto, cuja pele estriada de preto cobre sua cabeça e ombros. Impulsivamente, tento tocá-lo, passo a mão através de seu braço, seus olhos abertos pretos demais para se enxergar, ele se vai enquanto me sento, com as pernas penduradas ao lado da Pedra da Morte, e vejo Eduardo sentado na grama, as pernas cruzadas na base da pedra que forma a popa da canoa de granito.

— Eduardo!

Ele pisca para mim, eu viro a cabeça em direção ao sacerdote jaguar, que anda, ou melhor, move-se colina abaixo em direção ao Portão do Sol, a entrada das ruínas.

Já era mais de meia-noite quando entramos nas ruínas de Machu Picchu. Perdemos de vista a aparição assim que ela desceu a colina e, quando nos defrontamos com a Porta do Sol, éramos provavelmente as únicas pessoas visíveis no local.

Havíamos realmente planejado passar ali a noite de lua cheia, cuja luz projetava uma sombra no pátio e um clarão prateado sobre as bem ajustadas bordas das paredes de granito.

Eu me dirigi ao Templo do Condor, passando por muros tombados, por uma trilha de pedra coberta por ervas daninhas, até uma área aberta, onde três sólidas muralhas e uma plataforma de pedra era tudo o que restou do Grande Templo.

— Ali! — Eduardo apontou em direção à parede central. — O local do vôo do espírito.

Continuamos entre as paredes do pátio imponente, descemos um pequeno lance de degraus à direita e paramos entre as ruínas do Templo do Condor, diretamente acima da gruta onde uma vez realizei meu trabalho do Sul. No chão, a nossos pés, há uma pedra achatada, lisa, ligeiramente retangular. Parece um condor, um condor imaginário, a cabeça virada para trás, olhando para dentro de si, o pescoço torcido saindo da plumagem que envolve sua garganta, e eu sei que os sulcos ao longo do bico permitiriam que o sangue fluísse da superfície da pedra para o espaço localizado entre as penas de seu pescoço.

Num dos momentos mais espontâneos de minha vida, saquei o canivete suíço do bolso e fiz um pequeno corte na ponta de cada um de meus dedos médios. Juntei as mãos na posição de prece invertida, as palmas juntas, ponta dos dedos tocando-se, apontando para baixo e o sangue pingou dos meus dedos no bico de granito do condor.

— O que você está fazendo, compadre?

— Ainda não sei. Uma vez um condor apareceu-me numa depressão de areia na lagoa atrás da cabana de Ramón. Fiquei surpreso, assim como Ramón, e ele bicou minha face coberta de grãos de areia. Nutriu-se da máscara que eu havia usado. Agora, enquanto o sangue mancha o bico de granito cinza, percebo que o condor, e a águia que me perseguiu durante tantos anos, são um só, o espírito do Leste, da visão de Antônio, apoquentando-me e desafiando-me a completar minha jornada.

Percebi algo mais naquele instante. Compreendi que o trabalho do Oeste não significa somente entregar-se à morte, a fim de ter-se direito à vida, mas também ter disposição de dar sua vida por alguma coisa na qual se acredita.

Estanquei o sangue com minha bandana, subimos os degraus e voltamos para o pátio onde outrora se erguia o Grande Templo.

— Podemos voar aqui — diz Eduardo, e sobe até a plataforma, um enorme degrau de pedra que se projeta da base da parede central. Ele se senta numa atitude de meditação, como um Buda índio, a cabeça descansando contra os blocos de granito da parede manchada de água. Sento-me no pátio e olho para ele. O sangramento parou, e observo Eduardo atentamente, decido tornar-me mais compreensivo, abandono o esforço e concentro-me em mim mesmo.

Passaram-se dez minutos, e Eduardo desce da pedra, sussurrando para mim. Ele tinha visto uma figura, mais antiga que os incas, um homem usando penas de rituais e uma armadura dourada e brilhante sobre seu coração.

— Aqui! — Dirige-se a um ponto entre o muro e o lugar onde estou sentado. — Ele estava aqui, e apontava para baixo. — Eduardo coloca a mão em meu ombro. — Eu o vi do alto, compadre. Existe alguma coisa aqui embaixo, acho que é um recinto. Precisamos cavar para descobrir o que é.

— Ele bate a mão na testa.

É minha vez de ir ao Templo do Vôo do Espírito. Subo sobre a pedra, deito-me na cama lisa de granito e sinto Eduardo tocar minha testa com a palma de sua mão.

Uma sensação de paz e relaxamento desceu sobre mim, da cabeça aos pés, como se todo meu corpo suspirasse, oxigenado pelo formigamento do sangue em minhas veias. Exalo toda a tensão e ansiedade. Posso ficar deitado aqui por um longo tempo, não importa que eu esteja dentro do meu corpo, eu não enxergo nada a não ser a escuridão por trás de minhas pálpebras, não posso pairar no ar como uma águia, e não é preciso nenhum esforço para impedir minha mente de pensar.

Não sei quanto tempo se passou, mas senti a presença de Eduardo.

— Muito bem. Levante-se, agora.

233

Levantei-me, desci da pedra e cruzei o pátio até onde ele estava, sorrindo, olhando fixo para a plataforma.

— O que houve?

Ele vira a cabeça, ainda com um sorriso tolo nos lábios, faz um gesto em direção à pedra. Eu me volto e vejo meu corpo deitado imóvel sobre a pedra. Lá, eu estou sorrindo.

— Volte, agora.

Abro os olhos para as estrelas, fantasmas de nuvens passam pelo céu, o muro de granito iluminado pela lua está se erguendo à minha direita. Pulo para o chão, Eduardo bate palmas e nossa risada ecoa pelos espaços entre os muros intrincados da cidadela.

Nos anos que se seguiram, iríamos explorar cada canto da Cidade de Luz. Eu caminharia os sessenta quilômetros da Trilha Inca, desde os arredores de Cuzco até a Porta do Sol, ficaria conhecendo os segredos do Templo das Águas e do Templo das Serpentes. Conheceria cada câmara, ângulo e nuances do lugar, e compreenderia as lendas indígenas que descrevem Machu Picchu como a entrada entre os mundos, onde o véu que nos separa de nossos sonhos e das estrelas torna-se mais fino, diáfano, fácil de ser afastado. Naquela noite meus passos me conduziram para o norte através do pátio para a extremidade da cidade, onde havia uma pedra, erguendo-se de dentro do campo. Eu soube qual era o caminho do Norte.

19

*O que é Deus, o que não é Deus, o que existe entre Deus
e o homem, quem poderá dizer?*

Eurípides

A Pedra de Pachamama situa-se num campo, às margens das ruínas de Machu Picchu. Nove metros de comprimento, três de altura, contornos irregulares e curvos, superfície lisa de granito, como uma pedra cinzelada com a precisão de uma rocha que tivesse crescido de dentro do solo. Atrás dela, à esquerda, assoma obscuramente o Huayana Picchu, com seu pico a uns trezentos metros acima das ruínas.

A lua cheia projeta a sombra da pedra sobre o campo, a sombra da sua outra metade. Permanecemos na grama, à beira da sombra irregular da pedra, e Eduardo conta-me sobre uma lenda que falava de uma velha curandeira que morava dentro da montanha Huayna Picchu — era a guardiã do templo.

— O pico da vovó — eu disse.

— Sim — ele concordou. — O Templo da Lua. Dizem que há túneis e labirintos dentro da montanha. É o caminho rumo ao *nagual*, rumo ao Norte.

Fixei os olhos na superfície pintalgada da pedra. Ela pode nos tapear com suas nuances branco com preto e cinza com marrom. Podemos descobrir coisas representadas nela, porém nada além do que se poderia ver em qualquer superfície desenhada, se olhássemos com bastante atenção.

— Não — discordei eu. — O caminho para o Norte é aqui... e aqui. — Toquei minha barriga e coração, e lembrei-me de Anita, sentada à minha frente no Café Roma, tocando sua barriga de grávida. — Durante todo este tempo, imaginei que fosse aqui. — Bati na testa com a lateral do dedo indicador. — Mas não é.

E foi quando me dei conta de qual era a cilada: que nossa racionalização das coisas efêmeras, nossa barreira intelectual ao transcendente, a versão do Divino através do cérebro pensante, eram apenas mais uma das máscaras de Deus. Todas as manifestações de Deus, assim como a própria palavra formada no cérebro da linguagem, eram meramente pensamentos sobre aquilo que jazia além do pensamento. Não. *Aquém* do pensamento. Aquém da própria consciência. Falar o nome de Deus é nomear o inominável, é carregar o conceito do Divino em nossas mentes, é carregar um escudo entre nós e a experiência do Divino. Jeová. "Aquele que é." Não se pode pensar a respeito. Todas as noções sobre Deus são blasfêmias. Coisas que podem ser conhecidas, mas não ditas.

30 de abril

Supus que o *nagual* teria o aspecto do infinito.

Supus que iria experienciar o *ayin*, o divino nada absoluto, a que se refere a cabala.

Supus que iria olhar nos olhos da Senhora atrás do véu e ver o nascimento, a morte e o destino do universo.

Supus que poderia existir a escuridão de um abismo tão infinito, que eu poderia cair dentro dele, em êxtase, disposto a correr o risco de jamais retornar, abandonando-me a uma extinção autotranscendente (então talvez eu *me encontre* além do medo).

Supus, grandiosamente, que poderia experimentar eu mesmo como sendo Deus...

— Precisamos aprontar a *mesa* — comunicou Eduardo.

— Mais tarde.

Afastei-me em direção ao campo, aproximei-me da Pachamama e sentei-me sob sua sombra. Sem nenhum objetivo. Tínhamos tomado o São Pedro e obedecíamos ao ritual, salvo por coisas que aconteciam espontaneamente: A Pedra da Morte, o Templo do Vôo do Espírito. Não havia nenhuma expectativa que me sensibilizasse naquele momento. Somente queria estar ali, à entrada da porta para o feminino, sentado na grama, que de certo modo me parecia o ideal. Terra ideal, a doce Terra, da qual somos os cuidadores, a Terra em potencial, da qual um dia fomos co-criadores e administradores. Gostaria de adormecer nela por algum tempo. Poderia me sentar ali e nutrir-me de sua essência até que o sol me despertasse.

Com esse último pensamento abri os olhos, repentinamente desperto por alguma coisa que surgia da pedra e se aproximava de mim, pisando sobre cada folha de grama, entre mim e a Pachamama.

— *Hija de la montaña...* — Eduardo, parado ao lado de uma rocha bem à direita, assobia. — Filha da montanha... — e, agora parada sobre mim, sob a sombra do luar na pedra. Os olhos dela irradiando um brilho intenso em

236

minha direção, e a trança cor de ébano dos seus cabelos pendendo sobre seu ombro, ao lado do seio nu. Uma índia jovem, com os pés descalços afundados dentro do solo, como uma imagem dupla, como minhas próprias pernas, cruzadas à minha frente abaixo da superfície, entre as raízes das plantas agrestes. Eu toco o chão, pego um punhado de terra que faísca, iridescente, refletindo a umidade, e meus genitais estão doendo, com uma dor aguda pelo inchaço da excitação.

— Compadre...

Ela toca meu ombro com a mão, impelindo-me a deitar de costas, com o tórax firmemente apoiado no chão. Ajoelhada sobre mim, esticando depois o corpo e deitando em cima de mim, peito com peito, quadril com quadril, coxa com coxa, a terra balançando suavemente embaixo de nós, ao mesmo tempo, sacudindo-se no nosso ritmo, provocando-me uma série de orgasmos, de gemidos e suspiros que se perdem, abafados, à medida que ela pressiona minha cabeça na terra, e eu compreendo algo sobre a natureza do sexo, algo sobre a perversão masculina durante a relação sexual e sobre a penetração: a aquisição do poder através da conquista, quando, na realidade, o colapso da dualidade entre macho e fêmea é a porta de entrada, é o caminho de volta ao Paraíso. Alguma coisa desse tipo. Parece-me que ela sussurra ao meu ouvido: "meu filho, minha criança, meu amante, meu irmão".

Entrego-me a ela, rendo-me à bruxa idosa que ela é, quando sai de cima de mim, olhos nos olhos, a face envelhecida e enrugada, a trança grisalha: a curandeira que conheci no altiplano, aquela que segurou minha mão no momento em que *El Viejo* morria. Os seios flácidos como peras murchas, os lábios arreganhados num sorriso de dentes amarelos, os cantos dos seus olhos muito negros e brilhantes enrugam-se e ela ri, e eu a atraio para mim, para dentro de mim.

Estranho eu não sentir nenhuma repulsa, mais estranho ainda é que, ao render-me a ela, está novamente impecável, jovem e forte, a filha da selva? Aspirar seu úmido aroma, a Amazônia?

Amante, irmã, mãe, bruxa. Que tipo de metamorfose é esta? E eu, também me modifico? As pulsações que sinto estão dentro de mim, não são minhas, acima e abaixo de mim ao mesmo tempo.

Assim como eu. Onde é meu lugar? Sou dois ao mesmo tempo? Aqui no campo e aqui, embaixo das ruínas, vendo a cidade lá em cima? Embalado pela terra, poeira e pedra. Três de mim, porque deve haver *outro* eu, aquele que está pensando este pensamento.

Um clímax convulsivo abala o solo, ela salta para trás, fora de mim. Com as pernas esticadas, a índia, filha da montanha, pára à minha frente. Afasta-se em direção à pedra e detém-se ali. Vira-se, exibindo seu sorriso de dentes amarelos, sorriso maroto de curandeira, um último olhar, e entra dentro da pedra.

Mas o Norte não era nenhuma das coisas que eu pensava. Na noite passada caí dentro da terra, e retornei, qual filho pródigo. Testemunhei algo que tentarei entender, depois não penso mais nisso. O tempo não sofre a ação da gravidade no centro da terra. O tempo passou.

E existe um eu que está deitado sobre a campina, sonhando. O eu que caiu dentro da Terra viu-a de dentro para fora, sentiu sua fertilidade, sua gravidez. Planando no espaço, dentro da terra, tendo uma experiência pré-natal numa bolsa amniótica forrada de rocha e cristal, sentindo o tempo todo que eu sabia o que era a prenhez, carregar uma vida em meu interior. E havia rostos. Via-os nas paredes do espaço que eu habitava, nos extremos do meu ser consciente, nos cantos da percepção. Rostos antigos como as montanhas, e o mesmo material, a mesma terra, pedras, veios vulcânicos, olhos molhados, por toda a parte em que olhava, a todo o momento, simultaneamente, imagens infinitas. Seria esse um conselho de velhos sábios? A gruta de cristal da lenda?

Outra mente começou a atribuir um significado histórico e religioso a eles, o Cristo, o Buda, rostos não sonhados que eu conhecia e reconheci, mas não pude identificar. Antônio? Don Jicaram?

— Antônio?

A palavra propaga-se numa onda, numa onda concêntrica diante de mim, e as pedras modificam-se, o gelo derrete, a água escoa por novos sulcos, formam-se fisionomias, substituindo o velho pelo novo, outro rosto, e... não! Esta mente está presa ao passado. A mente com imagens gravadas. Não posso me permitir ver e compreender. Sim, agora consigo ver a outra mente pensando, à medida que as formas se modificam. Solte. Não preciso identificá-lo, nem conhecê-lo. Nenhum de vocês. Aqui não preciso pensar.

Existem lembranças aqui nesses rostos, rostos de antigos antepassados. Não posso localizá-los, não devo localizá-los, mas será que me recordarei?

Neste meio tempo ainda há estrelas lá em cima. A lua permanece serena em sua órbita, movendo-se através do céu de Machu Picchu, as sombras transformando-se, e Eduardo vem chegando, cuidadosamente...

Fico pensando se não poderia reivindicar a linhagem desses homens e mulheres do passado. Pertencemos, é claro, à mesma família, pois viemos do mesmo lugar e partilhamos a mesma herança.

O sol impregna a terra, e essa união gera uma vida. O acasalamento do sol com a terra. O princípio criativo, a consciência unicelular.

É a natureza das coisas.

Acordei esta manhã, enregelado sob os raios do sol. A camisa molhada pelo sereno colava-se à grama úmida. Dormi na posição fetal, encolhido por causa do frio da noite. Eduardo cobriu-me com um poncho a noite anterior. Não muito longe, ele dormia no canto de uma cabana de pedra com telhado de sapé, a alguns passos da Pedra Pachamama (que parece particularmente fria e assustadora à luz do dia).

Pensei um pouco, antes de despertá-lo.

O sol ainda não despontara sobre as montanhas a leste, e havia tempo para pensar antes de acordá-lo, antes que os primeiros raios da manhã incidissem sobre a Inti Huatana.

Decidi que havia adormecido e sonhado. A três mil e trezentos metros de altitude, depois de havermos caminhado o dia inteiro na véspera, eu fora vencido pela grandiosidade deste lugar e pelo meu próprio esgotamento físico. Decidi que tinha caído no sono e sonhado com a jovem, com a descida para o centro da Terra, com as paredes que envolviam o espaço no centro da Terra, com minha consciência fracionada, minhas múltiplas mentes e um caleidoscópio de estados de êxtase...

Um sonho.

E Eduardo consentira que eu sonhasse, cobrira-me com um poncho e me deixara ali no gramado, nos campos do sono.

— Você foi fodido por Deus, compadre. — Foram as primeiras palavras que Eduardo me disse pela manhã.

Parado na beira da clareira, ele me viu fazendo amor com a moça.

Eu o pus à prova. Para não perder o costume, portei-me como terapeuta, só escutando, sem dizer palavra. A descrição que ele fez da índia estava correta nos mínimos detalhes. Riu da sua própria narração a respeito do meu ato sexual com a bruxa, sobre a grama defronte da pedra.

Disse que eu dava a impressão de ter entrado em transe, *en un ensueño*. Ele temera se aproximar, temera perturbar meu estado. Sentara-se ali perto, à beira da clareira, e a noite estava vibrando de energias. Figuras luminosas, muitas com couraças douradas, figuras encapuzadas de homens e mulheres, brancos condores com pescoços emplumados, e luzes espiraladas. Em devaneio ele foi até o topo da Huayna Picchu, onde, segundo ele, estava o Templo da Lua, há muito tempo destruído, sendo que suas paredes, pilares e portais existiam como formas de energia esculpidas em configurações geométricas e, na soleira da porta, havia um sol emoldurado por duas meias-luas assumindo o formato de gatos: o casamento do sol com a lua, o masculino e o feminino.

Então ele voltara ao campo, e vendo que eu adormecera, cobrira-me com o poncho.

Saímos de Pachamama, atravessamos o pátio e subimos os degraus de Inti Huatna, "o amarradouro", onde o sol era fortemente atado pelos padres incas na época do solstício de inverno.

À medida que o sol atingia o cume das montanhas a leste, e seus primeiros raios acariciavam a pedra, também tocamos a superfície fria do granito com nossas frontes. E, assim fazendo, reconhecemos as dádivas que esse lugar nos proporcionara, prestamos homenagem ao espírito daqueles que aqui viveram e morreram, e o legado de percepção que aquelas pedras representaram aos que aqui vieram com pureza de propósitos e intenções impecáveis.

LESTE

20

*Nenhuma teoria é boa, exceto sob a condição de a usarmos
para ir além.*

André Gide

Não foi preciso muito esforço para organizar o trabalho que durante anos realizei com Eduardo. Como ele havia previsto, viajamos juntos, rimos juntos, descobrimos juntos os lugares de poder e como eles se prestaram aos diversos estágios da Roda da Medicina.

Embora a curiosidade a respeito das curas não ocidentais, tanto as físicas como as psicológicas, tivesse me levado a pesquisar e documentar as curas tradicionais no México, Brasil e Peru, a experiência ensinou-me algo sobre o conceito fundamental do xamanismo: que uma mudança na saúde não pode ocorrer sem uma mudança no estilo de vida. Com o tempo, meu interesse em curas converteu-se num interesse pessoal de transformação. Foi-se tornando cada vez mais claro para mim que a viagem aos Quatro Ventos, o caminho da Roda da Medicina, foi uma jornada em direção ao Eros, o feminino, a mente intuitiva, a região dos mitos e dos sonhos. A maior parte da espécie humana estava vivendo sob o comando ditatorial do *logos*, a mente patriarcal e racional que vem imperando desde a última metade do segundo milênio.

O conceito de uma psicologia do sagrado começou a delinear-se, e, em 1983, convidei doze indivíduos de cinco países para reunir-se a Eduardo e a mim, numa jornada de iniciação, uma introdução aos passos do poder ao longo da Roda da Medicina. Iríamos viajar, como Eduardo e eu fizemos, pela Baía Paracas, Nazca, Templo do Sol e Templo da Lua próximos a Trujillo, e a Machu Picchu. As extraordinárias experiências compartilhadas por essa "tribo" transcultural iriam fundamentar o livro *Healing States* e um documentário de seis horas de duração com o mesmo nome.

Dentro da tradição xamanística, não existe uma fórmula específica de transformação. Existe o conceito da Roda da Medicina, a Jornada dos

Quatro Ventos; porém as lições aprendidas e as capacidades adquiridas no decorrer do caminho não dependem de locais específicos de poder. O xamanismo não é uma religião; não é um sistema arregimentado de devoção. É basicamente uma atitude, uma disciplina individual, um estado de espírito. Uma vez perguntei a Antônio se o espírito da cura ocupava a mente inconsciente. Ele sacudiu a cabeça e respondeu que o espírito é apenas a mente em seu mais elevado grau de pureza. Essa troca sempre manteve alguma coisa da essência do seu ensinamento.

Entretanto, Eduardo e eu havíamos descoberto um programa tão bem entrelaçado, um itinerário de viagem que servia passo a passo à Roda da Medicina, que os altos platôs, os picos sagrados e as florestas virgens do Peru seriam meu laboratório, minha sala de aula, onde eu faria experimentos, ensinaria e aprenderia.

Talvez por criar um foro para o aprendizado através da experiência, por liderar grupos nessas expedições, comecei meu próprio trabalho do Leste. Segundo a lenda, o caminho da águia no Leste significa o retorno à nossa tribo. É aí que o indivíduo aceita a dádiva da visão e a tarefa de exercitá-la, a fim de criar um mundo política e ecologicamente melhor, e, individualmente, sonhar com as possibilidades futuras. Na verdade, eu não tinha o menor interesse em pessoas que buscavam experiências transcendentais para sua própria satisfação. Felizmente, aqueles que viajaram comigo ao longo destes anos, em sua maioria, utilizavam suas experiências como pontos de partida para suas jornadas, e não como resultados finais.

Porém, apesar de ter imaginado que havia encontrado o caminho do Leste, eu estava apenas parcialmente certo. Como de costume, havia desafios pela frente, bem acima do horizonte.

Don Florentino Garcia tinha sido o mestre e mentor de Eduardo. Nunca conheci pessoalmente esse homem, no entanto, tive bons motivos para sentir os efeitos da sua morte. Don Florentino era o guardião das lagunas sagradas de Las Huaringas, lugar em que, como sustenta a lenda, os xamãs vinham receber sua iniciação como mestres durante séculos. Quando Don Florentino morreu no dia 1º de fevereiro, coube a Eduardo assumir seu lugar, navegar pelas lagunas e tomar para si o comando sobre suas águas e ritos de iniciação. De acordo com a irrevogável tradição, ele tinha um ano após a morte de don Florentino para assumir sua responsabilidade.

Mas Eduardo, meu amigo e compadre, começou a cair sob o fascínio de seu próprio poder, seduzido por sua própria *persona* e pelo sicofantismo da Europa da Nova Era e dos Estados Unidos. Percorreu os circuitos xamanistas, servindo ao folclore popular. É a armadilha que espera por aqueles que se identificam com seus ensinamentos, e anseiam por esculpir neles a imagem de si mesmos. Continuamos a trabalhar juntos, mas logo me tornei sensível ao recrudescimento de sua fraqueza. Ele evitava sua jornada às lagunas, e a responsabilidade começou a persegui-lo, solapando suas forças.

244

Com a proximidade do mês de fevereiro e, conseqüentemente, com a data que iria marcar o aniversário da morte de don Florentino, convidei um número seleto de amigos e companheiros de viagem para acompanhar Eduardo em sua peregrinação e participar da sua cerimônia de redenção em Las Huaringas. Seria uma expedição penosa, obrigando-nos a escalar as montanhas a cavalo e a pé, com burros que carregavam nossa bagagem.

Quando nos reunimos em Cuzco, Eduardo anunciou que não iríamos mais. Alegou que por causa das chuvas as estradas e caminhos tinham sido destruídos, e que ficava para uma próxima vez.

Fizemos o melhor que podíamos. Resolvemos então ir a San Pedro las Castas e às lagunas de Marcahuasi, situadas no cume de uma chapada a quatro mil metros de altura. Descendo até lá através de ruínas antigas, chegamos a um anfiteatro natural, cercado de monólitos planos de granito, entalhados pelo tempo e por elementos da natureza, assustadoramente semelhantes a rostos humanos. Ali realizamos a cerimônia de iniciação, reproduzindo aquela da qual Eduardo se esquivara em Las Huaringas. Foi uma experiência extraordinária para os que tinham empreendido a jornada, mas não era o que tínhamos nos proposto realizar, e, observando Eduardo, eu percebi que ele havia fracassado em seu desafio, que havia perdido uma oportunidade.

Dois fatos que aconteceram logo a seguir merecem ser comentados.

O grupo reuniu-se em Machu Picchu. Todos os participantes haviam estado ali antes, e nossos espíritos estavam elevados à medida que entrávamos nas ruínas do Portão do Sol, enquanto Eduardo permanecia de lado apoiado em seu bastão entalhado, e eu vinha por último. Fiz uma pausa antes de prosseguir e sorri para ele. Eduardo sacudiu a cabeça e se virou para entrar na cidade, assentando seu bastão diante dele.

Diante dos meus olhos, e do olhar atônito do nosso grupo, o bastão, medindo quase dois metros de altura, esculpido em madeira de lei no formato de uma serpente, saltou de suas mãos e rompeu-se, caindo no chão em dois pedaços. Ele ficou profundamente abatido com o incidente. Aventei a hipótese de que poderia ter sido um presságio para que ele, ou talvez nós, não entrássemos nas ruínas. Mas ele ignorou minha sugestão com um gesto de impaciência, e todos juntos cruzamos o pátio.

Dez minutos mais tarde, em Inti Huatana, Eduardo sofreu o que eu e um médico no grupo reconhecemos como ataque epiléptico. Ele gritou meu nome e caiu batendo o rosto contra a pedra; seus olhos envesgaram horrivelmente na face dilacerada, e se não tivéssemos forçado a colocação de uma bandagem em sua boca, ele com certeza teria mordido a língua.

O médico, Elliot, e eu carregamos Eduardo para fora das ruínas, e descemos a colina com ele até o hotel. Fisicamente, recuperou-se do ataque, porém me parece que ainda está se recuperando emocional, psicológica e espiritualmente.

Mais tarde, naquele mesmo mês, um ano depois da morte de Florentino, Las Huaringas foi destruída. As cabanas de madeira com telhados de sapé que orlavam as lagunas foram queimadas, as paredes remanescentes dos templos ruíram e as águas poluíram-se com os refugos carbonizados. Xamãs que se encontravam naquela localidade, furiosos com a decisão de Eduardo de partilhar seus conhecimentos com estranhos, talvez desaprovando também seu trabalho nos Estados Unidos e Europa, podem ter sido responsáveis pela devastação daquele sítio legendário. Jamais saberemos, mas isso não importa. Quem sabe, um dia, Eduardo retornará às lagunas e dará início ao trabalho de restauração. Será uma honra para mim poder ajudá-lo.

Foi nessa mesma época que uma idéia, que vinha gestando há anos, começou finalmente a tomar forma. Não sei precisar o momento em que ela se cristalizou. Não surgiu inteiramente pronta e de armadura como Athena da cabeça de Zeus, mas consegui escrever a seu respeito uma noite em Cuzco no meu diário.

21 de junho de 1983
Tambo Machay

Pense na Roda da Medicina como um mapa neurológico que prioriza os quatro programas operativos do cérebro límbico: medo, alimentação, luta e sexo.
Posso olhar para a Roda da Medicina como uma progressão simples que se inicia no Sul: desfazer-se do passado, morte, nascimento e vôo.
Sul, Oeste, Norte e Leste.
Ótimo. Posso relacionar as quatro direções com os quatro primeiros programas?
Os temas mitológicos do Sul parecem dirigir-se para o instinto da alimentação, "a segurança do prato cheio", nossa fome de amor, de apoio e de encher nossa barriga. Nosso apego às coisas mundanas. No Sul, desprendemo-nos do nosso passado, do eu que representa a expulsão do Éden e que nos condenou a viajar nus, famintos e desprezados pela natureza.
E libertamos os espíritos do nosso passado individual, para que eles possam descansar em paz e não mais necessitem alimentar-se do nosso presente.
Estarei me agarrando em detalhes, ou chegando perto de algo de significativo?

Creio estar chegando perto, porque o Sul é o Caminho da Serpente, *uruboros*, a vida engajada no processo de alimentar-se — vida comendo vida. Alimentação. Existe alguma coisa aqui, é metafórico, mitológico... O Oeste. Este é fácil. Vamos ao encontro da morte e damos um passo além do medo. E, ao nos defrontarmos com a morte e experimentarmos o vôo do espírito, identificamo-nos com o Eu imortal e transcendente, libertamo-nos das garras do medo e requisitamos uma vida de plenitude, porque a morte já não nos pode requisitar. Enfrentamos o desconhecido, que tememos acima de tudo. Medo.

O Norte. O Feminino. Eros. Onde invocamos a linhagem de homens e mulheres de conhecimento. O lugar da mente andrógina, do princípio criativo que personificamos como Deus, a união do Sol (masculino) com a Terra (feminino), da qual todas as vidas reivindicam um tronco comum. Sexo. Obviamente.

O Leste. O caminho do visionário, cuja tarefa é vencer o orgulho e a autovalorização, e entrever o ser humano. Um lugar de não-violência num mundo dividido por conflitos. Luta.

Curioso como essa antiga fórmula pode relacionar-se com as primitivas funções do cérebro primitivo, funções que mantiveram reprimidos o comportamento e a consciência dos homens durante milênios.

Pensamentos tropeçando sobre pensamentos: o neocórtex desenvolveu-se numa época em que o homem primitivo vivia sob a influência de um cérebro límbico permeável, isto é, num ambiente anímico no qual todas as coisas do céu e da terra eram visíveis. O cérebro límbico estava saturado com os estímulos ambientais, quando surgiu o neocórtex, permitindo que o ser humano se tornasse auto-reflexivo e se distanciasse do meio ambiente e das suas influências, recorrendo à lógica e atribuindo a definição à sua experiência — o êxodo do Paraíso, onde ele se tornou igual a nós no conhecimento do bem e do mal.

E, mesmo depois do aparecimento do cérebro pensante, o cérebro límbico continuou a conduzir o mecanismo neural e manobrar o curso da história.

Alimentação — nossa fixação oral e anal — nosso primeiro ato na infância, ao procurar o seio, e continuar associando o alimento a segurança e satisfação.

Medo — de conflitos, dores e da certeza da morte. Do desconhecido. Fazemos qualquer coisa para evitar aquilo que tememos.

Sexo. Temos grande necessidade de torná-lo indispensável. Somos uma raça inclinada a entregar-se à luxúria, capaz de deixar-se consumir pela paixão.

Luta, impulsos violentos que abrigamos, e que tanto podem ser dirigidos para fora, aos outros, como para dentro, a nós mesmos. O suicídio é um desejo interiorizado de matar.

Manifestações sociológicas:

Grãos apodrecem nos silos, enquanto milhões passam fome.

Bilhões de dólares são ganhos anualmente por anunciantes que atingem nossos medos.

Sexo e violência participam igualmente da conta. A violência na mídia é exibida de modo sem precedentes. Novas formas de violência patológica estão sendo geradas em nossas cidades; o demente que mata crianças nas escolas com uma arma automática, a mulher que assassina homens de meia-idade e os enterra no quintal de sua casa, o grupo de adolescentes que agride e estupra, rindo, deslizando sobre o fio da navalha entre a dor e o prazer.

Estaremos próximos ao ponto de saturação? De novo?

Será que é a capacidade de superar as diretrizes primárias do cérebro primitivo, de dar um passo na consciência nova e grandiosa do salto quântico na evolução das espécies?

A consumação a ser ardentemente ansiada.

Alguns meses mais tarde, eu estava ao lado da Pedra da Morte na colina que dá para as ruínas de Machu Picchu. O grupo havia trabalhado ativamente na Baía Paracas e em Nazca. Estávamos agora nos preparando para realizar o ritual da morte simbólica antes de entrar pelo portão da cidade.

O sol, radiante na diáfana atmosfera andina, tinha rompido as nuvens que cobriam a manhã.

— Em Nazca — expliquei — descobrimos que o passado que nos amarra, restringe e guia nosso comportamento, tem que ser capturado antes que se liberte, encontrado antes que se perca, gasto até que se desprenda.

Ao proteger os olhos contra a claridade do sol, sem querer dei uma olhada para baixo, à minha direita. Um grupo de estudantes tinha entrado nas ruínas. Estavam se encaminhando para Inti Huatana.

— O que estamos fazendo é uma tentativa de entrar no domínio da metáfora e do mito. Com a ajuda das cerimônias e rituais, passamos a integrar os símbolos e poesias de uma consciência primitiva, evitando a discussão sobre perguntas e respostas arquitetadas pela nossa mente racional. Não existem regras rígidas nem fixas. Nosso único dever é estar inteiramente voltado para o contexto desses rituais, para que nos libertemos do que possamos sentir durante a experiência...

Isso, creio eu, foi a essência do que eu estava dizendo, quando tornei a olhar à minha direita e notei uma figura guiando os alunos. Havia certa distância entre a Pedra da Morte e a Pedra do Sol, longe demais para se identi-

248

ficar um indivíduo, mas observei algo no seu modo de caminhar. Um poncho e um chapéu de palha de aba larga foi se afastando com passadas longas e um jeito familiar, e desapareceu numa curva.

Interrompi meu discurso, desculpei-me diante do grupo, e saí trotando colina abaixo, atravessei o Portão do Sol e cruzei os pátios da cidade. Os alunos não estavam usando uniforme; eram crianças índias, provavelmente de alguma comunidade rural ou vilarejo das vizinhanças. Estavam polidamente sentadas ao redor da Pedra do Sol, tagarelando, brincando com flautas, assobios e outros objetos que eram vendidos na estação ferroviária ao pé da montanha.

Arregacei as calças, agachei-me ao lado de uma garotinha, e perguntei-lhe onde estava seu professor. Ela sorriu, e apontou para trás, na direção do Templo do Vôo do Espírito. Ele foi buscar Julio, disse ela.

Existe uma sala, um recinto atrás do Templo do Vôo do Espírito. É uma sala acústica, onde as palavras sussurradas reverberam e podem ser ouvidas até no outro lado da parede, onde fica o púlpito. Foi lá que o encontrei. Estava amarrando uma faixa de pano na perna de Julio. O menino saiu andando, tropeçou e esfolou o joelho.

— Antônio?

Levantou os olhos por baixo da aba do chapéu de palha, e as rugas do seu rosto acentuaram-se, revelando um largo sorriso. Seus olhos ainda faiscavam.

— Pronto! — Segurou as faces de Julio entre suas mãos e disse: — Volte agora correndo para o seu grupo. Já vou encontrar-me com vocês. Tome conta deles até que eu volte. — O garotinho sorriu, enxugou a cara com a mão suja de terra, e correu para junto dos companheiros.

21

Não posso de repente lhe dizer
o que deveria estar lhe dizendo,
perdoa-me, amigo; você sabe
que embora não ouça minhas palavras,
eu não adormeci nem estava em prantos,
que estou com você sem precisar vê-lo,
por muito tempo, e até o fim de tudo.

Pablo Neruda

Antônio tinha envelhecido. O que não é nada surpreendente, apenas que o fato de eu ter pressuposto que ele estivesse morto fez com que congelasse sua imagem na minha memória. Mas aqui estava ele, um bonito índio velho, com seus setenta e poucos anos, sentado à beira de uma pedra. Ele tirou o chapéu, e notei que seus cabelos grisalhos tinham se tornado brancos.

Permaneci ali imóvel, paralisado diante da sua presença.

— Bem — disse ele. Olhou-me de cima abaixo, reparou nas minhas calças, botas, camisa de algodão e nos óculos escuros puxados para cima da testa. — Estou contente em ver que você não acabou virando índio. Está com fome?

Procurou embaixo do poncho e alcançou sua pequena algibeira.

— Onde diabo o senhor tem andado? — Minha pergunta ricocheteou algumas vezes ao bater de encontro à parede, e eu tive de me mudar para um local que não produzisse o horrível eco. Don Jicaram modelou uma bola de iúca e pasta de milho.

— Sou um homem velho — respondeu. — Voltei para o meu povo. Quando você foi embora, para sua terra, percebi que minhas calças caíam tão mal em mim como o poncho e o chapéu de palha cairiam em você. — Riu do seu comentário e passou-me uma porção do alimento. Nossos dedos tocaram-se, e ele olhou dentro dos meus olhos. — É verdade que um xamã pode deslocar-se entre os mundos, não apenas do espírito, mas entre os mundos culturais. Você provou isso. Eu também. Mas era hora de eu ir para casa.

— Pensei que você tivesse morrido.

Ergueu as sobrancelhas e confirmou. — Eu morri, sim — disse ele. — Morri para uma das minhas vidas. E você deveria saber que não havia moti-

250

vo nenhum para sentir pesar ou raiva. Como o jaguar, temos muitas vidas. Parte da nossa tarefa é saber saltar com graça para a próxima, quando chegamos ao fim de cada uma. — Tirou do ombro sua *bota*, tomou um gole e passou-a para mim. — Você tem andado ocupado — declarou ele. — Isto me agrada.

Então, comecei a contar-lhe sobre meu trabalho, a volta ao Peru, o encontro com Eduardo, a viagem ao Norte, mas me detive logo após ter começado a falar. Ele sabia onde eu tinha estado. Pude ver em seus olhos. Sorrimos um para o outro. Ele então mudou de assunto.

— O que se deve compreender — explicou ele — é que o despertar de memórias ancestrais do Norte não é você, enquanto indivíduo, que está lembrando, pois você só pode se lembrar dos eventos da sua vida. É como atravessar a fenda que separa os dois mundos e assumir o seu lugar entre os que nasceram duas vezes, entre aqueles que venceram a morte. São indivíduos que combateram seus arquétipos e as forças da natureza para se converterem em pessoas de conhecimento. São nossos antepassados, os curadores da terra. — Tirou da algibeira dois pauzinhos de canela, ofereceu-me um e colocou o outro no canto da boca.

— A jovem que veio a mim, de Pachamama...

Antônio riu gostosamente. — Então! Você se encontrou com a bruxa, o espírito da Mãe. Como ela apareceu a você?

Contei-lhe como ela havia saído da Pedra Pachamama, jovem e bruxa ao mesmo tempo, como fizera amor comigo, impregnando-me com uma consciência de vida, ali na grama.

— Ela nos toca de diferentes modos — disse ele. — A primeira vez que a encontrei, ela me conduziu através dos labirintos. — Inclinou a cabeça na direção de Huayna Picchu e do Templo da Lua. — É evidente que ela lança mão dos meios que mais captam nossa atenção.

— Você viu os rostos? — perguntei.

Ele fez que sim. — São os rostos que vieram antes de nós e continuarão depois. — Tirou da boca o pedaço de canela e disse: — Converta-se neles e permita que se convertam em você, e as recordações deles irão desenvolver-se em seu interior, porque eles são o que você será. Você tem que ficar junto a eles, assim como Julio e seus amiguinhos ficarão um dia junto a você.

Fez-se um longo silêncio. Tornou a enfiar na boca o pauzinho de canela. — A História confia-nos uma responsabilidade, e nós abdicamos a ela e nos refugiamos no drama dos nossos próprios passados. Desonramos a história e a linhagem da nossa espécie, toda a vez que não honramos nossos ancestrais. Você precisa sair da história comum e ir além.

— E o Caminho da Águia?

— É a senda do visionário — replicou ele. — Onde sonhamos de olhos abertos. Todos nós temos um futuro, meu amigo, porém apenas os homens e mulheres de conhecimento possuem um destino. No Leste, o xamã assume inteira responsabilidade pela pessoa que ele está se tornando e influencia o destino ao visualizar o possível.

— Há uma crença popular que afirma existirem meios de se alcançar a transcendência e obter controle sobre o nosso próprio destino — comentei.

Ele sugou os dentes e sacudiu a cabeça. — O destino não é algo sobre o qual buscamos obter controle. O controle do nosso destino é... um paradoxismo. Entretanto, um homem ou uma mulher de poder podem *influenciá-lo*. Podem aprender a dançar com ele. A conduzi-lo através dos salões de baile do tempo.

— Por onde devemos começar? — perguntei.

Ergueu as sobrancelhas numa expressão interrogadora, fitou-me por um longo momento, e então anuiu. — Com as crianças — declarou. Bateu com o dedo médio no topo da cabeça e abriu um largo sorriso. — A fenda entre os mundos — disse finalmente. — A fissura que se encontra em nosso crânio quando nascemos e que se fecha mais tarde. A costura ainda está lá. Serve para assinalar o local. — Abanou a mão como se quisesse apagar tudo exceto o seguinte: — Podemos fracionar átomos e juntar genes. As linhas do nosso destino estão em nossas mãos. Nossa tarefa consiste em entrelaçá-las e conduzir a nós mesmos em direção ao futuro.

— E começamos com as crianças — disse eu.

Ele concordou e em seguida pôs-se de pé. — E agora, preciso voltar para as minhas.

Pendurou a *bota* no ombro. Colocou a mão sobre meu ombro como já havia feito tantas vezes no passado. — Não pare mais, meu amigo. Usufrua de nossa experiência e mire o horizonte distante. Vivemos através de você e junto com você. Vejo-o todos os meses nas minhas fogueiras em noites de lua cheia. — Limpou a garganta. — Vamos tornar a nos ver — garantiu. — Fizemos belas viagens juntos, e existem lugares onde não posso ir sozinho. Segurou minha mão entre as suas. — É bom saber essas coisas, não é? Apertei a mão dele. — *Hasta pronto* — despedi.

— *Hasta pronto* — respondeu , e foi-se embora.

Não tornei a vê-lo desde então.

Voltei para o grupo; completamos nosso trabalho na Pedra da Morte, entramos nas ruínas e passamos a noite lá.

Na manhã seguinte descemos a montanha e embarcamos no trem para Cuzco. Meninas, índias de dez a doze anos, costumam vender quinquilharias a turistas, suvenires de miçangas, colares feitos com antigas moedas peruanas, flautas e assobios. Com o passar dos anos vim a conhecer quase todas. No momento em que estávamos tomando o trem, uma delas, a menorzinha, chamou-me pelo nome. Virei-me e sorri.

— O velho pediu-me que lhe entregasse isto — disse ela. Esticou a mão, e eu peguei um pacotinho embrulhado num pano da palma de sua mão.

252

Agradeci, comprei um par de brincos de prata, gracejei com ela, ocupei meu lugar no banco do trem, e desembrulhei a corujinha de ouro que pertencia à *mesa* de don Jicaram. Uma visão noturna, a experiência esquecida, o objeto que segurara ao correr pela primeira vez, completamente consciente, através de uma floresta no altiplano.

22

Entre o pensamento e a realidade
Entre o movimento e a ação
A sombra cai.

T. S. Eliot

5 de abril de 1987
Machu Picchu

Horas depois. Escrevo sob a luz da fogueira, a melhor luz para se escrever. Este é um grupo excepcional. Dez dos dezoito participantes *não* se sentiram excessivamente impressionados pelo ritual, *não* procuraram restringir instantaneamente suas experiências a complicadas estruturas lógicas e preconcebidas. Seu cepticismo é saudável, não há razão para retroceder a fim de sentir um conforto temporário. C. faz questão de manter-me alerta. No entanto, estou ficando cansado de seu feminismo. Uma liberal da Costa Leste, teimosa, elitista, tipo Phi Beta Kappa, uma chata é o que ela é. Com diploma de doutorado, ainda por cima. Pelo menos dois dos homens estão apaixonados por ela, que permanece distante, seu espírito inconquistável. Pelo menos *ela* age como se assim fosse. Veremos.

— Feche os olhos.
— Por quê?
Por quê? Tínhamos embarcado no trem de Machu Picchu para Cuzco. Eu comprara os bilhetes aquela manhã e havia distribuído uma pequena fortuna em gorjetas, a fim de assegurar ao grupo assentos na primeira classe, num trem superlotado. Tinha sido fácil conseguir uma cabine só para nós.
— Uma surpresa — anunciei.
Seus olhos, de um verde avelã, procuraram os meus. Ergui as sobrancelhas.
— Feche os olhos.

254

Ela respirou fundo, exalou um ligeiro suspiro e os fechou. Peguei uma romã do bolso e parti-a com o polegar. Ela sorria. O suco da fruta madura escorreu da ponta de meus dedos até o chão.
— Então? — perguntou ela.
— Abra a boca.
O sorriso se transformou numa risada forçada, inclinou a cabeça para trás e para o lado. Olhei seu pescoço. Sacudiu a cabeça.
— Você não confia em mim?
— Não.
— Abra a boca — disse eu rindo.
Ela parecia estar tomando uma decisão. Abaixou um pouco os ombros, os lábios entreabriram-se, a língua pronta para provar qualquer coisa. Cheguei até ela e com a mão trêmula por causa do balanço do trem, coloquei um pedaço da romã entre seus lábios. Ela mordeu e o suco escorreu pelo seu queixo. Com a ponta do dedo indicador aparou a gota, abriu os olhos e me sorriu através deles.

Fui ao Brasil para escrever. Ela voltou para Nova York e depois seguiu viagem. Um mês depois participei de um seminário na Alemanha. Ela apareceu de surpresa. Voltei para Marin County e ela desistiu do segundo ano de residência em um famoso hospital para ficar comigo. Inscreveu-se em três hospitais, foi aceita em todos e atualmente está trabalhando no Centro Médico da Universidade de Stanford.

Em fevereiro de 1988 eu conduzi uma expedição por uma trilha inca até Machu Picchu, numa viagem longa e difícil, e voltei em março para assistir o nascimento de nosso filho.

7 de janeiro de 1989
Vale da Morte

O segundo, dos três dias de *workshop* no deserto. Sinto uma falta terrível de C. Não há telefone. Falei com ela anteontem à noite. Tenho saudades. Agonizo ao imaginar se Ian vai ou não lembrar-se do seu pai depois de uma semana de ausência. Que doce sofrimento é este.

É meio-dia e o grupo está espalhado, vagando pelo deserto. Estamos jejuando e eles se afastaram por um dia, à procura de uma visão. Construí um posto de sinalização com um tipo de madeira do deserto e um lenço vermelho amarrado a um longo galho como uma bandeira, a fim de marcar nosso local de encontro. Eu deveria ficar aqui, servindo de ponto de apoio, porém sinto que alguma coisa que me é familiar faz com que eu caminhe.

Há algo lá fora, no horizonte, a leste. Posso ver onde está, embora não haja nada, a não ser dunas de areia por quase dois quilômetros. Mas devo esperar aqui. É meu dever esperar, manter-me em meu posto.

Mais tarde

Para o inferno com isto. O esforço é demasiado e a ansiedade já me vira o estômago.

Deixei o lugar onde estava e me dirigi às dunas. Janeiro no deserto, o sol torra a areia e o ar que durante a noite esteve gelado. É muito mais longe do que eu imaginara, como naqueles sonhos em que você anda em direção a alguma coisa no horizonte e nunca alcança, o horizonte está sempre recuando, embora você sinta estar se aproximando dele.

A areia era pura, macia, profunda e, quando cheguei à base da duna que buscava, minhas pernas doíam, o suor pingava pelo meu rosto, pescoço e peito. Tirei a parca e amarrei-a em volta da cintura, despi a camisa e enrolei-a em torno da cabeça. Acima de mim, a duna encontrava-se envolta numa borda de areia, uma fina lâmina moldada pelo vento. Luto para subir a rampa, dois passos para cima, um passo perdido, caio para trás na areia, a meio caminho andado, para em seguida escorregar de volta à base, a areia grudada em meus braços e no peito encalorado e ofegante pelo esforço.

Viro-me e olho na direção de onde vim, olhos semicerrados contra o reflexo do sol, não consigo enxergar o lenço. Consulto o relógio e percebo que andei uma hora para chegar onde estou. Uns cinco quilômetros? Talvez.

Olho novamente para o cume da elevação, e vejo algo que não tinha notado antes. Outras pegadas na areia, à direita, na rampa em direção ao topo. As marcas eram indefinidas, depressões na areia fofa, mas a distância entre elas era inconfundível. Alguém estava lá, sobre o topo da duna. Esperando por mim? Alguém do grupo? Olho para o lugar de onde vim, para o rastro de minhas pegadas na areia, vejo outras e, sem saber, eu havia pisado sobre elas.

Recuperei o fôlego, porém meu coração batia com força diante do mistério de tudo aquilo. Aumento do fluxo de adrenalina, escalo desordenadamente a rampa e, embora o topo esteja se desfazendo num leve deslizamento, consigo chegar até lá.

As pegadas lá estavam, no cume da duna, aquelas que tinham ido antes de mim, aquelas que eu segui. Acabavam aqui. Esquadrinhei o horizonte, 360 graus de dunas radiosas esculpidas pelo vento. Dali eu podia ver o lenço, um pontinho no horizonte, a milhas de distância. Então eu senti a presença. Senti-a no meio de minhas costas. Atrás de mim, agora.

Viro-me, e o sol me ofusca, pisco os olhos grudados pelo suor, e ali, onde as pegadas terminam, estou eu. Nu até a cintura, queimado do sol e musculoso, com mais saúde do que eu, mais magro do que eu, ele está sentado, pernas cruzadas, pulsos descansando sobre os joelhos, olhos fechados, a cabeça ligeiramente inclinada para trás. Sua garganta está tensa, exposta.

Sou eu, com certeza. Aqui não há sombras da lua para me pregar peças.

Já presenciei tanta coisa, encontrei em minhas viagens tantas manifestações da vida e do espírito, e contudo é reconfortante saber que ainda posso me assombrar. Como disse Eduardo, fico sempre surpreso quando uma visão se torna real. É um feliz acontecimento.

E há um ser que se apega à consciência semi-racional, e eu me ajoelhei na areia e toquei com a mão uma das pegadas. Como dar um beliscão em si mesmo, quando a gente pensa que está sonhando.

E quando olho através da areia, seus olhos se abrem, o rosto se expande num sorriso e eu penso: "Será uma armadilha? Uma alucinação provocada pelo sol?".

Percebi que tinha uma escolha.

Poderia ter me afastado do homem na duna. Poderia ter voltado para o eu que jamais deixou aquele lugar, que reprimiu o ímpeto de vagar ao acaso e, obediente, esperou os membros do grupo retornarem de seu dia no deserto.

Voltei ao local de encontro, para o círculo. Fui o primeiro a voltar. Ninguém precisa saber que me afastei.

E ele ri, ri da minha insensatez, da minha indecisão. Também dou risada. Eu vim por curiosidade, sem expectativas. Vim sem esperar nada, seguindo um impulso. Para encontrar o outro. Aquele que deixei na floresta.

Ele me disse isso.

Descruzou as pernas, ficou em pé diante de mim, o sol por trás projeta uma sombra sobre a areia e através dele, a minha sombra. Ele estende os braços, palmas para cima.

Nós nos abraçamos.

Sentei-me na areia, na crista da duna, fechei os olhos e recordei coisas que não tinham por que estar na minha memória.

Não existe o que chamamos *self* integrado, um verdadeiro EU. As últimas palavras de Antônio começam a ter sentido. O conceito está se manifestando...

Não é uma questão de múltiplos estados de consciência, mas de múltiplos eus.

Eu havia encontrado um outro importante. Aquele que deixei na selva, que seguiu o caminho do guerreiro enquanto eu estava envolvido com minha vida, em busca do destino, à procura do Norte. Ele esteve viajando durante todo este tempo.

Sinto-me compelido a descrever o que aprendi. Algum dia, em algum lugar, alguém poderá testar, investigar, averiguar as informações que assimilei naquela tarde.

Eu não relataria este episódio específico aqui, não fosse pela sublime ironia dos acontecimentos anteriores. Após tantos anos, caça e caçador, perseguindo o poder e por ele sendo perseguido, até chegar ao topo de uma simples duna de areia e ali reviver o eco de uma experiência quando, numa clareira em frente às ruínas de um templo, encontrei a mim mesmo numa atitude de meditação, e abrindo os olhos defrontei-me com os olhos do jaguar. Eu havia deixado aquele eu no fundo da lagoa, para encontrá-lo anos depois na crista de uma duna no Vale da Morte. A força com a qual eu me conectara se materializaria como eu mesmo, se elevaria do fundo do lago e andaria, sem projetar nenhuma sombra, como um guerreiro, um ser etéreo.

Desde que comecei a escrever sobre isso, compreendo os desafios que ainda tenho à minha frente. Porém, como havia dito, essas coisas pertencem a uma outra dimensão, a um outro tempo.

Basta dizer que começo a conhecer alguma coisa sobre a natureza da Roda da Medicina, a jornada dos Quatro Ventos pela qual tenho viajado desde que embarquei pela primeira vez há tantos fevereiros.

Sei que o poder que se pode adquirir durante a jornada dos Quatro Ventos é mais expressivo do que a conquista do conhecimento, manifestações do espírito, sentimento de responsabilidade e a habilidade para se tornar um guardião da Terra. É também a aquisição de diversas vidas.

Existe um corpo energético. O qual se obtém no Sul.

Existe um corpo natural, etéreo, que é adquirido no Oeste. O corpo do jaguar. Este foi o corpo que eu encontrei na duna.

Existe um corpo astral que tem a duração da vida das estrelas. É o Norte. O corpo dos velhos mestres. O corpo místico. Sabedoria do universo.

Existe, penso eu, um corpo causal no Leste. O pensamento antes da ação. Aquele que tem existência antes do acontecimento. Princípio criativo. O corpo da águia.

Portanto, aqui estou eu, sabendo que preciso continuar minha jornada. Há novas perguntas a serem respondidas. Experiências às quais ainda não servi.

Sentei-me na areia durante algum tempo e, quando me levantei e desci da duna, tive o cuidado de seguir por um caminho diferente. Já longe, na base da duna, eu me virei e vi a areia deslizando para baixo, uma onda cristalina, descendo vagarosamente, deslocando-se ao longo da duna e cobrindo nossas pegadas. E eu me lembrei que os sábios andam sem deixar rastros.

12 de junho de 1989
Em casa

Estou sentado na sala, em frente à lareira. Atravesso a rua onde há uma barragem íngreme que desce em direção a um riacho que serpenteia através da cidade. Junto toras dos carvalhos e eucaliptos para alimentar o fogo da lareira. Realizo três viagens.

Este é um fogo que não pode ser nutrido com lenha comprada.

Minha amante, irmã, esposa e amiga acabou de voltar de seu plantão de trinta e seis horas. Curando os doentes, distribuindo cuidados. Ela entrou na sala, me viu aqui, acercou-se por trás e tocou meu ombro. Disse que ia subir para ver nosso filho, com quinze meses de idade. Fica ao seu lado enquanto ele dorme.

Disse baixinho que me amava e saiu. Viu as coisas esparramadas pelo chão e soube o que estou fazendo. Minha vontade é de sair de perto do fogo e segui-la, beijar nosso filho e levá-la para a cama. Sinto meu amor e desejo ansiando por ela, crescendo dentro de mim, porém, preciso dar atenção ao trabalho.

Ela viu os diários espalhados em semicírculo à minha frente. Uma grande quantidade deles. Alguns encadernados com papelão, há um com espiral sem a capa. Muitos estão com as folhas soltas, ou porque não têm mais a costura ou porque a cola que as prendia apodreceu. Um está todo remendado, outro preso por um elástico.

E há aquele, o primeiro, com capa de couro e o mais pesado de todos. Examinei todos eles, alguns pela primeira vez em anos. Fiz minhas escolhas e há um manuscrito sobre a mesa do escritório.

Esta tem sido minha jornada do Leste. O livro, uma tentativa de servir às experiências que me transformaram. Compartilhá-las da melhor maneira possível. Porém, aqui, diante de mim, estão todas as lembranças, experiências, filosofias ilusórias e revelações límpidas como água da fonte. Quinze anos de trabalho. Uma vida aprisionada em palavras.

Experiências que terão mais utilidade se forem libertadas. Entrego-as às chamas do fogo para melhor honrá-las. Acolho os espíritos que se elevarão do fogo, abençoando-os e respeitando-os, libertando-os para libertar a mim mesmo e mais uma vez retornar integralmente ao presente.

E viver cada momento como um ato de poder.

Aqui estou eu, o livro terminado, meu trabalho do Leste, e já estou iniciando o trabalho do Sul. Novamente.

O círculo completo, como a Roda da Medicina, passando pelos pontos cardeais da bússola, fases da consciência em evolução, as estações do ano. Círculo sem fim, cíclico, *uruboros*.

Aprendi mais uma coisa. Que toda minha experiência, em todas as minhas viagens pela Terra e através dela, de todas as sensações que senti, meu amor por ela é o mais sagrado. Nele reside a verdade perfeita. Algo que pode ser vivido mas não contado.

O que, afinal de contas, estive procurando? Qual o poder que adquiri em minhas jornadas? Posso concentrar dentro de mim a energia da natureza, posso enxergar coisas não visíveis, posso pairar acima de mim mesmo, posso ensinar a outros tais habilidades, no entanto, o estado de consciência definitivo, o divino dentro de mim, é aquilo que brilha no meu ventre, eleva-se através de meu corpo, ilumina o meu Eu com uma luz regeneradora quando olho para ela.

Aí está.

Senti uma necessidade de rasgar as páginas encadernadas, pois não quero ter nada legível pela manhã.

As páginas mais velhas queimam mais depressa.

Ainda assim, o fogo parece hesitar como se as chamas relutassem em tocar o último, o mais antigo, o primeiro.

Deve ser minha imaginação.

Isso foi tudo o que restou.

Escrevendo esta última frase antes de juntá-la com as outras, e esperando lembrar-me do que escrevi porque, apesar de tudo, pode ser esta a melhor maneira de encerrar a cerimônia, de terminar o livro.

Tive toda a intenção de escrever a última frase e atirá-la ao fogo, criando um momento espetacular. Porém, Antônio me disse certa vez que um ritual consciente não é um ritual, e quando a última página do diário se aproximou das chamas, minha mão começou a tremer. Estava justamente pensando no motivo, quando ouvi um bocejo, e ao virar-me eu a vi sob o arco da sala. Nosso filho em seus braços, a cabeça em seu ombro. Meio adormecido, meio acordado, entre dois mundos e nos braços de sua mãe.

Percebi que minha jornada é melhor definida por começos, não por fins.

Joguei o papel ao fogo, levantei, enfiei no bolso a pequena coruja de ouro, e me virei para juntar-me à minha família.

Alberto Villoldo nasceu em Cuba em 1949, onde, desde criança, conviveu com tradições e rituais de origem afro-indígenas.

Escolheu como tema de doutorado em psicologia as curas psíquicas. Durante esse período, viajou pelas Américas Central e do Sul, inclusive ao Brasil, para pesquisar culturas ligadas às práticas xamânicas.

Criou, em seguida, o Laboratório de Biologia Auto-Reguladora na Universidade Estadual de São Francisco, para investigar a neuropsicologia da cura.

É autor de três outros livros: *Millenium-glimpses into the twenty - first century, Healing states e Realms of healing.*

Erik Jendresen é autor de peças de teatro e roteiros para cinema.

Impresso pelo Depto Gráfico do
CENTRO DE ESTUDOS VIDA E CONSCIÊNCIA EDITORA LTDA
R. Santo Irineu, 170 / F.: 549-8344

--- dobre aqui ---

ISR 40-2146/83
UP AC CENTRAL
DR/São Paulo

CARTA RESPOSTA
NÃO É NECESSÁRIO SELAR

O selo será pago por

SUMMUS EDITORIAL

05999-999 São Paulo-SP

--- dobre aqui ---

ÁGORA
CADASTRO PARA MALA DIRETA

Recorte ou reproduza esta ficha de cadastro, envie completamente preenchida por correio ou fax, e receba informações atualizadas sobre nossos livros.

Nome: _____
Endereço: ☐ Res. ☐ Coml. _____
CEP: ___-___ Cidade: _____ Estado: ___ Tel.: ( ) _____
Profissão: _____ Professor? ☐ Sim ☐ Não Disciplina: _____

1. Você compra livros:
☐ em livrarias ☐ em feiras
☐ por telefone ☐ por reembolso postal
☐ outros - especificar: _____

2. Em qual livraria você comprou esse livro? _____

3. Você busca informações para adquirir livros:
☐ em jornais ☐ em revistas
☐ com professores ☐ com amigos
☐ outros - especificar: _____

4. Sugestões para novos títulos: _____

5. O que você achou desse livro? _____

6. Áreas de interesse:
☐ psicologia ☐ saúde/corpo
☐ psicodrama ☐ astrologia contemporânea
☐ crescimento pessoal/alma ☐ ensaios
☐ depoimentos pessoais

7. Gostaria de receber o Ágora Notícias? ☐ Sim ☐ Não
8. Gostaria de receber o catálogo da editora? ☐ Sim ☐ Não

Indique um amigo que gostaria de receber nossa mala direta

Nome: _____
Endereço: ☐ Res. ☐ Coml. _____
CEP: ___-___ Cidade: _____ Estado: ___ Tel.: ( ) _____
Profissão: _____ Professor? ☐ Sim ☐ Não Disciplina: _____

Distribuição: Summus Editorial
Rua Cardoso de Almeida, 1287 05013-001 São Paulo SP Brasil Tel (011) 872 3322 Fax (011) 872 7476

cole aqui